Chris Griscom

Der Weg des Lichts – Spiritualität und Erziehung

Aus dem Amerikanischen übertragen
von MSI – Media Services International,
Santa Fe

Goldmann Verlag

Der Goldmann Verlag
ist ein Unternehmen der Verlagsgruppe Bertelsmann

1. Auflage

Satz: IBV Satz- und Datentechnik GmbH, Berlin
Printed in Germany · Mohndruck, Gütersloh
ISBN 3-442-30532-2

Chris Griscom
Der Weg des Lichts

für Madlaine,
mit
Liebe,
Chris

»Ich widme dieses Buch
den jungen Menschen der Welt.«

Inhaltsverzeichnis

1. Prolog

Die heutige Erziehung ist ein Einweihungsweg, der zu lange dauert und deshalb schal wird. Der Körper ist schon längst erwachsen und herangereift, aber das Verlangen, ›dazu zu gehören‹, wird nicht befriedigt, während der mit Fakten vollgestopfte Verstand vergeblich nach Sinn sucht. Zur Mittelmäßigkeit verurteilt, verschlafen wir den anbrechenden Morgen und versäumen die Realisierung unseres Potentials. Betäubt gleiten wir in die Dämmerung unseres Lebens und geben uns in einem gedankenlosen Augenblick auf.

Die öffentliche Erziehung folgt einem Irrweg. Bildung, die einst allgemein und umfassend sein wollte, ist oftmals zur inneren Bedeutungslosigkeit verkümmert, degeneriert zur bloßen Angewohnheit des distanzierten, uninteressierten modernen Menschen. Erziehung hat vielfach ihren eigentlichen Zweck verloren und ist auf die Seite einer reinen Konsumhaltung gerutscht. Sie verkörpert die Illusion, daß mehr besser ist, statt die Einsicht zu pflegen, daß ein fruchtbarer Same zu einem *ganzen* Baum heranwächst. Mit einer unersättlichen Völlerei technologischen Konsums haben wir den Verstand vom Körper getrennt, schlimmer noch, wir haben einen Fortschrittswettlauf ohne den Geist begonnen – der einzige Teil in uns, der weiß, wohin wir gehen.

Die Menschheit erleidet eine akute Krise, weil ihr nicht

beigebracht wurde, sich selbst zu entdecken. Selbsterkenntnis ist das einzig wertvolle Wissen, über das wir verfügen können. Solange wir nicht wissen, wer wir sind, können wir unser wahres Potential nicht aktivieren, uns nicht als Teil des Kosmos begreifen und keinen Sinn in dem entdecken, was wir lernen oder suchen. Doch die Zeichen stehen gut: Wir sind am Ende eines Wachstumszyklus' angekommen und beginnen nun, die Leere unserer derzeitigen Existenz zu durchbrechen, ein neues evolutionäres Territorium zu betreten. Wir haben uns intensiv mit dem menschlichen Verstand beschäftigt, wir haben den Körper erforscht. Nun könnte uns der dritte Teil der Dreiheit von Körper, Verstand und Geist zur Erfüllung führen, zu einer Ganzheit, die früher nur von den großen Meistern verkündet wurde, deren Bewußtsein sogar die Träume unserer modernsten Visionäre weit übertrifft. Es handelt sich dabei um die spirituelle Domäne unseres Geistes, jener – trotz ihrer Unsichtbarkeit – zwingendsten Kraft in unserem Leben.

Wir sind als Lernende zwischen zwei entgegengesetzten Bedürfnissen eingekeilt: dem Verlangen, unsere Bildung den ständig wachsenden Forderungen der Gesellschaft anzupassen, die lange Verweilzeiten in den Erziehungsmühlen erfordert – und einem schnellwachsenden Hunger, Antworten auf die Frage nach dem Sinn unseres Lebens zu finden. Wir spüren zunehmend eine unerklärliche kosmische Energie, die wir nicht länger ignorieren können, die uns inspiriert, uns hoffen läßt und an ›Gott erinnert‹.

Leider überschattet Verstand und Gemüt, sobald wir an Gott denken, oft wieder die Dunkelheit religiösen Dogmas, und wir fangen an, wissenschaftliche oder politische Ansichten über Gott, die Trennung von Kirche und Staat, Religionsfreiheit und andere Themen im Klassenzimmer zu debattieren. Damit endet alle Offenheit, und wir fallen innerhalb der Begrenzung unseres Lernstoffs auf Inhalte zurück, die unserem Intellekt eine bequeme empirische Sicherheit versprechen. Und das obwohl wir wissen, daß wir auch im Umgang mit den anerkannten Wissenschaften nur zehn Prozent unseres Gehirnpotentials nutzen! Wenn unsere Bildung irgendeinen Wert haben soll, müssen wir uns mehr als diesen geringen Prozentsatz erschließen. Wie können wir vorgeben, wirklich zu lernen, wenn wir selbst nicht über diese unerleuchtete Quote hinausgelangen? Denn dieser niedrige Prozentsatz repräsentiert nur den linearen Verstand, welcher das riesige Hologramm universalen Bewußtseins nie erfassen kann.

Wenn wir aber unser viel größeres Potential erschließen, ereignet sich etwas Außerordentliches: Unsere Wahrnehmung erweitert sich, so daß wir tatsächlich holographisch denken, erfassen, analysieren. Wir erleben. Wir werden.

Wir gelangen in das Reich des Genies – ein Potential, das in jedem von uns angelegt ist. Wir gewinnen Zugang zu einem Bewußtseinszustand, den wir ohne weiteres ›göttlich‹ nennen können. Auf dieser Ebene werden wir gewahr, daß es einen sinnvollen Strom von Ereignissen im Universum gibt, daß wir Teil dieses Stroms sind. Wenn wir dies einmal erfahren haben, werden wir in unserem Vokabular nach den Worten suchen, die uns erlauben, diese Erfahrung zu beschreiben: Geist, Seele, Gott, das höhere Selbst, kosmische Energie.

Solange dieses alldurchdringende Bewußtsein (die Seele oder das höhere Selbst) nicht Gegenstand *jeder* Forschungsdisziplin ist, werden wir niemals die ›Relativität‹ oder die Bedeutung der jeweiligen Disziplin wirklich erkennen. Alles Wissen von Wert ist unauflösbar an die Existenz der Seele gebunden und ergießt sich aus jener Quelle allen Lebens, ohne deren Bewußtsein wir keine Suche holographisch meistern können, wurzelt sie nur in einem intellektuellen oder einem anderen Forschungsdrang. Der stumme Partner der Wahrheit ist immer die Seele gewesen. Wir müssen den Weg finden, das zu nutzen, was wir Seele nennen.

Denn die Seele ist in der Tat für unser persönliches und unser globales Leben von außerordentlicher Nutzbarkeit.

»Der Weg des Lichts – Spiritualität und Erziehung« handelt in einer Weise von der Anwendung spiritueller Wahrheiten – wie sie auch in meinen beiden vorausgegangenen Büchern »Zeit ist eine Illusion« und »Die Heilung der Gefühle« beschrieben wurden – auf den Erziehungsprozeß, die unser Streben nach Wissen und unseren Drang erleuchtete, globale Wesen zu werden, revolutionieren kann. Wir wollen es ganz klar sagen: Das fehlende Element in der heutigen Erziehung ist die Erkenntnis und praktische Anwendung spiritueller Weisheit in ihrer Wirkung auf unser Bewußtsein.

Wenn der Erziehungsprozeß unsere spirituelle Komponente einbindet, wird die der Menschheit lernen, sich selbst in einem universalen Kontext zu erkennen, und damit unsere ganze Spezies auf eine völlig neue Realitätsebene katapultieren. Wir dürfen nicht in einem Morast aussageloser Ideologien über ›Gott‹ steckenbleiben. Statt dessen müssen wir die göttlichen Mysterien in uns entschlüsseln und dieser göttlichen Energie erlauben, uns zu lehren, wer wir wirklich sind. Was jeder einzelne dabei in sich findet, bereichert uns alle. Unsere Bewußseinskapazität ist unbegrenzt. Wir sind multidimensionale Wesen und haben als solche große unerschlossene geistige Datenbanken, die Erkenntnisse und Problemlösungen für alle und für jeden Aspekt unseres Seins enthalten.

»Der Weg des Lichts – Spiritualität und Erziehung« enthält die Prinzipien, nach denen wir uns einen gangbaren Weg zum wichtigsten aller Ziele suchen können: zur Konfrontation mit dem göttlichen Selbst. Diese unerforschte menschliche Facette kann wieder Würde und Ganzheitlichkeit in die Schule bringen, indem sie jedem Kind hilft, seinen Selbstwert zu finden. Durch die Gnade des höheren

Selbst kann Kindern beigebracht werden, ›Wissen‹ aus dem Selbst zu gewinnen und dieses Wissen von einem Standort der Freude und Erleuchtung aus anzuwenden. Das sollte das wesentliche Ziel von Erziehung werden.

2.
Einleitung

Wir brauchen so bald wie möglich ein neues Erziehungssystem mit einer globalen Ausrichtung, das jedem Kind die Erkenntnis vermittelt, in einer globalen Gemeinschaft zu leben, die Raum für unser aller Gaben und Talente bietet. Die Zukunft hat bereits ihr Urteil gegen die Ideologie des Expertentums und der Zerstückelung des Wissens gefällt. Überall in der Welt müssen wir jetzt die Lehrpläne ändern, um unserer Gemeinschaft als einer menschlichen Familie gerecht zu werden. Nur durch den festen Entschluß zu sinnvoller globaler Zusammenarbeit können wir dieser Herausforderung begegnen, welche wir jenen zu verdanken haben, die nicht anerkennen wollen, daß die gesamte Menschheit unter dem Gesetz von Ursache und Wirkung steht, und daß kurzfristige individuelle Gewinne in der Regel durch langfristig schlimme Folgen für das Ganze bezahlt werden müssen.

Tatsache ist, daß wir ein unabhängiger menschlicher Organismus sind, dessen Überleben aber von einer harmonischen Kommunikation abhängt. Unsere Kinder müssen verstehen lernen, sich selbst als Teil eines globalen Hologramms zu sehen, das Zugang zum menschlichen Potential nicht nur von einem multi-nationalen Gesichtspunkt her hat, sondern auch zu einer multidimensionalen Arena, welche die menschliche Evolution fördert und beschleunigt.

Unser herrliches menschliches Repertoire ist mehr als physische Erfahrungen und intellektuelle Bemühungen. Wir können individuelle und kollektive Erfahrungen emotionaler Natur erleben, die Zeit und Raum aufheben und unsere rationale Welt interpretieren. Die Qualität der zukünftigen Existenz hängt von der Erkenntnis und Umformung subtiler Energien ab, welche die menschliche Psyche umhüllen.

Die großartigste unten ihnen ist unser spiritueller Körper, der all unserem Streben Bedeutung verleiht. Im Lärm und den ständigen Reizen des modernen Lebens haben wir den Kontakt mit der universalen Quelle unseres Seins verloren. Ist es ein Wunder, daß das Leben so für uns zu einer zerbrochenen Halskette bedeutungsloser Vignetten wird? Die bewegendste und lebendigste aller Forschungsreisen, die Suche nach der Seele, liegt unter dem Abfall unserer bemitleidenswerten mentalen Versuche begraben, das Göttliche in dogmatischen religiösen Disziplinen zu kategorisieren, so tief, daß unsere spirituelle Natur zu einem Lehrfach der Geschichte oder Philosophie wird, statt zu einer uns zutiefst eigenen, laufend erlebten Erfahrung, die dem Selbst als Durchgang dient zu unbegrenztem Wissen, erfahrenem Sinn, bedingungsloser Liebe.

Die meisten unserer Erziehungssysteme vernachlässigen den Bezug unserer Seele auf die dynamischen Prozesse irdischer Existenz, weil ihnen ein Vokabular fehlt, das ausreicht, um die energetischen Wirklichkeiten der unsichtbaren Welt zu befreien. Und doch existiert diese Welt! Dort, in den Dimensionen der ›Seele‹, gibt es ungenutzte Ressourcen, die darauf warten, uns Menschen über den evolutionären Horizont zu setzen und dabei unsere Erfahrung des Lebens zu bereichern. Unser erweitertes Bewußtsein kann sie erschließen, es kann am Universum teilhaben in einer Weise, wie es nur die ›Großen‹ unter uns jemals erträumt haben.

Viele der modernen westlichen Erziehungsinstitutionen

haben sich selbst von der Erforschung der inneren Natur der Menschheit abgeschnitten, aufgrund der politischen Probleme, die jenem Fach innewohnen, das lange als die Domäne organisierter Religion etabliert war. Und doch könnten wir unser spirituelles Erbe erforschen, frei von der Begrenzung durch vorgegebene Konzepte, als reine Quelle von Energie, die jedem von uns verfügbar ist; sie als synaptische Verbindung zu unserem Lebenssinn und allen Gedanken, Handlungen und Seinsformen nutzen, die unsere Existenz aufrechterhalten.

Es ist für unser Erziehungssystem an der Zeit, jedes Kind als voll entwickelte Seele anzuerkennen, die, aufgrund ihres universalen Bewußtseins, die Kultur, die Eltern, das Schicksal bewußt ausgesucht hat, in die sie sich durch ihre Verkörperlichung begeben hat. Wenn wir ein neugeborenes Baby betrachten würden, mit den Augen unseres eigenen spirituellen Wissens, sähen wir, daß dies nicht nur ein Baby ist, sondern ein Wesen, das sich absichtsreich verkörpert hat. Alle Babys, die jetzt geboren werden, wissen, warum sie kommen. Sie wissen, daß sie keine Zeit haben, erst erwachsen zu werden, bevor sie in dieser Existenz agieren; daß sie den physischen Körper eines Kindes benutzen müssen, um in ihm die Weisheit ihrer Seele zu manifestieren. Wir müssen diese Wahrheit begreifen und ihnen helfen. Die Zellkomponente unseres Körpers ›weiß‹ um unser göttliches Wesen. Mit seiner Hilfe könnten wir Krankheit und Verwirrung ausradieren und uns auf einen Pfad des Lernens begeben, der für unseren Planeten wirkliche Bedeutung hat.

In der amerikanischen Pionierzeit, vor circa hundert Jahren, ›zählten‹ junge Leute bereits zur Gesellschaft, wenn sie mit vierzehn durch die Pubertät gegangen waren und einen erwachsenen Körper bekamen. Sie wurden eingesetzt, um neue Grenzen zu bauen, um das zu erweitern, was zur Verfügung stand. Sie erhielten einen Platz, an dem sie dazugehörten. Unsere jungen Leute heute gehören nicht dazu. Wir geben ihnen nichts, außer: »Bleib in der Schule, bis du fertig bist.« Und wir verlängern ständig ihre Ausbildungszeiten, weil wir in Wahrheit ein bißchen Angst vor ihnen haben. Wir hoffen einfach darauf, daß die Ausbildungssysteme ihnen einen Platz im Leben erschließen werden, von dessen Existenz wir selbst nicht einmal überzeugt sind. Tatsächlich gibt es eine Vielzahl von ›übergebildeten‹, überqualifizierten Leuten, die in ihrem Gebiet keine Arbeit finden. Wir bilden sie aus in der Hoffnung, daß irgend jemand anderer sich schon darum kümmern wird, wie sie sich in unsere Gesellschaft einordnen.

Junge Menschen können nicht darauf warten, in unsere Gesellschaft zu passen. Wir verlieren sie. Wir verlieren sie an Drogen, an Entfremdung. Wir verlieren sie sogar an den Tod. Sie können nicht teilnehmen, weil wir sie dummerweise nie gefragt haben, was eigentlich ihre eigenen Fähigkeiten sind. Wir wissen noch nicht einmal, wie wir ihnen diese Frage stellen sollen. Wir sagen ihnen, was wir wissen, und was wir wissen, ist bemitleidenswert wenig. Überall in der Welt müssen wir endlich anfangen, unsere Kinder aller Altersstufen als voll entwickelte Seelenwesen anzusehen. Wir brauchen neue Erziehungstechniken, um ihnen zu helfen, uns das zu lehren, was sie wissen.

Ein Erziehungssystem, das für das anbrechende Wassermann-Zeitalter geeignet ist, muß neue sprirituelle Energiegesetze behandeln und die Fähigkeit haben, bewußt absichtsvolles Wissen auszustrahlen. Selbst Zweige der ›klassischen‹ Wissenschaft anerkennen inzwischen, daß wir Menschen elektromagnetische Energiefelder sind, auch Aurafelder genannt. Was ist die Bedeutung dieser Energie? Das hintergründige Potential, das latent in unserem subtilen Energiekörpern angelegt ist, kann nur integriert werden, wenn wir spirituelle Gesetze verstehen. Wenn wir mit jemandem sprechen und dabei unser Aurafeld kontrahieren, weil wir Angst haben, werden wir ihn nicht beeinflussen.

Wir werden nicht auf ihn einwirken, außer vielleicht jenen Teil in ihm stimulieren, der bereits in seinem Gegenüber ein Opfer sieht und sagt: »Aha, den kann ich überwältigen.« Das funktioniert so, weil wir über unsere Aurafelder Energie aussenden.

Junge Leute besitzen enorme Energie in ihren Aurafeldern. Wenn wir diese Energie zu nutzen verstünden, würden wir die Kommunikationsformen auf dieser Welt von Grund auf verändern. Eine komplette ›kosmische Technologie‹ liegt buchstäblich brach, weil wir zu mangelhaft ausgebildet sind, um ihre subtilen Daten zu verarbeiten!

Wir müssen anfangen zu verstehen, daß alle heute geborenen Kinder Wesenheiten eines großen Lichts sind, die sich ausgesucht haben, in dieser Zeit geboren zu werden, um uns durch diese Dunkelheit zu helfen, durch diesen Trichter, den wir als Seelengruppe zur Zeit durchqueren. Die Jugend von heute ist mit weniger Karma geboren worden, mit weniger Verkrampfung als wir. Damit ist sie mehr als je zuvor bereit, an unserer Welt vom Standpunkt der Weisheit der Seele aus teilzunehmen.

In den letzten Jahren sind die Äther voll mit Wesenheiten, die sich darum bemühen, hereinzukommen, die versuchen, geboren zu werden, um teilzunehmen. Es ist eine Illusion, daß *wir* unsere Teenager, unsere jungen Leute, in irgendeiner Weise vor eintreffenden oder drohenden Katastrophen auf diesem Planeten schützen könnten. *Sie* sind ja gerade gekommen, um uns zu schützen. *Jetzt* ist notwendig, daß wir herausfinden, wer unsere Kinder sind.

Wir müssen unsere Familienstruktur komplett reorganisieren, unsere Gesellschaftsordnung, unsere internationale Struktur, um diesen entwickelten Wesen Platz zu schaffen, die unsere Lehrer sind. Als mein letztes Kind geboren wurde, sagte es zu mir: »Ich gehöre dir nicht. Ich habe dich nur ausgesucht, weil ich vollständige Freiheit möchte. Wenn ich fünf bin, werde ich voll funktionsfähig sein.«

Was soll ich mit meiner Mutterliebe anfangen? Was soll ich mit dem Teil in mir machen, der sich kümmern und festhalten möchte? Wenn ich festhalte, könnte ich am Karma mitwirken, jemanden zurückzuhalten, der bereits exakt weiß, wie er seine Energie benutzt. Wenn wir lernen, das großartige Wesen zu beobachten, das durch diesen kleinen Körper kommt, wird unser eigenes Bewußtsein geöffnet und transformiert.

Als mein höheres Selbst mir sagte, eröffne eine Schule für junge Leute, antwortete ich: »Nein, vier Teenager sind genug. Ich brauche keine dreihundert.« Ich sagte: »Es ist zu schwierig. Egal, was passiert, diese Energie ist so unberechenbar, so intensiv. Die Chance, daß so etwas Erfolg hat, ist zu gering. Es ist einfach zu viel.«

Mein höheres Selbst begann, mir Techniken zu vermitteln, um die evolutionäre Erziehung voranzubringen, und zeigte mir, wie man die gewaltige Kundalini-Lebenskraft – jene Energie der Seele, die sich im Körper bewegt – bündeln kann, um Verwirrung und Begrenzung zu transzendieren.

Junge Menschen können von einer Bewußtseinsebene aus agieren, die zählt, nicht, weil wir ihnen dazu die Erlaubnis geben – sie haben aufgehört, uns um unsere Erlaubnis zu bitten –, sondern, indem wir ihnen helfen, wirklich zu erkennen, daß sie zählen, daß sie etwas anzubieten haben. Das ist freilich nicht immer etwas, was wir ihnen beibringen können. Es ist etwas, womit sie geboren wurden. Alles, was wir tun können, ist, sie zu lehren, ihre Energie so zu fokussieren, daß sie sich – anstatt ungeordnet herauszusprühen – manifestieren, Form bilden kann. Wenn es dabei um ein tiefes Unbehagen geht: »Was für ein Mist ist diese Welt?«, können wir sagen: »Ja, nun laß uns mal sehen, was du mit diesem Mist anfängst. Was ist deine kreative Antwort auf Umweltverschmutzung, auf den Tod, auf Feindschaft, auf Mord?« Ich habe entdeckt, daß ihre Antworten atemberaubend sind.

Sie sind unsere Lehrer. *Wir* müssen lernen, ihre Energie zu unser aller Nutzen einzusetzen. Wenn wir zusammen mit ihnen die inneren Bereiche erforschen, können wir uns und ihnen helfen zu verstehen, warum wir alle uns entschieden haben, in dieser Welt geboren zu werden.

»Der Weg des Lichts – Spiritualität und Erziehung« beruht auf einem Pilotprojekt der »Nizhoni-Schule für globales Bewußtsein« sowie einer früheren Sommerschule, die ich sechs Jahre lang in Galisteo geleitet habe. Die Nizhoni-Schule für globales Bewußtsein ist so konzipiert, daß Jugendliche aus der ganzen Welt in ihrem eigenen Umfeld leben, in Verbindung mit ihrem höheren Selbst. Das höhere Selbst richtet die Suche nach Wissen so aus, daß der Schleier des Bewußtseins durchbrochen wird, und die jungen Menschen ihre Fähigkeiten nützen können, die ihnen sowohl für ihr individuelles Leben als auch im globalen Kontext zur Verfügung stehen. In diesem Buch werden wir neuartige evolutionäre Erziehungsansätze zu einem holistischen Selbst vorstellen, die ein Umfeld schaffen, in dem Lernen alle Aspekte unseres Seins umfaßt: physische, mentale, emotionale und spirituelle.

Unsere spirituelle Natur ist in der jüngeren Vergangenheit der westlichen Kulturen oftmals vernachlässigt worden. Und doch ist es eben dieses menschliche Attribut, das ein ganz neues Spektrum von Möglichkeiten für die Lösung unserer gegenwärtigen Schwierigkeiten bietet, seien sie persönlicher oder planetarischer Art. Die Verbindung zwischen spiritueller Bewußtheit und beschleunigter Intelligenz ist atemberaubend! Das sich entwickelnde Curriculum der Nizhoni-Ganzjahresschule arbeitet mit solchen Techniken zur Bewußtseinsschulung. Ihr Ziel ist eine sinnvolle Erziehung für junge Menschen, die den Sinn ihres Lebens suchen *und* gleichzeitig Maßstab für die Welt von morgen sind.

3.
Unsere spirituelle Natur: Die Gabe des Wissens

Immer noch hängen viele von uns dem Gedanken an, wir müßten kämpfen, suchen, ja regelrecht schuften, um das Recht auf Wissen oder Befähigung in einem Gebiet zu erlangen. Nur durch diese Bemühungen könnten wir erfolgreich werden. Wir müssen jedem Gesellschaftselement oder Karrierebereich unsere Anpassung zollen, um als jemand herauszukommen, der zählt. Die Einsicht, die Nizhoni anzubieten hat, ist, daß – weil unser menschliches Gehirnpotential unbegrenzt ist – wir uns nicht auf diesen Kampf konzentrieren müssen, um zu verstehen oder Wissen zu gewinnen. Die Konzentration richtet sich darauf, das innere Reservoir eines jeden Wesens aufzuschließen und anzuzapfen.

Wenn wir uns dem Herzenswunsch einer Person öffnen, die einen kreativen Fluß spürt, können wir diesen kreativen Fluß erschließen. *Sie* wird zum Schöpfer ihres Schicksals, *unsere* Teilnahme an ihrem Wesen bringt dann hervor, was immer im Rahmen dieses Seelenmusters möglich ist. Die latente Fähigkeit des Gehirns, ein beliebiges Problem zu erkennen und zu lösen, ruht in jedem von uns. Sie zu aktivieren, haben wir lange Zeit nicht ausreichend weiterentwikkelt.

Die Schüler von Nizhoni lernen, Zugang zu gewinnen zu dem, was sie inspiriert, was sie sein möchten, sei es ein Mathematiker oder ein Künstler. Und sie wissen, daß sie in sich die Fähigkeit haben, erfolgreich zu werden mit allem, was ihnen in dieser Welt begegnet. Wir bei Nizhoni nehmen die Herausforderung an, daß diese Jugendlichen ihre Wünsche durch die Oktaven der Manifestation vollenden, so daß sie hervorbringen können, was ihnen als Vision vorschwebt. Wenn wir wirklich verstehen, daß der menschliche Geist unbegrenzt ist, lösen wir die Gedankenform auf, es sei notwendig, zu kämpfen, um Wissen zu gewinnen. Wir müssen nur die jedem Wesen innewohnende Intelligenz auf ihren eigenen Weg führen, auf den Weg des geringsten Widerstands, weil er mit dem Wunsch der Seele, mit dem Zweck des Lebens dieses Wesens hier verknüpft ist. Auf diese Weise kann Nizhoni Führer sein und auf einer globalen Ebene erfolgreiche Wesen auf allen Oktaven der Gesellschaft hervorbringen. Die Absolventen von Nizhoni sind fähig, in jede Umwelt zu gehen, sei es in eine Institution zur Weiterbildung oder hinaus in die Welt, um eine Rolle zu erfüllen. Sie sind in der Lage, das selbstverständlich zu tun, weil sie ihre eigenen Fähigkeiten, zu lernen und Probleme zu lösen, erkannt und umfassend erfahren haben.

Jede Oktave, die wir erreichen, die wir in unserem Leben manifestieren, öffnet automatisch die Türen für weiteres Lernen. Wir sind hier, um zu lernen. Nizhoni lehrt junge Leute, daß Lernen instinktiv ist, daß wir uns nicht dagegen sträuben müssen. Wir haben die Fähigkeit, *jedes* Thema auf eine tiefgründige, holistische Weise im Rahmen seiner eigenen Bedeutung zu begreifen, so daß es niemals etwas für uns zu lernen gibt, das außerhalb eines Bezugsrahmens der Wirklichkeit ist. Wir fangen damit an, Geschichte auf eine Weise zu lernen, die Wahrheit und Evolution anregt, und wir beginnen, aus unserer historischen Erfahrung zu lernen.

Es ist ein elementarer Zug der menschlichen Natur, neugierig zu sein, nach Wissen zu hungern. Alles, was wir tun müssen, besteht darin, Zugang zu gewinnen zur Fähigkeit

der mit Tempo und Kadenz einer Sprache einhergeht, stellen ihnen universelle Kommunikationsschlüssel zur Verfügung, die in ihrem Gehirn in Beziehung gesetzt werden zu einer zeitlosen Datenbank, die ihnen genügend Assoziationen zur Verfügung stellt, um den Sinn zu decodieren.

Wenn wir diese multidimensionalen Straßen des Verstands erforschen, werden wir beginnen, eine riesige Matrix an Intelligenz zu sehen, welche uns ein neues Verständnis von ›Vererbungssystemen‹ über galaktische Geschichtskarten wie über die menschliche DNS gibt! Das Wissen, das wir aufgrund unserer lebendigen Existenz haben, erlaubt uns, Information in unseren Computer zu bringen, uns der komplexen Daten bewußt zu werden, die ständig auf den vielschichtigen Ebenen unseres Bewußtseins hereinkommen. Diese Daten haben mit der Überlebenserinnerung zu tun, mit Kreativität, mit Problemlösungen, mit Emotionen, etc. Sie werden laufend durch die sorgfältigen und wunderbaren computer-ähnlichen Fähigkeiten unseres menschlichen Gehirns eingespeist. Sie entspringen dem, was wir den ›höheren Verstand‹ nennen, der Zugang zu Oktaven der Erkenntnis erlangt, die selbst wiederum holographisch mit einzelnen Informationsteilchen zusammenhängen, welche uns erlauben, etwas zusammenzufassen oder zu einer holographischen Bewußtheit zu kommen. *So* entsteht tiefes Wissen! Nicht in linearer Weise, wo der Verstand Daten speichert, für die er keine Verwendung besitzt, sondern, indem er diese Teile anderen Datenteilen zuordnet, die sich, zusammen mit ihnen, zu Antworten oder Erkenntnis von Wahrheit verbinden.

Wenn wir den Verstand einmal zu höheren Oktaven der Erkenntnis angeregt haben, ist er fähig, Daten auf holographische Weise zu verarbeiten und dabei gleichzeitig mit der Frage die Antwort zu liefern. Problemlösungen vollziehen sich auf diese Weise, ereignen sich auf allen Oktaven des Denkens. Damit sich jeder Mensch jeglichen Alters selbst als ›Erkennender‹ erfährt – ungeachtet dessen ob er es mit emotionalen, wissenschaftlichen, kreativen oder problemlösenden Informationen zu tun hat –, muß er Zugang zu sich als Erkennender erlangen, indem er nach innen geht und buchstäblich die Gehirnfrequenz in Alpha- und Theta-Muster verändert, um den höheren Verstand anzusprechen.

Junge Menschen, Kinder unter zwölf Jahren, erlangen diesen Zugang leicht. Deshalb lernen sie schneller. Sie können Sprachen so einfach lernen, weil sie den Tonfall, die ungewöhnlichen Assoziationen der Kommunikation mit aufnehmen. Ihr Gehirn wird laufend trainiert. Sie befinden sich noch in tieferen Gehirnmustern, auf der Alpha-Ebene von Schwingungen, die es leichter machen, holographisch wahrzunehmen, ohne daß sie die Begrenzungen der Beta-Frequenzen, die Erwachsene zumeist erfahren, einengt. In Beta-Frequenzen können wir zwar Daten aufnehmen, aber wir sind unfähig, diese Daten synchronistisch oder synergetisch in Sinn-Komponenten zu organisieren, die allein uns das gesamte Spektrum der Realität beleuchten.

Der Trick besteht am Anfang darin, im Gehirn Veränderungen seines Musters auszulösen, so daß es in der langsameren Alpha-Frequenz funktioniert. Jeder Mensch kann dies ganz einfach tun, indem er Meditationstechniken anwendet, und Bewußtheiten, die dem Körper helfen, sich in Alpha- und Theta-Ebenen zu bewegen, und dabei die Prozesse des ›äußeren Verstands‹ wirksam ausschalten. Das erlaubt eine friedvolle Expansion, in der sich das Bewußtsein ›ausstrecken‹ und forschen kann, weil das Ego zeitweise seinen Griff auf unseren prekären Zustand der Getrenntheit und des Überlebens gelockert hat. Wenn dieses segensreiche Schweigen zugelassen wird, beginnen die beiden Gehirnhälften miteinander zu harmonisieren und fallen ganz natürlich in Synchronizität. Wenn sie synchron zueinander pulsieren, erlangen wir Zugang zum höheren Verstand. Von dieser erhabenen Schwelle des Bewußtseins aus erfahren wir uns als multidimensional. Unser Datenrepertoire ›explodiert‹ spiralförmig in assoziative Erkenntnis, die unseren Durst nach Wissen von jedem Punkt des Hologramms aus befriedigt – intellektuell, spirituell, emotional. So geschieht freudiges, ja ekstatisches Lernen!

Zu erkennen ist nicht nur ein technischer Vorgang, nein, Wissen ist eine spirituelle Übung. In anderen Worten: Es verkörpert die Ganzheit eines menschlichen Wesens, so daß, wenn wir ein tiefes Wissen haben, dies sich stark von intellektuellem Verstehen unterscheidet. In tiefen Erkenntnissen partizipieren wir holographisch. Um das zu tun, müssen wir Zugang zu unserer spirituellen Energie erlangen, die unser Geburtsrecht ist. Um Wissen auf einer holographischen Ebene zu benutzen, müssen wir tiefer eindringen, als die meisten intellektuellen Aspekte des Gehirns reichen, und uns in seine kreativen, nicht-linearen Aspekte vertiefen, indem wir unsere unbegrenzte, spirituelle Natur in unsere unmittelbare Nähe bringen. Unsere Bewußtheit expandiert von sich aus, strahlt aus, um höhere Oktaven von Bewußtsein einzuschließen, um zum Erkennenden zu werden, so daß wir, wenn wir ein Problem oder eine Person beobachten, dies oder sie in ihrer Ganzheit, ihrer multidimensionalen Wirklichkeit sehen können.

Wenn Sie sich ein Hologramm – hilfsweise – als tiefen, vielschichtigen Zylinder vorstellen, verstehen Sie, daß, wenn Sie nur eine dieser Schichten berühren, Sie nicht genügend Daten besitzen, um wirklich zu *wissen*. Echtes Wissen jedoch schließt alles ein. So erlaubt uns beispielsweise die Arbeitsweise der Hauptdrüsen unseres Körpers und besonderer Zellen in Teilen unseres Gehirns, telepathisch zu sein. Wissen erlaubt uns, subtile Kommunikation zwischen uns und anderen Oktaven von Bewußtsein zu erkennen, die nicht in unserer Zeit-Raum-Modalität verwurzelt sind. Auf diese Weise hat sich seit jeher die geniale Oktave des Denkens entwickelt! Sind wir in der Lage, diese höheren Verstandesfähigkeiten ›anzuzapfen‹, besitzen wir Zugang zu Daten, die wir nutzen und assimilieren können, um an den Punkt von Klarheit zu gelangen, den wir *Wissen* oder *Erkenntnis* nennen.

Bei Nizhoni arbeiten wir viel mit Meditation, einer Technik, die erweiterte Bewußtseinsbereiche erschließt, indem wir die elektromagnetischen Schwingungen im Gehirn anregen, die Schwelle zu überschreiten und das Fenster zu erweitertem Bewußtsein zu öffnen. Durch Meditation können wir uns selbst in tiefere Oktaven des Wissens versenken, die uns Erkennen auf der genialen Ebene erlauben. Wir selbst werden multidimensional, indem wir unsere spirituelle Natur nutzen. Es ist die Fähigkeit unseres Bewußtseins, sich selbst in andere Wahrnehmungsbereiche auszudehnen. Diese Fähigkeiten einer erhöhten Wahrnehmung konstitutieren das menschliche Potential.

Wir wissen nun, daß sich erhöhte Wahrnehmung bei tiefen Alpha- und Theta-Gehirnwellen einstellt. Diese Ebenen erschließen eine Erweiterung, eine Genie-Oktave unbegrenzten Bewußtseins, das Antworten bringen oder Querverbindungen herstellen kann, die wie die Neueinrichtung eines Datenblocks in einem Computer sind. Das erlaubt uns, Informationen zu gewinnen, die normalerweise unseren linearen, äußeren Beta-Gehirnmustern nicht zur Verfügung stünden.

Eine spirituelle Oktave impliziert die Expansion von Bewußtsein in schnell schwingende Wellen, in eine göttliche Ebene ohne Begrenzung. Statt dessen versagen wir uns Wissen, weil wir uns nicht mit dem Teil in uns auseinandersetzen, der dieses Wissen leugnet. Unser Emotionalkörper, wie auch unsere intellektuelle Wahrnehmung, stören die Genie-Oktaven oft, indem sie sagen: »O nein, das kannst du nicht erkennen. Wo ist der Beweis? Das ist jenseits meiner Fähigkeiten!« Die Ebene des persönlichen Egos begrenzt die Fähigkeit der holographischen Wahrnehmung.

Wenn wir in der Lage sind, diese begrenzten Oktaven der Wahrnehmung zu beseitigen und zu beschleunigen, besitzen sie nicht mehr länger einen Zugriff auf den linearen Verstand. Er erlaubt sich, hereinkommende Daten von einer subtileren, holographischen Perspektive aus zu erkennen. In dem Augenblick, in dem wir holographisch wahrzunehmen beginnen, bewegen wir uns in Oktaven hervorragender Intelligenz und werden zu *Wissenden*. Der Mensch besitzt spezifische Drüsen, die in der Lage sind, auf Oktaven zu funktionieren, welche schneller als Lichtgeschwindigkeit sind. So geschieht Telepathie – keine Laune oder Störung der Gehirnmuster, sondern eine Kraft des menschlichen Potentials. Der moderne westliche Erziehungsprozeß hat in der Regel den Wert dieser Anlagen zur Verbesserung des Lernens, zur Bereicherung unseres Lebens noch nicht erkannt.

Der Nizhoni-Prozeß öffnet den Zugang zu diesen telepathischen, höheren Wahrnehmungskräften menschlicher Natur, so daß sie im Alltag angewandt werden können. Wir lernen, unser telepathisches Potential einzusetzen, um multidimensionale Informationen zu sammeln, die wir sonst nicht erkennen könnten. Wir können das Informationssystem des Gehirns gewaltig verbessern, indem wir die Schwelle des Bewußtseins anregen und unsere Fähigkeiten für Telepathie schulen. Diese intuitiven Qualitäten des sechsten Sinns sind unterfordert und unterentwickelt, weil wir unsere Aufmerksamkeit zu wenig darauf gerichtet haben. Ein schwelendes Mißtrauen und Reste von Aberglauben haben sie lange Zeit behindert. Jedoch ist in den letzten dreißig Jahren ausreichend wissenschaftliche Forschung betrieben worden, um zu beweisen, daß sie ein Teil des menschlichen Potentials sind, nicht isolierte, anomale Fähigkeiten, die nur von wenigen in Anspruch genommen werden. Indem wir das Licht der linken, erkennenden Gehirnhälfte, die so gut Information organisieren kann, in dem großen Reichtum der kreativen rechten Gehirnhälfte aufscheinen lassen, erlauben wir, daß sich holographisches Erkennen ereignet. Jeder Mensch hat dieses Potential!

Die Zirbel- und die Hirnanhangdrüse wirken tatsächlich auf diese Weise und schaffen den Mechanismus, um höhere Bewußtheit auszulösen. Sie sind regelrechte Sender bzw. Antennen, welche Informationen mit einer höheren als der Lichtgeschwindigkeit übermitteln und empfangen. Wir können dann anfangen, Informationen und Wahrnehmungen in unser Bewußtsein einzubeziehen, die uns sonst nicht verfügbar wären, die aber lebenswichtig sind, um uns über die evolutionäre Schwelle zu helfen.

Es ist Zeit, daß wir uns in unseren Erziehungssystemen um verbesserte Wahrnehmung kümmern, die unsere Fähigkeit, Probleme zu lösen, erweitern können. Wir leben zwar im Computer-Zeitalter, und doch ist der höhere Verstand der größte Computer im ganzen Kosmos. Es ist sehr wichtig, daß die Erziehung endlich beginnt, das Wissen auch praktisch anzuwenden, das uns heute über die Arbeitsweise des Gehirns zur Verfügung steht, um den Lernprozeß entscheidend erleichtern zu können. Es sollte als das Erziehungsrecht jedes menschlichen Wesens gelten, so ausgebildet zu werden, daß es die Genie-Ebene von Wissen erlangt. Wir sind Wissende – jeder einzelne von uns ist ein Wissender. Wir müssen unsere Auffassung der Gabe, die wir Verstand nennen, gründlich revidieren. Wir beginnen, unsere Sicht des individuellen Bewußtseins umzuformen.

In jedem von uns schläft unerwecktes Potential, weil der Erziehungsprozeß, den wir durchlaufen haben, nicht an die Dimension unserer spirituellen Natur angeknüpft hat. Wenn wir aber heute praktisch anwenden, was wir über das menschliche Potential wissen, und dies auch in der Schule an den rechten Platz setzen, können wir mithelfen, Wesen zu entwickeln, die fähig zu echter Kommunikation sind und intellektuelle wie spirituelle Qualitäten besitzen.

Das menschliche Wesen kann sich vom persönlichen zum globalen Selbst ausdehnen. Globales Bewußtsein ist erwachsen geworden, und Nizhoni hat die Fertigkeiten, die Techniken entwickelt, es in den Mittelpunkt zu stellen. Jeder von uns ist ein Instrument der globalen Entwicklung. Das Gehirn kann zu hundert Prozent seiner Fähigkeit benutzt werden, anstatt nur zu dem Bruchteil, mit dem wir uns heute zufriedengeben. Es muß nur im holographischen Bewußtsein geübt und fortgebildet werden. Das Gehirn weigert sich nie zu lernen – Erkenntnis ist der Zweck des Gehirns. Es fällt dem Gehirn leicht, Daten aufzunehmen, wenn es auf harmonisches Lernen eingestimmt ist. Die Antithese dazu ist die Gewohnheit der gestörten Synchronizität zwischen der linken und rechten Gehirnhälfte. Leider nehmen wir die Information zwar auf, komponieren aber nichts Neues damit. Weil wir sie nicht wirklich in eine Synthese bringen, erweitern wir sie nicht, so daß das große »Aha!« erleuchteter Einsicht sich nicht ergeben kann, Probleme nicht gelöst werden. Die Gehirnforschung hat eindeutig erbracht, daß die Synchronisation beider Gehirnhälften zu synthetischem Bewußtsein führt, definitiv über den Schleier vom elften bis zum hundertsten Prozent. Indem wir ein synchronistisches Umfeld schaffen, erlauben wir dem Gehirn, Informationen nicht nur aufzunehmen, sondern sie auch zu integrieren, unabhängig davon, aus welchem Bereich sie stammen; wir nutzen so holographische Bewußtheit, um schöpferischer zu werden.

Wenn wir Schüler dem ganzen Spektrum von Daten aussetzen, die sich auf nur ein Thema oder Fach beziehen, werden sie auf leichte Weise von jenen besonderen Teilgebieten angezogen, zu denen sie eine natürliche Affinität haben. Weil sie in diesem Teilgebiet nicht isoliert sind, widmen sie sich leichter gründlicheren Studien und deshalb höheren Ebenen der Meisterschaft. Wenn wir beginnen, holographisch zu denken, sehen wir plötzlich deutlich die Verknüpfungen, die Verbindungen aller Dinge, aller Informationen, aller Erfahrung. Dieser Prozeß ergibt sich durch den Kontakt mit unserer spirituellen Natur, unserem höheren Selbst. Das höhere Selbst fängt an, sich so explosiv im kreativen Prozeß auszudrücken, daß die Jugendlichen Daten aufnehmen, die sie interessieren, die sie faszinieren, und sie beginnen, sie zu sammeln. Es ist, wie wenn man an einer chemischen Kettenreaktion teilnimmt. Der junge Mensch ist fähig zu erkennen, was für ihn oder sie von Bedeutung ist und systematisch Sinn-Teile aus gewaltigen Bergen von Daten zu bauen, die bis dahin einfach ungenutzt in den schlafenden Speicherkapazitäten eines zusammenhanglosen Verstands gelegen haben. Der Schüler ist dann fähig, den Sinn herauszugreifen, ihn zu komponieren und zu einem mächtigen Fundament von Erkenntnis zusammenzufügen, welches die Erforschung weitgesteckter Felder ähnlicher Daten unterstützt – das Spiral-Hologramm des Wissens.

Was er in Mathematik lernt, gewinnt plötzlich Bedeutung für ihn. Er kann erkennen, wie sich sein Studium auf das tägliche Leben bezieht, auf die natürliche Umwelt, auf globales Verstehen. Er schafft eine herrliche Kette von Ereignissen, in der jede neue Komposition, jede neue Verbindung von Daten ein neues Verstehen schafft, das wiederum Bewußtsein und Wahrnehmung erweitert. Anstatt spezifische Bereiche zu isolieren, haben wir nun die Fähigkeit, die Verbindung aller Dinge zu verstehen: von Wissenschaft und Geist, von Geist und Materie, von Verstand und Körper. Somit kann der junge Mensch holographisch partizipieren und ist nicht von seinem intellektuellen Selbst getrennt, ja er ist der zentrale Punkt einer als holographisch erfahrenen Welt.

All dies passiert, weil der Schüler hier in der Nizhoni-Schule spirituell ›versorgt‹ wird. Hier herrscht freudige Stimmung, ein allgemein positiver Zustand der Anregung; hier gibt es das Gefühl des ›Heimkommens‹, das Spielfreude und Abenteuerlust freisetzt. Frustration, Ärger und Niedergeschlagenheit weichen froher, vertrauensvoller Selbstverwirklichung!

Der Musikschüler kann zum Beispiel sein musikalisches Repertoire bereichern, indem er die Geschichte des Klangs, die Geschichte verschiedener Instrumente erkundet, wie sie verschiedene Kulturen darstellen, und die die Kulturen zu dem gemacht haben, was sie heute sind. Was geschieht, wenn man Musik mit Kulturen zusammenbringt? Wir können das politisch, historisch und kulturell betrachten, sogar wissenschaftlich und mathematisch. Der Schüler, der musiziert und darauf seine Konzentration richtet, beginnt eine bedeutende Sinnmitte zusammenzufügen, in deren Zentrum er sitzt, und von wo aus er in der Lage ist, sein Entscheidungen über Interaktionen zu treffen. Damit ist Geschichte nicht flach und tot, und politische Wissenschaft nicht eine fremde Welt, getrennt vom täglichen Leben.

Spezielle Talente und Gaben werden erschlossen, dem ganzen Wesen wird gestattet, das zu tun, weswegen er oder sie geboren worden ist: sich mit dem Leben auszutauschen. Diese Entdeckung durch Partizipation verhindert das Ausbrennen. Wenn sie unfähig sind, sich selbst auf mehr als eine Weise auszudrücken, kommen Jugendliche leicht an den Punkt, auszubrennen, sich verbraucht zu fühlen. Nehmen wir an, daß sie im Klassenzimmer nur intellektuell funktionieren dürfen, dann wollen ihre Emotionen, ihr spirituelles Herz, ihre physischen Körper zwar auf die Daten eingehen, werden aber ausgegrenzt.

Nizhoni bietet dagegen eine perfekte Verknüpfung von Informationen, die die Bausteine einer erweiterten Bewußtheit zuläßt. Diese chemischen Reaktionen von Wirklichkeit beginnen sich gegenseitig zu beeinflussen und sich gegenseitig zu entfachen. Statt ausbrennenden, erleben wir hier sprühende junge Menschen, die ihr Bewußtsein und ihre Realitäten auf neue Weise miteinander verbinden. Der Zugang zu unserem spirituellen Wissen beschleunigt den Lernvorgang. Und – noch entscheidender – er läßt Lernen zu einer wichtigen, freudigen Erfahrung werden. In unserer Welt von heute kann eine neue Welle junger Menschen, die sich nicht resignativ zurückgezogen haben, sondern aktiv teilnehmen, unsere große Hoffnung sein: Mit ihrer Hilfe können wir eine neue Oktave der Evolution erreichen, um die Zukunft der menschlichen Rasse zu schützen.

4. Der besondere Beitrag des Light-Instituts

Es gibt vier Körper, die zusammenspielen, um den Horizont unseres Bewußtseins zu schaffen: der physische Körper, der Mentalkörper, der Emotionalkörper und der spirituelle Körper. Wieviel von der Welt außerhalb wir wahrnehmen und erkennen und auf welcher Ebene wir die Informationen verarbeiten können, hängt von der Interaktion und Verknüpfung dieser vier Körpern ab. Der physische Körper ist uns unter den vier Körpern am gegenwärtigsten. Für einen Teenager steht dieser Körper natürlich sehr im Vordergrund. Es gibt immer energetischen Aufruhr im physischen Körper eines Teenagers, und es ist entscheidend, diese große Kraft in nützliche Kanäle zu lenken. Die Wahrnehmungsebenen im Körper eines Heranwachsenden – Geruch, Sehen, Gehör, Tastsinn, Geschmack – sind so sensibel, wie sie es im Leben nie wieder sein werden. Wenn diese Wahrnehmungsqualitäten, die dem Gehirn über den physischen Körper zur Verfügung stehen, geführt und diszipliniert werden, kommt der/die Jugendliche mit der Welt um ihn/sie herum auf eine sehr sinnvolle Weise in Kontakt. Es muß einen Ausgleich geben zwischen den mehr aktiven Aspekten des physischen Körpers und seiner Fähigkeit, still zu sitzen und Daten aufzunehmen. Wenn ihm nicht beides gestattet wird, entsteht ein Ungleichgewicht.

Der nächste Körper, dessen wir gewahr werden können, ist der Mentalkörper, der bewußte Denkapparat und das intellektuelle Vermögen der Person. Der Verstand muß sich mit den subtileren Körpern synchronisieren, auf jeden Fall jedoch mit der Biochemie des physischen Körpers, um seine Fähigkeit zu verbessern, wahrzunehmen oder holographische Probleme zu lösen. Wir können die Schwingungen des Mentalkörpers lenken, um ein erweitertes Bewußtsein hervorzubringen, um die bessere Integration von mehr Information zu bewirken. Das passiert, wenn die linke und die rechte Hemisphäre des Gehirns gleichzeitig pulsieren. Wenn sie synchronisiert werden, aktivieren sie den ›höheren Verstand‹. Das Gehirn selbst ist geschaffen worden, um zu lernen. Es streckt sich aus und nimmt alle verfügbaren Daten auf, ob diese Daten visuell, durch akustische Kanäle oder durch irgendwelche Gedankenprozesse hereinkommen. Es ist aufgrund seiner Biochemie begierig, wach zu sein, stimuliert und trainiert zu werden. Diese Übung könnte eher eine Freude sein als eine Qual.

Die Mauer oder Barriere, die sich für einen jungen Menschen in bezug auf seine Lernfähigkeiten ergibt, ist daß er sich, mit Begrenzungen geprägt und subtil programmiert, als ängstlichen, armen Schüler empfindet. Um die Erinnerungen und Begrenzungen aufzulösen, müssen wir das Gehirn zu Oktaven des höheren Verstands anregen und einen Zugang zu einem Gedächtnis erlangen, das mit unserem eigenen Wissen erfüllt ist, in dem wir leicht lernen und großartig integrieren.

Der Verstandeskörper kann sich sehr direkt auf den physischen Körper einstellen und seine Kapazität entscheidend beeinflussen. Zum Beispiel können Athleten den Körper steuern, um den Herzschlag zu verlangsamen oder lockerer zu werden. Das ist entscheidend, um zu verstehen, wie wir unsere unterschiedlichen Fähigkeiten nutzen können, um die Qualität unseres Alltagslebens zu bereichern.

Der Verstandeskörper hat allerdings nicht die Fähigkeit, den Emotionalkörper zu orchestrieren. Der Emotionalkörper benutzt die Biochemie des physischen Körpers, um den Denkprozeß zu färben. Das geschieht physiologisch durch den Solar Plexus, Zentrum unseres Emotionalkörpers. Jede emotionale Information, die unser Feld erreicht, passiert diesen Bereich. Wenn es zum Beispiel etwas in der äußeren Umgebung gibt, das Angst oder Kummer auslöst, wird es die Ganglien, die Nervenknoten, des Solar Plexus anregen, welche den Sympathikus (Teil des vegetativen Nervensystems [Anm. d. Red.]) stimulieren und die Blutzusammensetzung des Gehirns verändern. Diese Angst löst dann eine Beengung aus, die sehr oft darin resultiert, daß eine Person wie leer wird und Amnäsiegefühle empfindet: »Ich kann mich nicht daran erinnern, was ich gerade gelernt habe; ich kann mich nicht erinnern, was ich tun sollte.« Das passiert nicht, weil es einen Mangel intellektueller Kapazität im Verstandeskörper gibt, sondern, weil der Emotionalkörper sich auf diese Weise seiner Ängste und negativen Erfahrung entledigt und somit den Verstandeskörper infiltriert. Um zu lernen, Daten zu sammeln und Probleme mit der höchsten intellektuellen Fähigkeit zu lösen, müssen wir mit dem Emotionalkörper arbeiten und ihn oft klären.

Der Emotionalkörper hat seine eigene Realität, welche den Verstandeskörper und den physischen Körper beeinflußt. Der Emotionalkörper ist eine bewußte Wesenheit, die erreicht werden kann, obwohl wir oft nur an ihn im Rahmen solch simpler Gefühle wie Angst oder Wut denken. Wenn wir jenseits der spürbaren Emotionen forschen, entdecken wir sehr tiefe und vielleicht heimtückische Energien, die unser ganzes ›rationales, logisches‹ Denkverhalten beeinflussen. Wir bezeichnen das gemeinhin als unser Unbewußtes, weil wir nicht erkannt haben, wie wir Zugang zu ihm unter der Ebene seiner oberflächlichen Ausprägungen erlangen. Solange wir nicht tief in den Emotionalkörper als ein bewußtes Wesen hineingehen können, werden wir nicht in der Lage sein, mit der Quelle jener süchtig machenden und allumfassenden Emotionen in Berührung zu kommen. Wenn wir zum Beispiel kein Zutrauen in unsere intellektuelle Kapazität haben oder uns Sorgen machen wegen unserer Fähigkeiten, Probleme zu lösen, sollten wir nicht davon ausgehen, daß dies eine zufällige Prägung ist. Ihre Ursache ist sehr oft tief in der unbewußten Seite des Emotionalkörpers vergraben. Vielleicht hat, als das Kind sechs Jahre alt war, die Kindergärtnerin gesagt: »Nein, du lernst nicht schnell genug. Das geht so nicht.« Aufgrund der profunden Sensibilität und Wachheit eines kleinen Kindes, vermag die Stärke dieser Voraussage vollständig die Oberhand zu gewinnen und sich tief im Emotionalkörper einzugraben. Das Kind fängt dann an, seine Aufmerksamkeit auf Erfahrungen und Informationen zu konzentrieren, welche diesen Gedanken, der von der Kindergärtnerin kam, verstärken. Es erfährt sich nicht mehr als jemand, der das Problem lösen kann oder ein großes Abenteuer beim Lernen erlebt. Der Prozeß der Abstumpfung beginnt, weil eine Prägung eingebettet wurde.

Biochemie ist der Mechanismus, durch den der Emotionalkörper Kontrolle über die anderen Körper gewinnt und Realität gestaltet. Die Energien sind elektromagnetisch. Das heißt, daß es eine Energie gibt, die von unseren Körpern ausstrahlt, genannt Aurafeld. Das Aurafeld besteht aus astraler Energie, welche die Substanz unseres Emotionalkörpers ist. Wir denken: »Ich kann nicht mit meinem Unterbewußtsein in Kontakt kommen«. Tatsächlich können wir jedoch intensiv mit unserem Unterbewußtsein durch die Wahrnehmung astraler Energie, die Energien des Emotionalkörpers, in Berührung kommen. Astralenergie hat Gewicht, sie ist materiell. Sie ist es, die den Emotionalkörper in seine Prägung einschließt; so ist zum Beispiel ein Gefühl, das wir hatten, als wir sechs waren, immer noch Teil unserer

Wahrnehmungswirklichkeit, wenn wir fünfzig sind. Wenn wir eine emotionale Erfahrung machen, schafft sie astrale Energie, welche eine sehr langsame Frequenz hat. Astralenergie strahlt von unserem ganzen Körper aus. Wenn Sie das Aurafeld sehen könnten, würde es Ihnen als Energie erscheinen, die vom Körper ausstrahlt. Es ist mit unseren Gefühlen und unseren Gedanken angefüllt, die sich ständig in unseren Mental- und Emotionalkörpern bewegen.

Da es wellenförmig ausstrahlt, steht es in Wechselwirkung mit der Außenwelt und zieht, wie ein Magnet, Gefühle und Gedanken an sich, die von Wesen stammen und aus der Astraldimension kommen, die unserer eigenen ähnlich sind. Das ist ein sehr wichtiges Konzept, das es zu verstehen gilt. Es ist das ganze Prinzip der Spiegelung; warum wir die Eltern heraussuchen und die Partner wählen, die wir haben. Wir ›magnetisieren‹ Leute zu uns, deren Emotionalkörper sich an unseren anpassen. Wenn eines unserer Themen im Emotionalkörper Angst ist, dann werden wir ständig davon angezogen und ziehen andere Leute an, die ebenfalls Angst erleben und ausstrahlen. Sie verstärken einfach unser Wohlbehagen in der horizontalen Ebene von Angst, so daß wir neue Situationen auf dieser Ebene schaffen können. Sie stellen neue Arten dar, Angst so auszuspielen, daß unser Emotionalkörper nicht bedroht wird. Er weiß, wer er ist. Wenn das geschieht, stellt sich das Ego auf den Verstandeskörper ein und setzt Rahmendaten fest, wer für uns Gefahr bedeutet und wer nicht; Rationalisierungen darüber, warum wir so denken und fühlen, warum manche Leute oder manche Länder für uns gefährlich sind und andere nicht. Wir meinen, wir sehen die Dinge in einer rationalen, wahrhaftigen, klaren Weise, während wir tatsächlich einfach magnetisieren und diesem elektromagnetischen Prozeß, der ständig abläuft und sich laufend selbst verschmutzt, Energie geben.

Der Emotionalkörper ist also der unbekannteste Aspekt unseres Seins und doch gleichzeitig der vertrauteste. Wir denken, wir leben im Verstandeskörper, aber tatsächlich leben wir im Emotionalkörper. Es ist faszinierend, daß ein solch altes und mächtiges System wie die chinesische Medizin mentale Störungen durch den Mechanismus des Emotionalkörpers heilt, indem sie mit dem Bauch-Meridian arbeitet. Es gibt eine tiefe Einsicht, daß der Emotionalkörper der Angelpunkt ist, der allen anderen Körpern ihre Fähigkeiten diktiert.

Um wirklich die negativen Prägungen zu klären, welche unsere Wahrnehmungen und unsere Lernkapazität kontrollieren und begrenzen, müssen wir sehr oft unsere ›Vergangenheit‹ aufgeben. Mit Hilfe unseres Emotionalkörpers können wir diese Art von Stigmata beseitigen. Der Emotionalkörper befindet sich nicht in Zeit und Raum. Deshalb lebt eine Angst, die in einem Kind ausgelöst wurde, im Heranwachsenden weiter. Wir sprechen von einem Jugendlichen, der sechzehn oder achtzehn ist und immer noch die Prägung mit sich herumträgt: »Ich kann das nicht lernen, in diesem Fach bin ich nicht gut«, und so dieselben Erfahrungen immer wieder neu schafft.

Um uns zu klären, müssen wir uns an die Quelle in der Tiefe des Emotionalkörpers begeben, wo dieser Same gelegt worden ist. Sehr aufregend ist, daß wir die Vergangenheit verändern können. Wir können die Zukunft schaffen, indem wir die Beziehung zu allem, was wir wahrnehmen, umformen, sei es ein Konzept, wer wir in der Welt sind oder ein anderes Wesen. Das bedeutet, daß die wirklich holographische Perspektive unserer selbst tatsächlich nicht im Verstand ist, sondern im unbewußten Nest des Emotionalkörpers. Wenn wir Leute in dieser Welt hervorbringen und entwickeln wollen, die Zugang zu höheren Oktaven wie Liebe, Vertrauen, Freude erlangen können oder das Vermögen, ein Konzept rasch zu begreifen, müssen wir die Frequenz des emotionalen Lebens erhöhen. Wir müssen es aus dem Zustand stockender Lebendigkeit herausheben, in dem es sich in einem Zyklus von Wiederholungen verloren hat und jene Prägungen nacherlebt, die es am tiefsten beeinflußt haben. Sehr oft sind diese Prägungen negative Wahrnehmungen, die uns erschrecken oder ängstigen.

Um negative Wahrnehmungen durch höhere Frequenzen zu ersetzen, müssen wir den unsichtbaren Energiekörper nutzen, welcher der spirituelle Körper ist. Er steht mit uns nicht durch materiellen Gehalt in Verbindung, sondern durch seine rein energetische Qualität, welche die absolute Essenz der Kreativität ist. Ohne Kreativität können wir nie hoffen, ganze Wesen zu werden. Es ist die schöpferische Lebenskraft, welche die Schwingung des Bewußtseins sich in immer weiteren Bögen ausdehnen läßt. Ohne sie werden wir betäubt, werden wir stumpf, bewegen wir uns in die sterbende Phase unseres Lebens. Die kreative Energie tritt aus dem spirituellen Körper hervor, der zwar auf körperliche, nicht aber auf energetische Weise zugänglich ist. Wir haben einen Mechanismus, mit dem wir dem bewußten Selbst erlauben, schöpferische Lebenskraft zu erfahren, so daß der Emotionalkörper durch den spirituellen Körper auf höhere Oktaven von Vertrauen und Liebe und kindhaftem Abenteuer gehoben wird. Der Mentalkörper expandiert, um Bände neuer Daten zu integrieren, um neue Lebensweisen zu schaffen.

Wir müssen die Schwelle von Bewußtsein überschreiten, um die nicht-physischen Seiten unserer Realität zu erkennen und zu erleben. Das Gefährt, das uns gestattet, die Schwelle zu passieren, ist das höhere Selbst. Es bringt dem linearen Verstand bei, daran zu partizipieren, indem es dessen Wahrnehmungsfähigkeit ausweitet, so daß wir uns noch als funktionierende, manifeste Teilnehmer an der Realität orientieren können. Der begrenzte Verstand reicht in Gebiete des höheren Verstands, der spirituelle Energien zum Ausdruck bringt. Das höhere Selbst ist das Megaphon der Seele. Durch seinen Zugriff werden uns der schöpferische und göttliche Teil in uns bewußt, obwohl sie unserem Intellekt oder unserem physischen Körper nicht sichtbar sind. Das höhere Selbst ist in der Lage, den Faden unserer multidimensionalen göttlichen Natur aufzunehmen und ihn durch die Schleier zu ziehen, so daß wir einen Weg des Erkennens haben. Damit können wir mit wahrem Wissen eins werden und begreifen, was für uns Bedeutung hat und uns in einen Zustand der Ganzheit bringt. So wirkt Erziehung. Sie ist einfach Bewußtsein, das uns lehrt, wie wir real in einer realen Welt sind, während es uns die gewaltigen, unbegrenzten Informationen eröffnet, die wir brauchen, um die Zukunft zu schaffen. Spirituelle Erziehung erweitert ständig unsere Welt, so daß wir Probleme lösen können, so daß wir hier sein können!

Wenn wir unsere Absichten im Feld der Erziehung konzentrieren, müssen wir fähig sein wahrzunehmen, daß wir diese vier Körper haben, die unauflöslich miteinander verbunden sind. Können wir ihre Interaktionen nicht verstehen, werden wir nur von einem begrenzten Vorbild aus erziehen. Wir können nicht davon träumen, Ganzheit zu produzieren oder zu erleichtern, solange wir nicht das Gesetz und die Verknüpfung all dieser vier Körper erkannt haben. Das ist die Arbeit des Light-Instituts, jedem Individuum zu helfen, in unmittelbar erfahrenen Kontakt mit seinen vier Körpern und dem himmlischen Tanz zwischen ihnen zu kommen. Am Light-Institut vollzieht sich ein Lernprozeß, durch welchen jedes Wesen befähigt wird, seine verschiedenen Körper zu erspüren und sich selbst deshalb von einem holographischen Standpunkt aus zu erleben. Im Verlauf dessen erweitert sich das Bewußtsein unmittelbar. Die Arbeit des Light-Instituts besteht darin, jedem Wesen einen Halt zu geben, an dem es sich orientieren und den es in allen Aspekten seines oder ihres Seins wiedererkennen kann, nicht nur im Verstandeskörper, Emotionalkörper oder physischen Körper, sondern in allen Körpern. Jeder Mensch lernt in der Welt zu leben, indem er in Kontakt mit der Quelle kommt, die durch das höhere Selbst erfahren wird.

Der Pfad, den wir in unserem Leben wählen, kann ein Pfad werden, der es uns erlaubt, erfüllt, erfolgreich, mitfühlend und ganz in unserem inneren Wesen zu sein, während wir gegenüber der äußeren Welt ausdrücken, wer wir auf einer globalen Ebene sind. Indem wir ein ›Arbeitsverhältnis‹ mit dem höheren Selbst entwickeln, können wir den Verstand so erweitern, daß wir uns daran erinnern, daß alles, was wir jemals gelesen oder gehört haben, das Hologramm eines Themas vervollkommnet. Eine Person, die einen Test in Mathematik oder einer Sprache macht, kann all die assoziativen Prozesse, die mit Erkennen, Verstehen und Integrieren zu tun haben, leicht und mit Spaß zur Verfügung haben. Das führt zur Erfahrung von Erfolg. Wir können uns nicht nur an all das erinnern, an was wir uns erinnern müssen, um in dieser Welt zu bestehen, sondern wir können alle uns zukommenden Informationen umgestalten, indem wir uns selbst als holographisches Instrument benutzen und etwas Neues aus ihnen kreieren. Das gestattet uns zu erleben, daß wir Talent besitzen, daß wir partizipieren können, nicht nur auf passive Weise als Schüler, sondern daß wir instrumental für neue Entdeckungen da sind, die Sinn stiften.

Der Zweck von Erziehung ist, Sinn zu vermehren. Am Light-Instituts beginnt der Prozeß mit einer selbst erfahrenen, tiefgründigen Verbindung mit dem höheren Selbst, die zu einer Art ›Arbeitsverhältnis‹ wird. Mit der Führung durch unser höheres Wissen fangen wir an, uns selbst zu erforschen. Wenn wir das höhere Selbst bitten, uns in unsere Multidimensionalität zu nehmen, uns tief in uns selbst hineinzuführen, um zu erkennen, wer wir sind, entdecken wir immer Erlebnisse und Daten, die dem entstammen, was unser linearer Verstand die Vergangenheit nennt. Wir kommen an die Schwelle, an der all die bestimmten Muster, Verhaltens- und Gedankenthemen sich selbst speisen. Das höhere Selbst nimmt uns in Szenarien hinein, die uns helfen, Talente, die wir haben, zu erkennen – durch Verstehen und emotionale Prägung. Wir sind dann nicht nur fähig, diese interdimensionalen oder sonst unbewußten Realitäten in uns wahrzunehmen, sondern wir sind in der Lage, an ihnen auf eine Weise teilzuhaben, die das, was wir Vergangenheit nennen, verändert.

Das ist Arbeit mit ›vergangenen Leben‹ (past life work). Es ist einfach ein nochmaliges Mustern von Szenarien, die über Erfahrung ausdrücken, wer wir sind. All diese Erfahrungen spielen zusammen und produzieren, wer wir jetzt in diesem Augenblick sind. Wenn wir in ein früheres Leben gehen, sind wir in der Lage, den Kern dieses Lebens oder die Gabe, die wir in jener Lebenszeit besaßen, das, was uns heute beeinflußt, aufzunehmen. Es ist nicht der Inhalt dieses Lebens selbst, der wichtig ist, obwohl auch der sehr interessant ist. Alle Erfahrungen, die wir während einer ›past life‹-Sitzung aus erster Hand erhalten, erweitern das Bewußtsein unserer Wahrnehmung in dieser Welt. Sie liefern uns die Möglichkeit, zu entscheiden. Wenn wir fähig sind, mit Wahlmöglichkeiten umzugehen, werden wir zu ganzen Wesen. Solange wir in unserem Bewußtsein begrenzt sind und denken, daß wir nur das sind, was wir sehen, können wir an unserem Leben nicht wirklich partizipieren. Unsere Leben gehören uns dann nicht. Die Erfahrung früherer Leben gibt uns ein profundes Werkzeug an die Hand, Prägungen loszuwerden, die auf unser Lernvermögen in der Schule einwirken, auf Beziehungen mit anderen Wesen, auf unsere Kreatitivät. Wenn wir uns Themen genau und ohne Angst ansehen, sie gewissermaßen wieder ›aus erster Hand‹ erfahren, können wir jene Prägungen auflösen, die uns nicht länger in diesem Leben dienlich sind, und uns so von den sich ständig wiederholenden Mustern des Emotionalkörpers befreien.

Der Emotionalkörper treibt in der Tat den Verstand an,

treibt den physischen Körper an und wiederholt sich wieder und wieder. Wenn wir in uns die Prägung haben, nicht intelligent zu sein, werden der Verstand und der physische Körper einfach diese Prägung, die vom Emotionalkörper kommt, widerspiegeln. Weil er biochemisch ist, weil er eine solche Wirkung auf die biochemischen Prozesse im Gehirn ausübt, diktiert er buchstäblich, was wir für unsere rationalen Gedanken halten. Diese Fähigkeit, zu solchen Ebenen der Erkenntnis zu gelangen, etwas zu bewegen, etwas aufzulösen und zu dekristiallisieren, verändert den, der wir in unserem Leben heute sind. Wir erleben nie ein Szenario in einer ›past life‹-Sitzung, welches sich nicht genau jetzt in diesem Moment abspielt, oft mit denselben Leuten, mit denen wir es früher gespielt haben. Wenn wir in einem früheren Leben Aufgaben, die wir gemeistert haben und Wissen, das wir besaßen, erforschen, kreist die Essenz jener Talente und Erkenntnisse zu uns zurück. Jene, die immer Klavier spielen wollten, aber wußten, daß sie nicht gut genug sein würden, können die selbstzerstörerische Prägung dekristallisieren und eins mit ihrem Talent werden. Wir sind alle multidimensionale Wesen, deren großartiger, stets expandierender Bogen von Bewußtsein andere Zeit/Raum-Frequenzen erschließen kann, andere Dimensionen, andere Realitäten, um unsere Alltagswirklichkeit tiefgreifend zu verändern.

Lassen Sie mich ein Beispiel geben, wie ›past life‹-Techniken funktionieren. Ein Jugendlicher mußte einen Kurs in Chemie abschließen, um eine bestimmte Studienrichtung einschlagen zu können. Dieser junge Mensch war total unfähig, Chemie zu verstehen, und war im Fach Chemie sogar schon einmal durchgefallen. Allein schon der Geruch, die Gewißheit, sich in einem Chemielabor zu befinden, ließ seine Hände schwitzen und eine Tretmühle der Angst auslösen und Einflüsterungen seines Verstandes, der sagte: »Ich kann's nicht. Ich verstehe das nicht«, was sich als Versagen bei Examina manifestierte. Er ging in ein früheres Leben zurück, ins Mittelalter, als er mit Alchemie experimentiert hatte, um zu versuchen, Blei in Gold zu verwandeln. In jenem Leben hatte er sich allen Beziehungen und allen anderen Dingen, die etwas im Leben bedeuteten, versagt, um Gold herzustellen. Er war besessen. Er war von einem König herausgefordert worden, der ihm sagte, daß er Gold herstellen oder sterben müsse. In seiner Besessenheit und Verzweiflung, dies zu erfüllen, war er in bezug auf Materie sehr destruktiv. Er verunstaltete und mißbrauchte die Naturgesetze, um Blei in Gold zu verwandeln, im Wissen, daß er ein Versagen nicht überleben würde. Er schuf also enorme Angstmuster. Er hatte Erfolg und wurde folgerichtig aufgefordert, mehr zu produzieren. Aber die Reserven seiner persönlichen Stärke und seines Willen hatten sich in dieser Anstrengung erschöpft. Die von ihm am stärksten gefürchtete Verdammung, nicht zu erfüllen, was verlangt worden war, wurde schließlich Wirklichkeit, und er wurde getötet. Man schlug ihn, und er starb.

Als dieser junge Mann ins Light-Institut kam, erlebte er diese Angst und diese Forcierung des persönlichen Willens aufs neue, wodurch er etwas getan hatte, von dem er wußte, daß es gegen das Naturgesetz war. Indem er dieses Szenario anschaute und seinen Körper die Ursache seiner Angst zum Ausdruck bringen ließ, ergab sich eine tiefgehende Veränderung im physiologischen Körper. Der Überlebensmechanismus, welcher in den Zellen des physischen Körpers und im Gedächtnis des Emotionalkörpers bewahrt wird, war bis heute intakt. Als er diese Ursache wieder ansah, brach diese Energie das Gedächtnispaket der Zellen auf und wurde freigesetzt. Er kann jetzt das Gefühl der Angst und Hoffnungslosigkeit verstehen, das aus jenem Leben in sein jetziges übertragen worden war. Am Ende der Sitzung wurde ihm energetisch geholfen, alle Rückstände jener Erinnerung aus dem Körper zu klären. Dem Kopf wurde erlaubt, die Erinnerung loszulassen, daß er, wenn er nicht produziert, getötet wird. Das ist eine sehr reaktive Prägung im Körper, die dieser nicht vergißt. Als die Prägungen herausgelöst waren, so daß der Körper sich entspannen und verstehen konnte, daß er ins Gehirn oder in den Kopf ohne Schmerzen hineinatmen konnte, verstand er, daß er nicht länger auf dem ausgetretenen Pfad von Versagen und Zerstörung weitergehen mußte.

Der Emotionalkörper war in einer solchen Lage, daß er nicht genug Kraft hatte, um sich allein von der Erinnerung seiner Angst und seiner Prägung zu befreien. Der spirituelle Körper war fähig, sich mit einzuschalten, damit das Loslassen zu bewirken und das Licht des Bewußtseins zu spüren, den göttlichen Fluß seiner selbst als ein multidimensionales Wesen zu erleben, das willens war, vom unbewußten Festhalten an Schuld, Angst und Verurteilung abzulassen.

Der spirituelle Körper schafft eine Heilung durch seine Fähigkeit, den Emotionalkörper aus einer Urteilshaltung zum Mitgefühl emporzuheben. Der Student beschäftigte sich erneut mit Chemie und war in der Lage, die Kräfte, die er in jenem anderen Leben angesammelt hatte, anzuwenden. Er stellte nicht nur fest, daß er in Chemie mithalten konnte, sondern wurde tatsächlich ein herausragender Student, denn er verfügte über ein systematisches Datensystem, das ihm einen Bezugsrahmen gab zwischen dem, was er jetzt im Chemielabor machte, und dem, was er bereits wußte. Als er erst einmal nicht mehr unbewußt Angst hatte, daß er nicht überleben würde, konnte er es mit einem Sinn fürs Erkennen angehen. Er durchbrach die Barriere von Schuld, um seine Fähigkeiten in Chemie zu erkennen und zu respektieren.

Das emotionale, sich selbst interpretierende Repertoire auszuschließen ist der Schlüssel, um uns von der Begrenzung intellektueller Leistung zu befreien. Lassen Sie uns die Attribute eines gesunden Emotionalkörpers studieren. An einer Person mit einem klaren Emotionalkörper kann man gut erkennen, welche Erleuchtung jene erwartet, die danach streben, klar zu werden. Das erste, was wahrgenommen wird bei solchen Menschen, ist die Ausstrahlung um sie herum, die sich ständig auf liebevolle, mitfühlende Weise an die Welt wendet. Ihre Urteile, Meinungen und Ideen darüber, was real ist, wichtig und gut, würden buchstäblich unsichtbar sein, weil sie neutral sind; sie fühlen sich gleichwohl mit Konzepten, Emotionen und Darstellungen aller Überzeugungen. Sie sind Mittelpunkte von Ganzheitlichkeiten, die sich nicht verteidigen oder andere überzeugen oder irgend etwas verändern müssen, es sei denn, auf schöpferische Weise. Ein Mensch, der emotional ganz ist, muß nicht projizieren. Er hat keine Feinde, keine schreckliche Mutter oder einen feindseligen Chef und keine entfremdeten Kinder. Leute mit klaren Emotionalkörpern sind mit sich selbst im Frieden. Sie projizieren nicht ihre unbewußten Dramen, um irgendwelche emotionalen Erlebnisse, die sie hatten, erneut zu erfahren. Auf einer emotionalen Ebene erleben sie sich selbst als voller Freude, friedfertig und unabhängig. Sie haben jene kindhafte Qualität, allein sein zu können, ohne einsam zu sein.

Wenn wir einsam sind und jene Zustände der Unvollkommenheit erfahren, wenden wir uns immer nach außen, um Energie, Liebe, Ehre und Anerkennung von der äußeren Welt anzuziehen. Eine Person, die ihren Emotionalkörper geklärt hat, kann in der Welt agieren, ohne gesehen werden zu müssen und hat dabei doch keine Angst, gesehen zu werden; sie kann einfach und voller selbstverständlicher Anmut in ihre inneren Welten hinein- und wieder aus ihnen herausgehen. Eine Person mit einem klaren Emotionalkörper erlebt ekstatische Zustände von Wonne, Verzückung und Freude, jene Qualitäten emotionaler Energie, die Strahlung aussenden. Langsamere Emotionen von Angst, Verurteilung, Schuld und Zorn werden nicht gebraucht.

Es ist eine neue Erfahrung, mit jemandem zusammen zu

sein, ohne sich in seine/ihre Dramen einzuschalten und dennoch nicht distanziert zu sein, oder es an Mitgefühl mangeln zu lassen. Statt der Illusion emotionaler Projektionen können wir die Erfüllung des Bewußtseins erleben!

Wir können aus dem Zusammensein mit Menschen, die klar sind, vieles lernen, weil ihre Emotionalkörper die Kapazität besitzen, sich in göttlicher Weise zu bewegen und ekstatische Energien auszustrahlen. Wir werden daran erinnert, die Dramen, die wir schaffen, loszulassen und uns in die leuchtende Gegenwart zu erheben, um das Kind in uns zu erfahren, das höhere Selbst in uns, das göttliche Wissen in uns. Uns selbst und unsere Völker zu lehren, diese Meisterleistungen zu vollbringen, ist die einzige Ebene von Erziehung, die unsere Welt verändern wird.

Menschen mit klaren Emotionalkörpern sind in der Lage, sich gut zu sammeln und zu erkennen, wer wir sind. Sie vermitteln uns das Gefühl, uns zu kennen und alles an uns zu mögen. Es gibt eine erhöhte Fähigkeit zur telepathischen Kommunikation, Aufmerksamkeit und Liebe, die wir von den Menschen in unseren Leben nicht zu empfangen gewohnt sind. Es ist warm und erfüllend um sie herum. Weil sie ihre negativen emotionalen Repertoires geklärt haben, sind sie frei, Erleuchtung von der Oktave des höheren Verstands aus anzustreben. Sie sind in der Tat in der Lage, zu manifestieren und die Zügel ihres Lebens in die Hand zu nehmen. Wenn sie sich entscheiden zu arbeiten, oder in irgendeiner Weise kreativ zu sein, sind sie sehr erfolgreich, weil sie einen Kurs festlegen und ihre Absichten ganz darauf ausrichten können, ohne sich selbst zu sabotieren. Indem sie Verantwortung für ihre Entscheidungen übernehmen, erleichtern sie die Manifestation dieser Entscheidungen. Eine Person, die emotional klar ist, ist sehr erfolgreich, sei es in finanziellen oder kreativen und intellektuellen Unternehmungen. Sie schafft sich selbst keine Hindernisse, weil sie sich nicht abbremst oder verlangsamt und Kontrolle behalten muß. Es gibt nichts Äußeres, das uns davon abhalten kann, unser Schicksal zu erfüllen. Dies ist eine der Hauptschwierigkeiten mit emotionalen Süchten: Wir werden so in den Kampf verwickelt, daß wir vergessen, daß wir uns dafür entschieden haben. Je mehr wir uns auf die Wahlmöglichkeit konzentrieren, desto expansiver werden wir.

Wenn ein Teil des Erziehungsplans sich mit der Klärung des Emotionalkörpers befaßt, dann werden junge Leute natürliche Manifestierer auf einer neuen Ebene werden. Wir sind geboren, um zu partizipieren, um unsere reiche, herrliche innere Welt zu erfahren und mit ihr in immer weiter werdenden globalen Bögen zu kommunzieren. Wenn man jungen Menschen hilft, sich selbst als klar zu erfahren, sind sie in der Lage, alles zu erreichen, worauf sie ihre Aufmerksamkeit lenken. Sie werden automatisch zu Führern, weil sie die Energie benutzen, die zur Verfügung steht, um zu manifestieren. Diese Energie hat damit zu tun, Fokus und Absicht zu schwingen, damit sie in der Lage sind, ihre Träume in eine Form zu bringen. Ob es ein Lied ist, das in ihren Köpfen ist, oder eine Lösung, die sie in zwischenmenschlichen oder internationalen Beziehungen sehen: Sie können sich darauf verlassen, Probleme lösen zu können und auf eine Weise zu partizipieren, welche die Welt verändert. Das ist die Bestimmung jedes jungen Menschen: auf einer bewußten globalen Ebene in die Welt zu kommen.

Führer und erfolgreiche Manifestierer zu werden, hat mit unserem emotionalen Repertoire zu tun. Wenn wir unsere Persönlichkeit erweitern, und jungen Leuten beibringen, sich alle ihre Gedankenformen und ihre Eindrücke der Begrenzung anzusehen und sie aufzulösen, ebnen wir ihnen den Weg, Führer und Manifestierer zu werden. Sie werden ohne jedes Zögern diesen Weg beschreiten, und zwar aufgrund der Klarheit ihrer inneren Wahrnehmungen und der Weite ihres höheren Verstandesvermögens.

5.
Nizhoni und das Kind

Nizhoni ist ein Navajo-Wort, das ›Wort der Schönheit‹ bedeutet. Es spricht von dem Gefühl, daß alles an seinem Platz ist – in Harmonie mit allem anderen. Nizhoni ist der vollkommene Zustand des Kindes, dessen höheres Selbst noch über ein glänzendes und glückliches Gesicht ausstrahlt. Ein Kind weiß noch nichts von seiner Abspaltung. Es ist noch ein widerstandsloses Vehikel des höheren Selbst, das die ganze Welt um das Kind als einen Teil davon sieht. Es kennt nicht die Schmerzen von Trennung; es weiß nicht, daß es einen Kampf darum gibt, gehört, gesehen oder geliebt zu werden. Das einfache Leben eines Kindes ist voller Ekstase und Freude und Vergebung, weil es in der sich stetig ausdehnenden Gegenwart lebt. Es prüft sich nicht selbst; es sucht sich nicht selbst in den unerbittlichen Anforderungen zukünftiger Entscheidungen. Das höhere Selbst strahlt aus und flüstert und leitet das Kind so, daß es die Erfahrung von Nizhoni, dem Weg der Schönheit, macht.

Nur dadurch, wie es durch uns beeinflußt wird, wie es in die Welt eintreten muß, läßt das Kind die Weisheit und die Verzückung des höheren Selbst hinter sich. Wenn Kinder in die Schule kommen, ist es das endgültige und oft abrupte Schließen der Türen zu ihrem unbegrenzten Selbst. Ihnen wird beigebracht, daß sie versagen können. Man lehrt sie, sich selbst zu klonen, sich zu verformen, um zu gefallen, um zu überleben.

Es ist so wichtig für Eltern zu wissen, daß im Alter von sieben Jahren die meisten weitreichenden Prägungen und Eindrücke, die sie ihren Kindern geben könnten, bereits vollzogen sind. Die Kinder beginnen jetzt, den Umhang des Karmas zu tragen, die Last, das Selbst in der Welt zu finden. In einer Welt anderer Menschen, die das Kind nicht wegen seiner Multidimensionalität loben, sondern statt dessen versuchen, ihm all jene ungewöhnlichen Ideen und Gefühle auszutreiben, die nicht in ein wohlgeordnetes, kontrolliertes Klassenzimmer passen. Indem man dies tut, macht man das Kind stumpf. Die erste Saat der Trägheit ist ausgeworfen.

Erst langsam beginnen wir zu erkennen, daß das Kind, indem man es zu früh in das linke, lineare Gehirn zwingt, entscheidender Entwicklungsstadien beraubt wird. Dieser Verlust fängt an, sich als tragisch zu erweisen, da mehr und mehr Kinder in der heutigen Welt an ausgeprägtem mentalen und emotionalen Ungleichgewicht leiden. Was wir als unwichtige Phantasieausflüge betrachtet haben, als die überaktive Vorstellungskraft von Kindern, wird als wesentliche Qualität eines ganzen Menschen erkannt werden müssen, ohne die wir nicht suchen können, keine Freude finden können, nicht schöpferisch tätig sein können, ohne die wir zum Genie in uns keinen Zugang gewinnen können.

Besonders in der heutigen Großstadtumwelt wird das kleinste Kind, selbst bereits als Einjähriges, aus der natürlichen Welt herausgerissen, wo die Fähigkeit, die Wahrnehmungssinne auf die Energie der Lebenskraft auszurichten, die aus einer reichen Umwelt lebendiger Wesen hervorgebracht wird, nicht mehr länger ein Teil des aktiven Informationssystems ist. Statt dessen wird es auf die radioaktiven, eingefärbten Stereotypen ausgerichtet, die vom Fernseher projiziert werden. Bereits Kleinkinder werden Energien extremer Intensität ausgesetzt, obwohl sie nur passiv Zeichentrickfilme betrachten. Diese Trickfilme sind von Botschaften physischer Dominanz erfüllt, indem der eine schlauer als der andere ist. Sie geben den Kindern keine Vorbilder von Liebe, von Zusammenarbeit, von inneren Lehren, die sie darauf vorbereiten könnten, die Welt zu verbessern oder an der Welt teilzuhaben.

Statt dessen zwingen die im Fernsehen dargestellten Realitäten die Kinder in das Astralreich des Schwarzen Mannes, von Wesen, die uns überwältigen werden. Kinder haben heutzutage häufig Alpträume. Jene Astralenergie, die vom Fernsehen kommt, wird in ihren Träumen ausgeweitet und vergrößert, um in ihnen die Einstellung auf eine Astralwelt zu schaffen, die keine Welt ist, in der es einen Sinn für eine harmonische Ordnung gibt.

Da die Bevölkerung die realen Gesetze des Astralen nicht begreift, ist sie nicht ausgerüstet, ihren Kindern zu helfen, in der Astraldimension zu unterscheiden und zu urteilen. Das legt die Grundlage dafür, sich später Drogen zuzuwenden, denn Drogen nehmen uns ins Astralreich, welches so wirklich wie unsere physische Welt sein kann. Wenn die Kinder zehn oder zwölf sind, wird der Inhalt ihrer Emotionalthemen, ihrer Erfahrungen von sich selbst in der Welt, direkt von Astralenergie gebaut, die für ihre Fähigkeit, Manifestierer in der Welt zu sein, schädlich ist. Die Astraldimension ist eine Umgebung, in der man konstant von den Winden des Chaos, von den Erscheinungen und Handlungen von Wesenheiten außerhalb des Selbst gerüttelt wird. Es verzögert und verwirrt die Gabe des Kindes, eine sinnvolle Mitte des Selbst zu erfahren, von dem aus es sich entscheiden und in der Welt bewegen kann. Die Folge ist ein alarmierendes Ungleichgewicht, das schon kleine Kinder erschüttert – kein positiver Vorbote für die Zukunft der Menschheit!

Nizhoni lehrt das Kind, die Qualitäten jener astralen Energien zu verstehen, zu lernen, wie es in *jeder* Umgebung in der Mitte bleibt. Erwachsene begreifen nicht, daß das Kleinkind alles als real ansieht. Während der Erwachsene sagt: »Er spielt nur mit den Pistolen«, lernt das Kind eine Lektion, die eine völlig reale Prägung in ihm selbst schafft, keine sekundäre, symbolische Übersetzung, sondern ein Eindruck, der seinen Sicherheitssinn, seine Fähigkeit, zu erleben und an einer sinnvollen Welt zu partizipieren, entscheidend beeinflußt.

Um Kindern zu helfen, heute aufzuwachsen, müssen wir die Mechanismen des Emotionalkörpers verstehen, die Gesetze des Karmas, das uns gegenseitig anzieht, in unsere vollkommenen, ausgewählten Familien, die wir uns selbst ausgesucht haben. Das Aurafeld des Kleinkinds ist sehr instabil und unberechenbar. Das Kind hat noch nicht gelernt, wie es seine eigene Energie beherrschen kann und wird deshalb enorm von den Energien anderer beeinflußt. Ein Kleinkind hat aber bereits gelernt, sich mit den Fasern des Solar Plexus, des Emotionalkörpers, voranzutasten, um zu erkennen, ob die Leute um es herum glücklich oder traurig oder wütend oder verläßlich sind. So beginnt beim Kind die Praxis der Erkenntnis, in der es Emotionen und Prägungen von Leuten zu identifizieren beginnt, die ihm nahe sind. Viele Kinder ziehen, wenn sie zu malen und zeichnen beginnen, Regenbogen um die Gestalt eines Menschen.

Wenn Lehrer verstünden, wenn die Erwachsenenwelt ausgebildet genug wäre, die Sprache der Aura zu entziffern, könnten wir unsere Kinder erfolgreich zur Reife bringen und dabei alle medialen, spirituellen Attribute bewahren, die für die ganze Menschheit nützlicher wäre. Leider bewirkt diese früherlernte Angewohnheit, sich selbst nur über die Energien anderer wahrzunehmen, daß wir auch noch als Erwachsene leicht aus dem Gleichgewicht geraten. Während wir in uns selbst die Gefühle, die Emotionen anderer Leute aufnehmen, werden sie zu unseren eigenen. Der Emotionalkörper wird energetisch-physiologisch nach den energetischen emotionalen Zuständen jener um uns herum süchtig. Wir beginnen, sie zu suchen; wir fangen an, sie auszuleben.

Kinder sind die großen Nachahmer, die zu dem werden, was ihre Eltern sind. Sehr oft nehmen sie, für ihr eigenes Karma, exakt die Prägungen ihrer Eltern an. Die Tochter einer Mutter, die vor ihrem Mann Angst hat, der seinerseits vor Männern Angst hat, lernt, bevor sie drei ist, dieselbe unsichere Emotionalhaltung zur Schau zu tragen, die von ihrer Mutter demonstriert wird. Der Junge lernt von seinem Vater, seine Zärtlichkeit zu verschleiern, und entbehrt deshalb das große liebevolle Herz, mit dem er geboren wurde. Er selbst ist danach für immer von dem getrennt, was eigentlich zu ihm gehört.

Innerhalb von Familien gibt es keinen Schutz zwischen den Aurafeldern. Wir nehmen die Energien unserer Familienmitglieder auf und werden zu den Energien dieser Vorbilder; damit setzen wir die karmische Tretmühle Leben auf Leben fort und erfahren uns mehr als Opfer, denn als Manifestierer, eher in den Klauen des Schicksals, denn als Schöpfer von Bestimmung. Nizhoni lehrt das Kleinkind, die Bewußtheit, die es hat, auf rechte Weise zu nutzen, so daß, wenn die Mutter wütend ist, das Kind den Ärger nicht absorbiert. Es soll vielmehr von Anfang an lernen, seine Energie auszustrahlen und den Emotionalkörper zu klären, so daß es an der Familie mit einem liebevollen Gefühl von Ganzheit teilhat.

Wir diskutieren die Offenheit und Sensibilität der Wahrnehmung eines sehr kleinen Kindes, eines Kindes vor der Sprachentwicklung, das seine Wahrnehmungen und seine Gefühle nicht durch seine rudimentäre Sprache ausdrückt. Anstatt verbaler Sprache benutzt das Kind die Energiegesetze. Es bedient sich des spirituellen Körpers, des physischen Körpers und des Emotionalkörpers, um sich in der inneren wie in der äußeren Welt zu bewegen. In diesen frühen präverbalen Jahren steht dem Kind ein gewaltiger Reichtum von Erfahrung zur Verfügung, welcher in der Tat die Familie und die Welt verbessern könnte.

Wir beginnen, den Reichtum des spirituellen Körpers zu erkennen, welcher ein wichtiger Teil des präverbalen Kindes ist, das wir dabei beobachten, wie es sich zwischen den vielen Dimensionen einstellt. Kleinkinder starren üblicherweise in das große Nichts; in diesem Starren ist die Wahrnehmungsaktion, welche sich nicht auf die dreidimensionale Welt bezieht, sondern die das Kind als eine Seele fördert, die sich entscheidet, sich von der unmanifesten in unsere Welt zu bewegen. Nach und nach ziehen wir das Kind von der Traumzeit fort, fort aus jener anderen Welt und hinein in unsere.

Wenn das Kind dreieinhalb oder vier ist, fängt es an, sich selbst in Sprache auszudrücken. Das erste Aufflackern seines Ausdrucks, Verständigung von jenen anderen Seiten seiner selbst, stehen uns zur Verfügung. Im allgemeinen geben Kinder im Alter von etwa vier Jahre ihren Eltern zu verstehen, daß sie früher schon einmal in einer Umgebung gelebt haben, daß sie ihre Eltern kannten, als diese einmal ihre Kinder oder Partner waren. Es ist nicht genug, diese Geschichten einfach als Wunscherfüllungen zu deuten. Wir müssen anfangen, eine andere reale zwischenmenschliche Dynamik unserer Beziehungen auf einer Seelenebene anzuerkennen, auf einer spirituellen Ebene. Diese Wahrnehmungen eines Kindes sind sehr bedeutsam.

Es kommt zum Beispiel häufig vor, daß Kinder den Tod von Menschen aus ihrer Umgebung vorhersagen. Eltern empfinden dies als sehr beunruhigend, sehr oft deshalb, weil, wenn ein Kind eine Aussage negativer medialer Natur macht, es dies von einer Tranceebene aus geschieht, die den Eltern als machtvoll und vielleicht furchteinflößend erscheint. Meist reagieren wir unmittelbar auf jedes paranormale Verhalten des Kindes, indem wir es zum Schweigen bringen, indem wir ihm sagen, wie schlimm es ist, so etwas zu denken, oder indem wir es irgendwie bestrafen. Das schafft im Kind jenes Bewußtsein, daß es uns nicht gefällt oder unsere Bedürfnisse nicht erfüllt, in bezug darauf, wer es sein soll und wie es sich benehmen soll, was dem Kind auch ein Schuldgefühl einflößt. Manches von unserer Angst kommt natürlich aus dem kollektiven Unbewußten; es sind uralte Prägungen, aus jenen Zeiten, als die Menschen, die paranormale Fähigkeiten hatten, jener Fähigkeiten wegen oft genug mit dem Tode bestraft wurden. Und obwohl sich die Eltern dessen nicht bewußt sind, gibt es eine Kollektivierung der Ursachen und Wirkungen solcher ›besonderen‹ Gaben. Die Eltern finden paranormale Aktivitäten des Kindes sehr störend und werden das Kind zwingen, das aufzugeben und mit solchem Wissen im Geheimen zu bleiben.

Unsere eigene Angst und Todesfurcht werden ausgelöst, wenn Kinder ihre Sicht des Todes ausdrücken. Und wir flößen, wenn wir so furchtsam auf ihren natürlichen Umgang mit Tod reagieren, ihnen sehr wirkungsvoll unsere eigene Angst ein. Wenn Kinder zum ersten Mal anfangen, Sterben und Tod zu diskutieren, so tun sie es ohne jede Spur von Angst. Aber wenn sie unsere Antworten auf ihre Gespräche wahrnehmen, wenn sie hören, daß der Tod ein furchteinflößendes Thema ist, das nicht leicht genommen werden darf, daß wir, wenn sie leichthin sagen, daß etwas stirbt oder tot ist, darauf mit Konsterniertheit und sogar großer Angst eingehen, stellen sie sich darauf ein.

Es wäre besser für uns, zu erlernen, dem Kind, wenn es sagt, daß jemand sterben wird, zu helfen, seine Kapazität zu nutzen, wie man weiter mit der Seele jener Person kommunizieren kann, indem man ihr entweder heilende Energie sendet oder irgendwie anders hilft. Ein Kind, das imstande ist, das Sterben eines Menschen wahrzunehmen, besitzt tatsächlich die Fähigkeit zu heilen, zu helfen – wenn die Eltern verstehen könnten, was geschieht.

Kinder gebrauchen ihre medialen Fähigkeiten wie ein Spiel. Wenn diese Spiele, dieses Wissen, daß Herr X anrufen oder Frau Y heute kommen wird, nicht auf die Anerkennung der Eltern stoßen, sondern auf eine Kraft, die versucht, das Kind zum Schweigen zu bringen, ihm sagt, daß es keine solchen Spiele spielen, solche Dinge nicht tun soll, begreift das Kind, daß es, wenn es solches Wissen zeigt, unter Umständen Liebe und seinen Platz in der Familie verliert.

Eine der einfachsten Kommunikationen des multidimensionalen Selbst ist natürlich, in der Sprache der Symbole, der Gebrauch von Farbe, um bestimmte Gefühle oder Qualitäten zu beschreiben. Kinder drücken sich oft in der Sprache der Farben aus, um darzustellen, wie sie andere Menschen wahrnehmen. Zum Beispiel lesen die Eltern oder beschäftigen sich mit irgendeiner mentalen Arbeit, und das Kind kommt herein und sagt, »Mami, du bist ganz gelb.« Wenn die Eltern gewahr würden, daß das Kind die spirituelle Sprache spricht, könnten sie diese Fähigkeit des Kindes, ihre Aurafelder wahrzunehmen, bis zu dem Punkt verfeinern, an dem dieses menschliche Potential der Menschheit einen großen Dienst leisten könnte. Und zwar dadurch, daß sie erkennen, daß ihr Kind dieses Vermögen hat, und das sie es trainieren und unterstützen und verbessern. Wenn das Kind sagt, »Du bist ganz gelb«, beschreibt es die Energien, die sich im elektromagnetischen Feld des Erwachsenen bewegen.

Wenn wir diese Art menschlichen Potentials entwickelten, würde das bei den Kindern zu der Fähigkeit führen, die Gedanken und Gefühle anderer Wesen genau zu erkennen. Darin steckt ein unbegrenztes Potential in bezug auf die Wandlung zwischenmenschlicher sowie globaler, internationaler Beziehungen. Wenn wir unsere Gedanken und die Qualität unserer Emotionen gegenseitig kennen, werden wir nicht mehr mit Gedanken der Negativität fortfahren können. Die Aurafelder wahrzunehmen, ist kein eitler Zeitvertreib des Esoterikers, sondern eine sehr praktische Nutzung menschlichen Potentials.

Eines der wichtigsten Themen für Eltern ist, zu verstehen, daß ihre Kinder nicht nur ihre emotionalen Zustände wahrnehmen, sondern sie sich auch einprägen, daß sie die Angst und die Unzufriedenheit ihrer Eltern nachahmen. Diese suchen selbst nach einem Weg, ihre Kinder vor den negativen Emotionen zu schützen, die frei in der psychischen und astralen Matrix fließen, in der wir uns alle bewegen.

Ein Beispiel dafür, was unseren Kindern und uns selbst passiert, ist wenn wir in große Einkaufszentren gehen, die buchstäblich emotionale Abfallfabriken sind. Nach sehr kurzer Zeit ist der Erwachsene müde oder irritiert oder ängstlich, und das Kind wird sehr oft hyperaktiv oder genauso irritiert. Das rührt direkt von der emotionalen Energie her, die aus den verschiedenen Gruppen von Menschen fließt. Wir müssen lernen, unsere Kinder davor zu schützen, indem wir die uns zur Verfügung stehenden Bewußtseinswerkzeuge benutzen, um ihnen in einer Sprache, die sie verstehen, – in der Sprache der Bewegung und Farbe –, zu erklären, wie man dieser Energien gewahr wird, und wie man sich durch sie hindurchbewegt.

Eine weitere Angstfabrik ist das Krankenhaus, in dem so oft das Gefühl der Hoffnungslosigkeit alles durchdringt. Wir müssen lernen, wie wir unsere Kinder darauf vorbereiten, sich in derartigen Umgebungen auf eine Weise zu bewegen, die für ihre Emotionalkörper, ihren Verstand und ihre spirituellen Körper sicher ist.

Es gibt wunderbare Spiele, die man Kindern beibringen kann, um ihnen zu helfen, sich ihrer Aurafelder bewußt zu werden, und wie man die Energie von sich selbst wegstößt und keine Energie von anderen aufsaugt. Es gibt Methoden, mit denen wir als liebevolle Eltern die Aurafelder unserer Kinder harmonisieren können, damit sie nicht die Negativität ihrer Umgebung akkumulieren.

Nizhoni hat über die Jahre viele dieser Techniken praktiziert. In ›Esquela Galistena‹, dem Vorläufer der Nizhoni-Schule, wurden Kleinkinder darin unterrichtet, diese Prinzipien zu verstehen und die Energiegesetze auf produktive Weise anzuwenden. Oft haben wir über die Namen von Fremden meditiert, und selbst die dreijährigen Kinder wurden aufgefordert zu erzählen, welche Krankheiten in den Menschen waren, deren Namen sie erhalten hatten. Es war großartig, mit anzuschauen, wie die Kinder den Namen aufnahmen und dabei, weil ihre Körper so kinetisch sind, hin und her wackelten und sich bewegten und ihre Augen offen hielten und in keiner Weise konzentriert zu sein schienen, und doch ohne Fehl die entsprechende Antwort gaben. Obwohl sie die Beschwerden für die einzelnen Körperteile nicht kannten, konnten sie darauf zeigen und die Energien mit Farben beschreiben: »An dieser Stelle ist es schwarz«, oder »Es ist da rot«, und so auf atemberaubende Weise das Wesen einer Krankheit einer Person beschreiben, die sie niemals vorher gesehen hatten.

Es ist wichtig, selbst ganz kleinen Kindern zu erlauben, an dieser Welt teilzuhaben, sich der Zyklen des Lebens, der Geburt und des Todes, der Zyklen der Natur, des Wandels der Jahreszeiten bewußt zu werden. In der Esquela Galistena zum Beispiel waren sie immer fähig, Regen zu machen. Hier steht ein einfaches menschliches Potential zur Verfügung, das Leben retten könnte, das nicht nach dem Alter fragt, den Qualifikationen, den intellektuellen Fähigkeiten eines Menschen, sondern nur die Kapazität herausfordert, die Aufmerksamkeit auf eine Oktave der Partizipation auszurichten.

Selbst Kleinkindern muß man Anerkennung geben, Ehre, das Gefühl, daß sie zählen, daß sie der Welt große Freude bringen, daß sie Wissen haben, daß sie oft recht haben mit ihren Wahrnehmungen der Welt um sie herum; daß wir sie als unsere Lehrer aussuchen können, daß wir wissen können, daß sie göttliche Seelen sind, die kleine Körper bewohnen und gekommen sind, um sich mit uns auszutauschen, gekommen, um uns bedingungslose Liebe zu lehren, gekommen, um uns aufzuwecken, nicht um unbewußt die Beziehungsmuster zu wiederholen, die wir von unseren Eltern vermittelt bekamen. Indem wir sie als die erkennen, die sie sind, können wir auch uns selbst erkennen und uns auf die einzige sinnvolle Erziehung einpegeln, die es gibt: die Erziehung der Seele zur Evolution der Menschheit, als dem Sinn jedes individuellen Lebens.

6. Unterrichtsmethoden lernen: Wie man das Bewußtsein der Lehrer hebt

Die Nizhoni-Lehrer sind eine sehr geachtete Gruppe von Leuten, die Meisterschaft erreicht haben in bezug auf den Inhalt dessen, was sie lehren. Sie mögen die Fächer, die sie unterrichten, und kennen diese aus der holographischen Perspektive. Ihre Meisterschaft erlaubt es ihnen, zu spielen, gleich, welches Fach sie unterrichten, sei es Biologie, Mathematik oder Musik. Sie haben ihr Gebiet genau geprüft und sind tief eingedrungen, und sie wissen, daß sie ihre Kenntnisse ihren Schülern in unterschiedlicher Weise beibringen können. Es ist das Spiel, das sie dazu inspiriert, ihre Kenntnisse weiterzugeben und die Schüler ebenso zu inspirieren, damit diese sich auch mit Freude und Spaß auf das Lernmaterial einstellen können.

Wenn wir etwas wirklich wissen, wenn wir es zergliedert verstanden haben und seine Anatomie durch und durch kennen, können wir es uns erlauben, unsere Aufmerksamkeit auf die kreative Erforschung der Schnittstelle zu richten: auf das Fach und das Bewußtsein des Schülers. Es ist, als ob man Moleküle zusammenbringt: Wir untersuchen alle Wege, auf denen wir dem Schüler helfen können, eine Verbindung zu dem Fach zu erkennen, so daß zum Beispiel ein Schüler, der vielleicht vor Chemie Angst hat, von einem Aspekt der Chemie so gepackt wird, daß er die Angst, vom Material überwältigt zu werden oder es nicht aufnehmen zu können, verliert. Dadurch, daß ein Lehrer sein Fach beherrscht und über die Fähigkeit verfügt, genau die Facetten, die Seiten wahrnehmen zu können, die für diesen Schüler Bedeutung haben, wird dessen Widerstand im Angesicht der Selbsterkenntnis aufgelöst und der Schüler hat auf leichte Weise Erfolg.

Das ist die Kunst des Spiels. Jeder Lehrer an der Nizhoni-Schule muß ein Meister des Spiels sein, muß erreichen, daß der Schüler, während er sich selbst vergißt, eins mit dem Fach wird. Wir benutzen mentale Techniken, um uns am Anfang jeder Stunde darauf vorzubereiten, zu lehren. In dieser Vorbereitung liegt das Konzept, daß dieses Lehren, das gleich stattfinden wird, ein Abenteuer ist, daß es aufregend ist, daß es uns Spaß macht, und wir ihm deshalb nicht widerstreben müssen. Ein Lehrer, der sein Fach liebt, ist dazu fähig, weil er einfach die mannigfaltigen Facetten jenes Fachs kennt, die den Schüler ins Spiel der Neugier hineinziehen, welches den Impetus zum Lernen liefert.

Alle großen Meister wandten solche Tricks an, die wir heilige Tricks nennen, und mit denen wir die Schüler in direkte Beziehung zum Lernstoff bringen, damit sie nicht nur einfach etwas im Gedächtnis speichern, sondern tatsächlich bis zum lebendigen Kern eines Fachgebiets vordringen. Dann können sie diesen Kern mit sich tragen und ihn mit anderen Sinn-Teilen zusammenfügen oder in jene einpassen, die sie in anderen Lehrveranstaltungen vorfinden, um mannigfache neue Kombinationen von Erkenntnis zu schaffen, die für ihr Leben Bedeutung haben, und es ermöglichen, etwas ganz Neues zu schaffen.

Die Lehrer sind nicht nur Meister in ihrer besonderen Disziplin, sondern sie haben auch eine genügend starke globale Orientierung, daß sie ihren Lehrstoff in einem holographischen Inhalt sehen können. Sie suchen nach den Verbindungen, die das Lernen für den Schüler wertvoll und anstrebenswert machen, weil sie jetzt verstehen, daß in Musik Geschichte ist, und Musik in Mathematik, und daß jedes auf das andere Fach bezogen werden kann, um ein multidimensionales Hologramm von Wissen zu präsentieren.

Auf diese Weise werden die Schüler von Nizhoni Partner ihrer Lehrer. Sie nehmen eine begrenzte, bekannte Menge an Wissen als Basis auf, mischen sie, experimentieren mit ihr, so daß sie etwas Lebendiges und Neues schaffen können, das ihnen selbst etwas bedeutet und das vielleicht auch sehr bedeutungsvoll sein kann für die Welt um sie herum. Die Lehrer von Nizhoni müssen also Meister der Kommunikation sein, so daß sie auf klare Weise Lehrstoff vermitteln können, den die Schüler leicht aufnehmen und auf dem sie aufbauen können. Ein Nizhon-Lehrer weiß, wie er als ein klarer Kanal für Kommunikation in Lehr- und Lernprozeß eintritt, was dem Schüler wiederum erlaubt, dem Lehrer auf eine Weise Fragen zu stellen, die das schöpferische Feedback zwischen beiden erleichtert, und die Fähigkeit des Schülers maximiert, diese Sinn-Teile aufzunehmen und etwas Neues mit ihnen zu schaffen.

Für den Lehrer ist es wichtig zu erkennen, daß Schüler und Lehrer letztlich eins sind. Sie sind ein gebündeltes Wesen von Bewußtsein, das zusammen alle möglichen und wahrscheinlichen Potenzen eines besonderen Lehr- und Lernstoffs ausforscht. Die alte vertikale Totem-Pfahl-Struktur zwischen Schüler und Lehrer, in der der Lehrer das Wissen austeilt und der Schüler es empfängt, löst sich auf. Statt dessen sät der Lehrer das Wissen, verschmelzt mit dem Schüler, und hilft ihm so, dieses Wissen weiter, auf eine neue Oktave, zu nehmen.

Wir sehen die grundlegenden Lernerfordernisse irgendeines Faches in der Tat nur als grundlegend an: Sie sind nur Bausteine für die tatsächliche Arena des Lernens. Es ist nicht genug, einfach die Prinzipien der Mathematik oder die Einzelheiten der Biologie zu lernen, sondern man muß sich bewußt werden, daß dieses Wissen selbst einfach ein Zugang zu einer Welt neuen Wissens ist, zu einer Welt neuen Bewußtseins, das wir erlangen können. Lehrer, die Meister ihres Fachs sind, haben diese Gewißheit, ohne die es kein Spiel geben kann. Es passiert im Spiel, daß wir statt Mittelmäßigem Geniales schaffen.

Die Lehrer von Nizhoni ermutigen die Schüler, die Bausteine schnell zu assimilieren und das wahre Abenteuer des Lernens zu beginnen, welches in der Anwendung von Wissen besteht, darin, damit etwas Neues zu schaffen. Deshalb müssen sie nicht nur klare Kommunikatoren sein, die inhaltliche Fakten vermitteln können, das Basismaterial eines Fachs, sondern sie müssen dem Schüler helfen, jenes Basismaterial sofort aufnehmen zu können; sie müssen den Rücklauf des Energiestroms zwischen Schüler und Lehrer erlauben, während der Schüler mit einer neuen Möglichkeit antwortet, mit einer kreativen Anwendung dessen, was sein Lehrer ihm vermittelt hat. Manchmal mag der Schüler dem Lehrer voraus sein, und der Lehrer sollte ihm weiter Anstöße geben und ihn dazu anregen, eine neue Anwendung oder Interpretation eines Lernstoffs zu suchen, ohne daß er sich selbst dadurch bedroht fühlt. Wie ein stolzer Vater sollte er seinen Schüler ermutigen, selbst zum Lehrer zu werden, in jeder dem Schüler nur möglichen Weise.

Das bedeutet auch, daß die Lehrer von Nizhoni einen sehr hohen Standard interpersonaler Geschicklichkeit haben, ein hohes Maß an Kommunikationsfähigkeit. Sie können sich auf Schüler einstellen, nicht vom Totem-Pfahl oder einer vertikalen und formalen Beziehungsebene her, sondern mit einer Fertigkeit, die beiden, Lehrer und Schüler, erlaubt, ständig die Rollen zu tauschen, ständig aufeinander in einer zwar herausfordernden, aber doch nicht konkurrierenden Weise einzugehen. Die Erforschung von Wissen ist ein großartiges Spiel, ein expansives Abenteuer, bei dem der Lehrer und der Schüler gleichwertige Partner sind.

Da die Basis der Selbsterforschung bei den Nizhonis aus der starken Verbindung mit dem höheren Selbst hervorgeht, werden zwischenmenschliche Fähigkeiten leicht erlernt und adaptiert. Die Illusion der Projektion und Selbst-Identifikation im Anderen wird zum Großteil aufgelöst. Da die Lehrer in der Lage sind, auf einer sehr fortgeschrittenen Oktave mit den Schülern zu spielen, ist der Unterricht der Nizhoni-Schule eine sehr anspruchsvolle Herausforderung, mit herausragenden Leistungen als einzig möglichem Resultat.

In manchen Fällen benutzen die Lehrer subtile spirituelle Beigaben als Lehrmittel. In einer Geschichtsstunde experimentieren sie vielleicht medial mit historischen Prägungen, um die Elemente soziologischer, politischer und internationaler Realitäten, welche Geschichte bilden, wirklich zu erkennen. Die Lehrer stehen in einer solch intimen und profunden Verbindung mit den universalen Wahrheiten ihrer Fachthemen, daß sie die Schüler anleiten können, diese Fachthemen sowohl aus einer spirituellen wie auch aus einer intellektuellen Perspektive heraus zu erforschen und zu entdecken. Oft können spirituelle Einsichten helfen, ein genaueres, homogeneres Bild der Wirklichkeit zu schaffen, als es die elementaren, skelettartigen Perspektiven vermögen, die von Historikern als ›Wahrheit‹ verkündet wurden und werden. Diese Perspektiven können in der Tat von unseren Lehrern nur als ›verdächtig‹ betrachtet werden, aufgrund ihrer eigenen emotionalen karmischen Partizipation, ihrer persönlichen, kulturellen Interaktion mit jeglicher Erfahrung.

Unsere Nizhoni-Lehrer werden selbst in fortgeschrittenen Bewußtseinstechniken unterwiesen, die sie anwenden können, um irgendeinen Lehrstoff wirklich tief und umfassend weiterzugeben. Während sie eine Klasse unterrichten, sind sie intellektuell, bewußtseinsmäßig, psychisch und spirituell darauf eingestimmt, das Material in einer Weise zu präsentieren, welche die feine Verknüpfung zwischen jeder Art von Wissen und Lebenskraft des Bewußtseins, das es benutzt, am wirkungsvollsten verstärkt.

Um mit Schülern auf dieser interpersonalen Ebene interagieren und zugleich dieses Vorbild an Meisterschaft abgeben zu können, muß *Liebe* die Hauptqualifikation eines Nizhoni-Lehrers sein: große Liebe zu einem jungen Menschen, seine Achtung und Anerkennung speziell jener herrlichen Attribute, welche diese Altersgruppe besitzt, Freude daran, Kommunikationsblockaden oder Blockaden des Zugangs zum Genie zu beseitigen oder eine blockierte Öffnung des personalen Selbst eines Jugendlichen freizulegen. Der Lehrer ist sich hochsensibel und liebevoll der Eigenheiten junger Menschen in diesem Stadium ihrer Entwicklung bewußt, des großen Vorteils, den gerade diese Eigenheiten der Adoleszenz bieten, dem Schüler lernen zu helfen, indem er diese seine Energien anwendet.

Wenn ein Lehrer einen Jugendlichen als eigenwillig oder impulsiv und deshalb als undiszipliniert ansieht und all diese Dinge als negative Attribute klassifiziert, kann er nicht in einer Weise (re-)agieren, die das hervorbringt, woran wir an der Nizhoni-Schule interessiert sind: Manifestation. Die Nizhoni-Lehrer haben also große Liebe, Mitgefühl, Freude, Akzeptanz junger Menschen; sie nehmen sie so, wie diese sind – mit all ihren sprunghaften Emotionen, all ihrer enormen überschießenden Energie, all ihrer zarten Verletzlichkeit. Das sind die entscheidenden Seiten eines jungen Menschen, die genutzt und genossen und nicht unterdrückt und verboten werden sollten.

Wenn diese besonderen Attribute er- und anerkannt werden, die ein wesentlicher Aspekt der Evolution eines Jugendlichen vom Kind zum Erwachsenen sind, kann der Lehrer sie in seinem Spiel einsetzen, kann er die impulsive, energiegeladene Emotion auf eine Weise orchestrieren, die es dem Jugendlichen erlaubt, diese Qualitäten zu nutzen, statt von ihnen benutzt zu werden. Der Lehrer kann dieses Spiel inszenieren. Die Eigenschaften, die in irgendeiner anderen Situation, in einem anderen Schulsystem oft als negativ betrachtet werden, können hier zu einem Vorzug werden, der es erlaubt, die genialen Fähigkeiten des jungen Menschen durch das Mittel seiner Leidenschaft hervorzubringen, seine Kreativität zu erhöhen.

Es ist entscheidend, sich immer dessen bewußt zu sein, daß durch den Schleier, die formbare Maske des noch nicht geformten Wesens (in bezug auf unsere globale Gesellschaft), wir es dennoch mit einer Seele zu tun haben, die bereits mehr als fertig geformt ist, die in ihren Entscheidungen durch ihre Erfahrungen in vielen Lebenszeiten, entschlossen und großartig weise geworden ist. Der Lehrer muß durch die Augen des jungen Menschen in die wissende Seele blikken und den Durchgang frei machen, den Verständigungskanal zu jener großen und weisen Seele öffnen. Dann kann er voll am Leben des Jugendlichen teilnehmen und ihn bzw. sie durch jegliches intellektuelles, spirituelles, physisches und emotionales Abenteuer hindurch geleiten, welches sich der junge Mensch, von der Seelenebene her, ausgesucht hat.

Eines der größten Hindernisse für die Kommunikation zwischen Lehrern und Schülern besteht darin, daß die Rollenverteilungen so starr sind, daß weder der Schüler noch der Lehrer es sich erlauben kann, damit zu experimentieren, aus Angst, jene Position zu verlieren, die der andere auf ihn projiziert. Der Lehrer ist gehemmt, nach neuen Lösungen zu suchen, weil der Schüler ihn dann womöglich für ungebildet halten würde, und der Schüler ist unfähig, eine Antwort außerhalb des starren, linearen Kontextes zu erforschen, aus Angst, der Lehrer könnte ihn für überheblich halten, weil er auf eine Antwort kam, die ihm selbst nicht zur Verfügung stand und die er nicht versteht, obwohl sie richtig sein mag.

Es gibt eine grundlegend tiefe Gemeinsamkeit zwischen Nizhoni-Lehrer und -Schüler. Beide lenkt ein höheres Selbst, und die beiden höheren Selbst verbinden sich dergestalt, daß es eine Synchronizität des Denkens gibt, eine gemeinsame Ausrichtung der Aufmerksamkeit, die auf beiden Seiten schöpferisches Genie gestattet. Wenn wir das höhere Selbst als den Ursprung von Information, von Wissen benutzen, braucht weder der Schüler noch der Lehrer Besitzerschaft zu fühlen, und deshalb können beide die Erforschung auf viele Oktaven ausweiten. Der Lehrer braucht sich nicht bedroht zu fühlen, wenn der Schüler eine Frage stellt, auf die er keine Antwort hat. Im Nizhoni-Klassenzimmer gibt es Raum sowohl für eine Frage, die über das Materielle hinausgeht, wie für die Suche, die Erforschung der Antwort – nicht auf der Basis eines begrenzten Lehrer-Verstandes, sondern aus der gegenseitigen Bewußtseinsexpansion heraus, die dem höheren Selbst erlaubt, Information zu geben, welche das Wissen sowohl des Lehrers wie des Schülers herausfordert und erweitert.

Zwischenmenschliche Beziehungen sind auf das Spiel ausgerichtet. Das Spiel bei Nizhoni ist Bewußtsein von Wissen und seine Assimilierung, um etwas zu schaffen, was dieses Wissen ausführlicher deutet. Der Lehrer braucht nicht die Eingeengtheit des Informationsbesitzes zu erleben, sondern kann, erneut, den Schüler loben und ermutigen, der tiefschürfenden Zugang zu Wissen erlangt. Eine ganze Klasse kann ihr höheres Selbst bitten, Probleme zu lösen, ihr neue Perspektiven für irgendein Thema zu geben. Das kann ganz neue Bewußtsseinsoktaven entfachen, in welchen der Lehrer die Schüler in die allwissende Frequenz des höheren Selbst führen kann.

Der Lehrer wird wahrhaft der Führer zur Erleuchtung, dessen Aufgabe es einfach nur ist, den Schüler zu schmieden, den Verstandesprozeß des Schülers zu schmieden, damit er sich klar ausrichten kann, bündig genug Sinn aus einem holographischen Repertoire hervorbringt und in seiner Mitte zentriert, um ihn auf neue Arten und Weisen benutzen zu können. So funktioniert Genie. Alle Nizhoni-Lehrer bringen natürliche Anlagen dafür mit, und sie werden ausgebildet, die Bewußtseinsqualität zu erreichen, die den Schülern ein Vorbild ist, die ihnen erlaubt, *sich selbst* als den Erfinder, den Schöpfer zu erleben, als Teilhaber am tiefen Wissen jeglicher Fachgebiete, auf eine Weise, die sein Leben lebendiger und reicher macht.

Wenn ein Lehrer sich selbst gestattet, ein Meister zu sein, hat er die Fähigkeit, ins Spiel einzutreten und Wissen wirklich wegzugeben. Das verhindert die schale Erstarrung, die so oft in Schulen eintritt, wenn das Fach immer wieder auf dieselbe Weise unterrichtet wird, bis es schließlich, sowohl für den Lehrer wie für den Schüler, abgestanden ist wie brackiges Teichwasser. Weil der Nizhoni-Lehrer den Lehrstoff lebendig halten kann, indem er alle seine Facetten aufleuchten läßt, hält ein endloses Spiel der Beziehung und Rückverbindung und weiteren Erforschung Lehrer und Schüler frisch, so daß auch ihre Partnerschaft vital bleibt.

Nizhoni-Lerntechniken anzuwenden, hilft den Schülern, die Bausteine zu sammeln, die Grundlagen jedes Fachgebiets sind, sie schnell und leicht zu verarbeiten, und damit im Schaffen von etwas Neuem zu einem wertvollen Partner des Lehrers zu werden. Das ist die Anforderung an einen Nizhoni-Lehrer: den Lehrstoff in eine solch holographische Arena zu stellen, daß er Verstand und Herzen aller Schüler inspiriert; den Lehrstoff als Kommunikationsmittel zu nutzen, welches Sinn und Entschlossenheit im Rahmen dessen schafft, was für den einzelnen von Bedeutung ist. Wenn Lehrer das Instrument des höheren Selbst nutzen, haben sie Sinn und Ziel ihrer Lehrtätigkeit erreicht.

7.
Eltern-Kind-Beziehungen: Auflehnung in kreative Partnerschaft umwandeln

Wenn man über die Familie zu sprechen beginnt, wird Liebe oft ausgedrückt als »Ich zeige dir meine Liebe, indem ich dir das Auto leihe«, oder »Ich kaufe dir etwas«. Oder bestenfalls sitzt die Familie zusammen und sieht sich gemeinsam das Fernsehprogramm an. Wir verlieren unsere Fähigkeit, miteinander aktiv in Interaktion zu treten. Wir verständigen uns auf eine sehr stilisierte Art und Weise, wir sind komplizierter und gespaltener geworden, so daß Verstand und Körper Gleichungen aufstellen und mit einem grundlegenden Bedürfnis antreten, das lautet: Werde ich geliebt? Zähle ich? Das sind die Fragen, die tief im Herzen jedes jungen Menschen wurzeln. Um diese Fragen so zu beantworten, daß der Jugendliche geheilt werden kann, müssen sich die Eltern voll auf eine Beziehung einlassen.

Wir wissen, wenn junge Leute in die Pubertät gehen, vollzieht sich ein Reifungsprozeß, der verlangt, daß sie ihr eigenes Selbst, ihre eigene Identität finden. Sie sind in dieser Zeit zutiefst empfänglich für von der Außenwelt kommende Prägungen und Botschaften, welche die Jugendlichen in dem, was sie zu sein scheinen, definieren und bewerten.

Dieser Punkt ist für das Verständnis der Dynamik von Familienprozessen entscheidend, weil der junge Mensch auch mit einem kritischen Auge auf den Lebensstil der Eltern und die Qualität ihres Eltern-Seins schaut, sie als Vorbild für das Erwachsensein entweder annimmt oder ablehnt. Es kommt eine Nervosität auf, wenn Verstand und Emotionalkörper anfangen, zu bewerten: »Soll ich so werden oder soll ich nach etwas anderem suchen?« Wird dem Jugendlichen vermittelt, daß er weniger als vollkommen ist, daß er dem Maßstab nicht gerecht wird, so kommt es häufig zu explosiven, vulkanartigen Interaktionen oder – ganz entgegengesetzt – zur Unterdrückung spontaner Reaktionen. Es kann so weit kommen, daß die Eltern nie wissen, an welchem Punkt eigentlich nebensächliche Bemerkungen, irgendeine kleine Bitte an den Jugendlichen, z. B. den Abfall hinauszutragen oder den Tisch zu decken, die Waagschale aus dem Gleichgewicht bringen und zu einem explosiven Ausbruch oder einer kalten Abwehr des jungen Menschen führen, mit der er seinen unterschwelligen Gefühlen des Getrennt-Seins, der Angst, des Selbstzweifels und der Befangenheit Ausdruck verleiht. Von dieser großen Befangenheit wird der Jugendliche oft während seiner ganzen Teenagerjahre beherrscht.

In dieser Zeit ist es entscheidend, wie Eltern und Kind miteinander kommunizieren. Einerseits versuchen die Eltern, den jungen Menschen zum Erwachsenen zu formen, ihn dahin zu bringen, daß er sich verantwortungsvoll verhält. Der junge Mensch andererseits sieht sich in einem pulsierenden Meer treiben, auf und ab bewegt zwischen einem Gefühl von Ausgeglichenheit und Erfolg und dem Gefühl, daß er in seiner eigenen Familie völlig ohnmächtig ist, ohne Talente, ohne die Chance, zur Welt zu gehören, sich überhaupt selbst finden zu können.

Wir müssen tiefer als üblicherweise in unsere Kommunikation gehen, um zu erkennen, daß diese unterschwelligen Strömungen von Selbstzweifeln und Selbsterforschung eine so mächtige Rolle spielen und sozusagen von vulkanischer Natur sind. Die Hormone des jungen Menschen werden aktiviert, die Kundalini steigt auf, der Emotionalkörper zittert unter all diesem unglaublichen physischen und chemischen Wachstum, das sich in seinem Innern vollzieht. Eltern können lernen, durch ihre Kommunikation und ihr Verhalten dieser Strömungen und ihres Einflusses darauf gewahr zu werden. Junge Menschen müssen akzeptieren, was auf sie zukommt, sie müssen es erleben sich dabei alle als wertvoll erfahren zu können. Wenn sich der Großteil der Kommunikation in täglichen ›Aktivitäten‹ erschöpft, wird die Leere die innere Verzweiflung steigern und den Abgrund an Niedergeschlagenheit vergrößern.

Sehr oft haben wir ganze Kommunikationsmuster festgelegt, durch die sich der Jugendliche mehr und mehr bedroht fühlt, und die ihn dazu veranlassen, nur noch auf den Tonfall der Stimme zu achten, ob er ihm einen Mangel an Anerkennung oder ein positives Bild seiner selbst signalisiert.

Wir müssen aufwachen für die Gesetze der Energie, die den Kommunikationsweisen immanent sind. Ein Elternteil mag eine Sache sagen, aber was es durch seine Energie ausdrückt, wird der Jugendliche immer wahrnehmen, dessen Nervensystem durch die Kundali-Energie so lebendig und stark ist, wie es in seinem ganzen Leben nicht mehr sein wird. Es gibt so viele Gelegenheiten für Mißverständnisse.

Wir haben gelernt, uns in der Erwachsenenwelt mit kleinen, ›weisen‹ Lügen behaglich einzurichten. Wir sind einverstanden damit, daß wir Dinge sagen, die wir nicht meinen, wir finden es richtig, eine Höflichkeitsmaske zu tragen, die wir auch den jungen Leuten in Namen des Anstands aufzuzwingen versuchen. Diese Masken werden vor den empfindsamen jungen Menschen sehr lebendig zur Schau gestellt, die es aber im Gegensatz zu uns verwirrt, wenn eine Sache gesagt wird und eine andere getan, was wiederum zu weiteren Kommunikationsverwirrungen führt. Der Trick, die Verständigung mit Jugendlichen zu klären, besteht darin, selbst bewußt zu werden, wenn wir uns wirklich engagieren wollen, unsere ganze Aufmerksamkeit auf sie zu richten. Falls wir in unserem Kopf immer noch einmal Gespräche durchgehen, die wir während des Tages mit anderen geführt haben, bei der Arbeit, mit unseren Partnern, eben in der Erwachsenenwelt, die die einzig wichtige Umgebung zu sein scheint, und dann nur halb den jungen Leuten zuhören oder mit ihnen sprechen, werden sie unsere Unaufmerksamkeit bemerken. Es wird ihnen nicht entgehen, daß wir Erwachsene dazu neigen, nur die Hälfte unserer Weisheit und die Hälfte unserer Liebe zu geben.

Um mit einem jungen Menschen klar zu sprechen, müssen wir uns energetisch vollkommen auf diesen Austausch mit ihm einstellen. Es kann für Eltern höchst aufschlußreich sein, die Körperbewegungen und den Ausdruck ihrer Kinder genau zu beobachten. Die Emotionen und der innere Aufruhr werden so deutlich an der Oberfläche sichtbar, daß wir, wenn wir gut aufpassen, vielleicht ihre Gefühle sprachlich für sie ausdrücken können, weil sie noch nicht so gut wie wir dazu in der Lage sind. Sie drücken das, was sie fühlen, klar durch ihren Körper aus. Mit einer kleinen Portion Aufmerksamkeit können wir diese Dinge beobachten, so die Gefühle unserer Kinder erspüren und erkennen, wenn sie in einen erregten Zustand geraten. Es sollte uns nicht überraschen, wenn wir irgendwann einmal herausfinden, daß unser junges Familienmitglied nach irgendeiner Chemikalie oder Droge süchtig ist, weil wir die Zeichen nicht bemerkten, die sie uns vielleicht über ihren Körper gegeben haben, als sie in diese Schwierigkeiten gerieten. Wir müssen sensibler für ihre physischen, chemischen und emotionalen Gegebenheiten werden. Unser Aufmerksamkeitsgrad gibt ihnen zu verstehen, daß wir uns um sie kümmern, und daß wir ihnen zuhören werden. Junge Leute wollen, daß man ihnen zuhört. Sie wollen gehört werden!

Noch wichtiger als Worte ist die Energie, mit der wir jungen Menschen begegnen. Sie wollen angesprochen, berührt werden. Sie sind im Prozeß des Immer-wieder-geboren-

Werdens. In bezug auf ihre eigene Einordnung in die Welt werden sie mit zwei Jahren geboren, mit sieben, mit neun, mit zwölf und so weiter. Der Emotionalkörper eines Teenagers, obwohl die äußere Haltung die von »Faß mich nicht an« über »Mach dir keine Gedanken um mich« bis »Stör mich nicht« reichen mag, sagt dennoch, »Bitte erinnere mich daran, daß du mich liebst, bitte unterstütze mich«, was bedeutet, daß sie ›berührt‹ werden wollen und müssen.

Wenn ein junger Mensch durch die Pubertät geht, hören Eltern oft auf, ihn zu berühren, weil sowohl Eltern wie Kind sich völlig der sexuellen Reifung bewußt geworden sind, die sich im Körper des jungen Menschen vollzieht. Sehr oft hört ein Vater auf, seine Tochter zu umarmen, weil die werdende Frau in ihr ihn verlegen macht. Ihm ist nicht geheuer, daß sie sexuell heranreift, und er fühlt sich befangen und konfus in bezug auf seine Rolle in der Beziehung zu dieser jungen Frau, die mit ihrer sexuellen Energie sehr aktiv, wenn auch unschuldig, umgeht. Ein vierzehnjähriges Mädchen wirft geradezu herum mit ihrer sexuellen Energie und möchte, daß ihr Vater das sieht und sie als junge Frau bewundert. Sie will nichts mehr als das. Gibt es beim Vater diesbezüglich Unklarheiten, meint er, mit gesteigerter Verantwortung darauf reagieren zu müssen. Er wird oft besitzergreifender und strenger und kontrolliert mehr, und die Kommunikation zwischen ihm und dem jungen Menschen wird verschleiert. Oft wählt der Vater dann bequeme Auswege, indem er, in dem Versuch, mehr Distanz zwischen ihnen beiden zu schaffen, bespielweise Ärger vortäuscht, weil sich seine Tochter nicht an irgendeine Hausregel gehalten hat. Diese Verhaltenmuster und diese Unzufriedenheit entstehen aber in Wirklichkeit aus der Verwirrung und Ängstlichkeit gegenüber der Tatsache, daß die Tochter ein reifes, erwachsenes Wesen wird.

Dasselbe gilt für Mutter und Sohn. Eine Mutter erkennt plötzlich, daß ihr Sohn ein junger Mann ist und wird sich der sexuellen Schwingung bewußt, die von ihm ausgeht. Vielleicht hat er auch bereits nächtliche Ergüsse. Beider Aufmerksamkeit wird auf dieses schwer zu beschreibende, schwer anzusprechende Gebiet gelenkt. Beide versuchen, Raum zwischen sich zu schaffen, um sich wohler und sicherer zu fühlen. Sie suchen nicht mehr länger ihre gegenseitige Gesellschaft. Sie berühren sich nicht mehr. Und wieder müssen die negativen Trennungstechniken, mit denen wir alle so meisterhaft umgehen können, herhalten. »Du bekommst das Auto nicht, weil du den Abfall nicht nach draußen gebracht hast«, heißt eigentlich, »Ich weiß eigentlich nicht, ob es in Ordnung ist, daß er mit diesem Mädchen ausgeht. Was hat er vor? Ich habe keine Kontrolle mehr«. Das Thema wird zu einer zweispurigen Straße, auf der nicht nur der junge Mensch sich selbst in einer unbekannten Arena sucht, sondern auf der auch die Mutter ihre Mitte zu finden sucht – inmitten großer Veränderungen.

Wir können zwar sagen »Warte mit deinen sexuellen Aktivitäten«, oder »Benimm dich anständig«, aber die jungen Leute heutzutage entscheiden selbst, wo es langgehen soll. Häufig stürzen sie sich damit aber in schmerzliche Verwirrungen. Sie setzen sich mehrere Hüte gleichzeitig auf: Sie sind noch Kinder, zugleich Schüler, Gleichberechtigte und Liebhaber. Heimlichkeit zieht herauf und führt zu Trennung, was sich für beide, Eltern und Kind, oft besser anfühlt, als die Intimität fortzusetzen, die sie in den Jahren davor miteinander erlebt haben.

Ein weiterer Faktor, der in diesen Prozeß eintritt, ist daß die Eltern in dieser Zeit selbst ein Wiederaufleben und Durcharbeiten ihrer eigenen Pubertät erleben. Es gibt eine erneute Stimulierung ihrer eigenen Erinnerungen daran, wie sie die sexuelle Energie erlebt haben, an ihre eigene emotionale Achterbahn, ihrer eigenen Prägungen durch ihre Eltern. Und obwohl sie bewußt gesagt haben mögen »Ich werde mein Kind nie so behandeln, wie ich als Teenager behandelt worden bin«, zeigt die Erfahrung, daß sie das häufig doch tun. Wenn wir unsicher werden, wie wir die Kontrolle über einen Teenager aufrechterhalten oder uns mit ihm austauschen können, fallen wir zu neunzig Prozent in die Muster zurück, die wir selbst von unseren Eltern kennen. Wir geben diese Muster weiter und schaffen damit einen sich immer weiter fortsetzenden Zyklus der Trennung und Entfremdung zwischen den Generationen, zwischen Eltern und Kindern. Das muß nicht sein.

Anstatt an dieser Nebelwand der Trennung zu arbeiten, könnte diese Zeit für uns eine Gelegenheit sein, herauszufinden, wer wir außerhalb unserer verschiedenen Rollen sind. Wenn wir den Energieeinfluß dessen, was passiert, begreifen, können wir die Trennung und Entfremdung im Keim ersticken. Wenn wir die Partnerschaft zwischen Eltern und Kindern anerkennen, wäre es möglich, diese Zeit des Übergangs gemeinsam zu durchleben. Die Pubertät ihrer Kinder löst bei den Eltern genauso Unsicherheit aus, wie sie es das beim jungen Menschen tut. Allzu oft schafft dieser Zustand der Unsicherheit auf beiden Seiten eine unerträgliche Situationen für alle Beteiligten.

Mehr als alles andere erleichtert die Unterstützung der Eltern die Not des jungen Menschen, der im Begriff ist, sich selbst zu erkennen. Jene Eltern, die diesen Vorgang verstehen, lassen dem jungen Menschen den benötigen Raum, um ohne Angst und Mißtrauen sich und seine Umwelt zu erforschen. Ein wesentliches Merkmal jenes Zeitabschnitts ist der Widerstand des Jugendlichen. Der Jugendliche probiert aus, welche Grenzen es für ihn gibt und was er unbehelligt tun kann. Ebenso setzen die Eltern dem Kind Widerstand entgegen, das nun zu einer jungen Persönlichkeit geworden ist, mit der man rechnen muß, die man nicht mehr unter Kontrolle hat, eine Person, die man nicht mehr weiter auf die Weise beherrschen kann, wie man es mit dem jüngeren Kind konnte.

Eine weitere Quelle der Verwirrung ist die unbewußte Konkurrenz, die sich ergibt, wenn die Eltern in die Unsicherheit der Jugend zurückfallen. Väter konkurrieren mit ihren Söhnen, im Bemühen, sich davon zu überzeugen, daß sie immer noch die Stärkeren sind, physisch und intellektuell. Weil die Aurafelder sich so leicht vermischen, werden die Eltern in die Gefühle der Teenager hineingezogen, ohne zu erkennen, daß sie die Dramen des Kindes ausleben. Die Tragödie ist, daß dies die erfüllendste Zeit in der Beziehung zwischen Eltern und Kind sein könnte. Denn der junge Mensch sehnt sich eigentlich zutiefst danach, den Eltern nachzueifern, wenn die Eltern ihn nur bewußt beteiligen und lehren würden, wenn sie ein Vorbild wären, anstatt zu konkurrieren, zu dominieren und Opfer ihrer eigenen nicht erkannten Gefühle zu werden.

Eine interessante Beobachtung ist, daß, während eine Tochter ihren Übergang vom Mädchen zu Frau erfährt, die Mutter oft gleichzeitig den Übergang in ihre sexuelle Blüte erlebt. Während Männer zwischen 18 und 20 auf der Höhe ihrer Sexualkraft stehen, erreichen Frauen ihre Blüte zwischen 35 und 40. Das ist auch die Zeit, in der sich Frauen am meisten um ihre äußere Attraktivität mühen. Für manche Frauen ist es eine bittere Pille, zu beobachten, wie ihre Töchter aufblühen, während sie anscheinend dahinwelken. Nur wenige Frauen realisieren, daß sie selbst in dieser Zeit an der Schwelle zu einer neuen Bewußtseinsebene stehen, zu einem Bewußtsein von sensorischer und wahrnehmender Potenz. Statt mit ihren Töchtern zu konkurrieren, sollten sie sich dieser neuen Sinneserfahrungen öffnen, diese Schwelle zu neuer Bewußtheit und Unabhängigkeit überschreiten.

Wenn wir als Eltern die Punkte, an denen unser Widerstand einsetzt, wandeln könnten, könnten wir dem jungen Menschen helfen, seine Pubertät, seinen Durchgang, mit einem Minimum an Leid zu erfahren. Ich will damit nicht sagen, daß Eltern nicht mit vernünftigen Beschränkungen fortfahren sollten: »Du mußt zu einer bestimmten Zeit zu Hause sein. Du bist deinem Zuhause und deiner Familie gegenüber verantwortlich. Du mußt Zeit für die Beziehung zu deiner Familie aufbringen.« Es ist wichtig, daß die Familien- und Haushaltsregeln, die sinnvoll erscheinen, aufrechterhalten werden, aber diese Regeln können auf eine Weise vermittelt werden, die nicht den Widerstand der Jugendlichen herausfordert, die keine graue Zone, keine Kampfzone schafft, sondern eine klare Zone, in der die Grenzen aus Liebe gesetzt werden und wirklich stimmen. Dann kann es in der Beziehung Fülle und ein Gefühl der Partnerschaft geben, einen Sinn dafür, daß wir alle zum selben Team gehören.

Es ist ein schrecklich falscher, eingefleischter Gedanke, daß wir, um zum Selbst zu werden, alle Vorbilder um uns herum loswerden müssen, daß wir aus allem herausbrechen müssen, um uns selbst zu finden. Das führt im allgemeinen zu erheblichen Verwirrungen und nie zu einem voll entwikkelten, ganzen Wesen. Solange wir uns selbst nur durch Trennung erfahren können, werden wir nicht in der Lage sein, in harmonischen Beziehungen zu leben. Falls wir Negativität in der Beziehung zu den Eltern haben, werden wir diese Negativität auf unsere Liebhaber, unsere Partner und unsere eigenen Kinder projizieren. Die Teenagerjahre sind die Zeit, tief in Beziehung zu treten und dem jungen Menschen die Freiheit zu geben, zu forschen und zu expandieren. Gleichzeitig können wir unsere Beziehung zu ihm vertiefen, indem wir uns nicht im Labyrinth unserer stilisierten Eltern-Kind-Rollen verlieren. Wir können als ganzes Selbst gegenwärtig sein und in dieser kraftvollen Zeit gemeinsam mit unseren Kindern lernen.

Das Element des Kampfes muß es nicht geben, während junge Menschen heranwachsen. Zum Kampf kommt es, weil die Eltern in ihrer autoritären Rolle erstarrt sind, und der Jugendliche im Versuch, sich selbst zu definieren oder geboren zu werden, gegen diese Maske stößt. Das ist die Zeit, in der Eltern wie Kinder die überkommenen Rollen loslassen und auflösen müssen: Die Eltern können auf die strengere Kontrolle des Kindes verzichten. Der reife Erwachsene kann riskieren, die Kontrolle allmählich zu lokkern, so daß der Teenager suchen kann und in seinem Forschen unterstützt wird, bestärkt darin, daß er ein ganzes Wesen ist, daß er wach, kreativ und intelligent ist und daß er geliebt wird.

Auf dasselbe Dilemma trifft man, wenn die Kinder im ›schrecklichen zweiten Jahr‹ sind. Oft sind die Eltern verwirrt, haben Probleme mit Kontrolle und versuchen, den Geist des Zweijährigen zu ersticken und zu erdrücken, der nur den Beginn des natürlichen Vorgangs der Trennung von den Eltern signalisiert: »Laßt mich die Welt erkunden. Laßt mich sehen, wie weit meine Kraft reicht. Laßt mich sehen, wo die Grenzen für mich sind, wo die Peripherie ist.« Sind die Erwachsenen ausgeglichen, können sie sich mit dem Kind an diesen Erkundungen freuen und friedlich und zärtlich sagen: »Nein, so geht es nicht, aber vielleicht so«, und das Kind dabei fördern, ohne Schmerz und Tränen aus sich herauszugehen. Derselbe Vorgang spielt sich in den Teenagerjahren ab. Eltern wollen oft nicht wahrhaben, daß das Kind heranwächst, weil sie fürchten, etwas Wichtiges zu verlieren, nämlich ihre eigene Identität als Machthaber.

So kommt es dann zum tiefgreifenden Machtkampf in der Familie, und die Eltern fallen oft zurück ins »Nein, ich gebe dir das Auto nicht«, oder »Ich gebe dir kein Geld« oder »Du mußt dies oder jenes für mich erledigen«. Wann immer wir unsere Macht gegenüber einer anderen Person ausspielen, wird diese Person nicht fähig sein, mit uns eine Beziehung einzugehen. Wenn wir das Kind an die Wand drücken, wenn wir zugleich seine Liebe *und* die Anerkennung unserer Macht wollen, lassen wir dem Kind keinen Raum mehr, sich uns zuzuwenden.

Eltern befinden sich genauso in einem emotionalen Wachstumsprozeß wie ihre Kinder. Wenn Kinder die Nähe Gleichaltriger suchen, reagieren Eltern darauf oft mit Ärger, der sich häufig in physischer Abwendung, in mehr Einschränkungen oder sogar Bestrafungen äußert. Diese äußeren Dramen spiegeln häufig die Ängste des Erwachsenen wider, die er gegenüber seinen eigenen sexuellen Gefühlen hegt. Dann heißt es plötzlich: »Leg deinen Arm nicht um mich. Mir ist das unangenehm, du bist ja jetzt schon größer als ich.« Wir fangen an, subtile Botschaften darüber auszusenden, wie sich die jungen Leute unserer Meinung nach verhalten sollten, und das wird sehr oft als Zurückweisung, Ablehnung und plötzlicher Verlust der Unterstützung empfunden. Sie reagieren mit Zorn. Sie reagieren mit Trotz. Sie reagieren, indem sie sagen: »Ich brauche dich sowieso nicht. Du liebst mich nicht. Du hast mir nichts weiter zu sagen als ›bring den Abfall raus oder mach dies oder jenes für mich‹.« Aber wir sind nicht auf eine einzige Rolle im Verhältnis zu einem Menschen beschränkt. Wir lassen ein weites Feld, den ganzen Rest des Hologramms, brachliegen, so daß uns nur sehr begrenzte Kanäle zur Kommunikation zur Verfügung stehen, wenn wir für unsere Kinder nur die Eltern sind und sie für uns nur die Kinder.

Es ist atemberaubend, wenn ein junger Mensch anfängt, zu erforschen, warum er/sie Eltern ausgewählt hat, die sich auf bestimmte Weise verhalten werden, und dann die Tiefen der Beziehung zu diesen Eltern auslotet – außerhalb des Rahmens, in dem man nur die Rolle des Kindes realisiert und die anderen die der Eltern. Plötzlich ergeben sich viel mehr Bezugspunkte für die Kommunikation, die in unserem Alltagsleben oft sehr feiner Natur sind. Zusammensitzen und dasselbe Fernsehprogramm anzusehen und sich darüber zu unterhalten, ist eine sehr enge Oktave der Kommunikation. Wenn beide Teile erkennen, daß Musik Spaß macht, oder daß sie Freude am Sport haben, dann sind das

Arten und Weisen, wie wir Aktivitäten in der Welt benutzen können, um unsere Verbundenheit auszudrücken. Wir können die Kommunikation entscheidend vertiefen, wenn wir dem jungen Menschen erlauben, das Wesen und die Geschichte der besonderen Beziehung zu erforschen, die sie sich mit diesen Eltern ausgesucht haben.

Es kann eine wirklich revolutionäre Erfahrung sein, die hierarchische Beziehung zu lockern, in der die Eltern oben sitzen und herrschen und der junge Mensch unten sich dagegen auflehnt. Wenn der Jugendliche in eine multidimensionale Erfahrung geht, in das Erleben einer anderen Inkarnation, in der er vielleicht entdeckt, daß er früher einmal Bruder eines Elternteils gewesen ist, kann er begreifen, warum er in diesem Leben manchmal ein Gefühl der Gleichberechtigung gegenüber jenem Elternteil verspürt, und er wird dieses Gefühl verstärken können. Wenn sie sich in einem anderen Bezugspunkt entdeckt, zum Beispiel als Bruder oder Schwester oder als Liebhaber oder Partner oder Lehrer, statt in der simplen vertikalen Eltern-Kind-Schablone, kann sich die junge Person aus der Begrenzung und Angst befreien, derjenige zu sein, der notwendigerweise von den Mächtigeren, den Eltern, unterdrückt wird.

Wenn der junge Mensch einmal erfährt, daß er selbst vielleicht Elternteil seiner gegenwärtigen Eltern war, wird dies das Herz öffnen, eine Ebene des Mitgefühls. Es wird zu einer enormen Verstärkung von Bezugspunkten führen, von denen aus er energetisch und emotional mit den Eltern in Kontakt treten kann, in Kontakt mit den anderen Personen, von Seele zu Seele. Er beginnt, innerlich zu verstehen, warum er in bestimmter Weise auf die Eltern reagiert. Und unsere Beziehung zu dem Kind erreicht eine viel tiefere Ebene, wenn wir dem Jugendlichen gestatten, die Natur und den Verlauf der Geschichte seiner Beziehung mit und seiner Entscheidung für diese speziellen Eltern zu erkunden, wenn er die Symbolik der Kommunikation erschließen kann und so die Anatomie des Tanzes dieser Beziehung zu sehen beginnt. An der Öffnung einer multidimensionalen Beziehung zu den Eltern zu arbeiten, kann dem Jugendlichen helfen, die Beziehung auf der Grundlage eines größeren Datenspektrums neu zu interpretieren. Es kann helfen, das Verhältnis in einem positiveren Licht zu sehen, und nicht mehr durch den Schleier der begrenzten Perspektiven einer Eltern-Kind-Beziehung.

Wenn ein junger Mensch sich als Opfer seiner Eltern fühlt und auf einer tiefen Seelenebene erforscht, warum er jene Eltern ausgewählt hat, wird er sehr oft entdecken, daß er selbst – in anderen Szenarien, in anderen multidimensionalen Erfahrungen – seine Eltern zu Opfern gemacht hat. Plötzlich erkennt er, daß er einmal derjenige war, der die Stärke und Macht hatte, jene zu unterdrücken, die nun ›Eltern‹ genannt werden, und er kann so in sich Mitgefühl wekken. Er begreift, daß er *nicht* das Opfer ist, daß er nur ein Repertoire ausspielt, das er in sich hat, daß er nur eine Energie in dieser zeitlosen Beziehung ausbalanciert. Plötzlich erlebt er sich nicht mehr als Opfer. Er ist dann fähig, seine Eltern zu ›klären‹, ›freizugeben‹, weil er ihnen vergibt, weil er sie anerkennt, weil er sieht, wie er selbst seine Eltern in anderen Lebenszeiten behandelt hat. Und so wird es ihm möglich, seinen eigenen inneren Kern zu festigen.

Wenn der Jugendliche sein eigenes Gefühl dafür festigt, wer er in einer Beziehung ist, hat er mehr Platz für den anderen. Zum Beispiel hat etwas, was die Eltern getan haben oder immer gerade in dem Moment gesagt haben, wenn er weggehen wollte (»Nimm den Abfall mit« oder »Mach deine Hausaufgaben«), meist sofort Auflehnung in ihm hervorgerufen. Er kann nun durch seine multidimensionale Arbeit erkennen, wie dieses Muster anfing, und es verändern, so daß er nicht mehr unbewußt seine Eltern dazu bringt, eine Rolle zu spielen, die es ihm gestattet, Zorn auszuleben oder es rechtfertigt, sich als Opfer zu fühlen. Diese emotionale

Klärung kann zum Wegfall alter Muster führen. Spektakulär und wunderbar ist, daß der junge Mensch das ganze Muster der Eltern-Kind-Beziehung wirklich freilegen kann, während er seine Einsicht in die dafür relevanten Szenarien vertieft. Was er dann in seinem täglichen Leben nach seinen Sitzungen beobachtet, ist, daß die Eltern aufhören, sich in den alten Verhaltensmustern zu bewegen. Sie hören damit einfach auf, weil sie – unbewußt – erkennen, daß der junge Mensch für dieses spezielle Verhaltensmuster nicht mehr zur Verfügung steht. Das mitzuerleben, ist transformierend und sehr aufregend.

Immer wieder vollziehen sich in dieser Arbeit vollständige Wandlungen in bestimmten Punkten der Eltern-Teenager-Beziehung. Der junge Mensch wird nicht mehr länger von der Realität dominiert. Es ist für eine vierzehn- oder fünfzehn- oder sechzehnjährige Person eine tiefgehende Erfahrung, wenn sie eine Ahnung davon bekommen, daß sie tatsächlich selbst ihre eigene Wirklichkeit schafft. Ein Erwachsener, mit seinem rationalen Verstand, seiner Festgelegtheit, ist in der Regel unfähig, diese eigene Stärke anzuerkennen und Verantwortung dafür zu übernehmen, daß er seine Wirklichkeit selbst schafft.

Ein junger Mensch, nicht so heruntergedrückt, so belastet und auf eine bestimmte Lebensweise festgelegt, ist freier, leichter. Es ist für junge Leute einfacher, diese Einsicht zu gewinnen und diese Erfahrung zu erleben, daß sie selbst ihre Realität schaffen, daß sie keine negative Beziehung zu ihren Eltern aufrechterhalten müssen. Wenn sie zum Beispiel entdecken, daß sie Eltern ihrer Eltern waren, erspüren sie innerlich die vorhandenen sehr feinen energetischen Verbindungen. Mitgefühl und Vergebung erwachen in ihnen, und sie sind willens, die Eltern ›loszulassen‹, zu klären. Wenn wir unserem Bewußtsein einprägen, daß wir jemanden loslassen, daß wir jemanden nicht weiter in der Bindung einer Rolle, die er für uns spielt, festzuhalten brauchen, gibt es nichts mehr zu tun, keinen Kampf, keinen Widerstand. Es gibt nichts mehr, das uns zurückhält, uns zu erheben, uns aufzuschwingen, frei zu werden von der Bindung jener Beziehungsmuster. Der Jugendliche fängt an, fähig zu sein, seine Eltern physisch zu umarmen, derjenige zu sein, der seine Arme um die Eltern schließt und sagt, »Ich liebe euch«, wenn die Eltern längst aufgehört haben, dem Teenager zu sagen, »Wir lieben dich«, weil sie sich noch an all der Angst und dem Unbehagen festhalten, die durch die Pubertät ausgelöst worden sind.

Es gibt eine wundervolle Spiegelung zwischen den Eltern und dem jungen Menschen. Die Eltern sagen der jungen Person, »Du mußt all das werden, was ich immer gewollt habe, und was mir nicht gelungen ist. Du mußt Anerkennung finden.« Die Eltern sind stark daran interessiert, das Kind als ein erfolgreiches Wesen hinaus in die Welt zu schieben, in der das Kind sich aber vielleicht als Versager fühlt. Das Kind blickt die Eltern an und sieht all die Punkte, in denen die Eltern versagt haben. Eine faszinierende Spiegelung vollzieht sich, worin keiner von beiden das Bühnenlicht erträgt. Der Jugendliche kann das Scheinwerferlicht der Aussage nicht aushalten, »Du mußt vollkommen und erfolgreich sein, um uns, den Eltern, zu gefallen«. Die Eltern können das Scheinwerferlicht der jugendlichen Kritik nicht aushalten, die sagt, »Aber seht mal, euch fehlt es an Integrität«, oder »Ihr seid nicht ehrlich. Ihr lebt hinter einer Fassade«.

Wir können auf einer tiefen Ebene erforschen, wer wir sind, wir können andere ohne Maske unterrichten, wir brauchen keinen Sozialisationsprozeß oder irgendwelche Äußerlichkeiten, denn wir fragen uns einfach, »Wer ist diese Energie für mich und wie hat sie mich geformt, wie hat sie mich gelehrt, wie hat sie mir geholfen, zu wachsen«. So sind wir in der Lage, die Gabe zu sehen, die uns jede Person in unserem Leben gibt. Da unsere Eltern und wir vom selben Blut sind, sind sie unsere eigene Wesensenergie, sind sie uns am wichtigsten, obwohl wir oft anders als sie heranwachsen und von ihnen entfremdet werden, an anderen Stellen dieser Welt leben und kaum an sie denken. Durch die Molekularstruktur unseres physischen Körpers, durch unser Befangensein in emotionalen Prägungen, können wir nicht an unseren Eltern vorbeiblicken. Das ist die Substanz des Spruchs: »Frage einen Mann, wie er über seine Mutter denkt, und er sagt dir, wie er seine Frau behandelt.« Es gibt hier keine begrenzte Zeit, kein Anfang und kein Ende. Es gibt lediglich eine Prägung, die wir immer weiter ausleben. Wir projizieren sie aus unserem inneren Selbst nach außen. Solange wir nicht die Beziehung zu unseren Eltern geklärt und geheilt haben, haben wir nur eine geringe Chance, auf einer höheren Oktave mit der Außenwelt zu kommunizieren, auf einer Oktave, die uns selbst als ganzheitliche Wesen einschließt.

Nizhoni und das gesamte Light-Institut bieten eine Bewußtseinsarena, die es sowohl den Eltern wie den jungen Menschen erlaubt, voneinander unabhängig lächelnd auf die Wahrheit ihrer Entscheidung zu dieser Beziehung zu blicken. In der heutigen Welt haben wir viele geschiedene Familien. Wir müssen über das Ergebnis der Scheidung oder über Pflegeeltern oder Stiefeltern sprechen, weil dies dem Emotionalkörper wiederum eine großartige Nebelwand bietet, eine hervorragende Krücke, die wir benutzen können, um zu sagen: »Ich habe dich nicht ausgesucht. Mein Vater/meine Mutter hat dich ausgesucht. Deshalb bin ich nur ein Opfer, das sich dir ergeben oder sich gegen dich mit aller Macht auflehnen muß.« Wenn wir jene Beziehung aber auf einer Seelenebene betrachten, entdecken wir, daß uns auch ein Stiefvater/eine Stiefmutter doch nicht fremd ist.

Während der Arbeit am Light-Institut fanden wir heraus, daß der leibliche Elternteil die ›fremde‹ Person in einer Synergie-Balance geheiratet hat, um diesen Menschen in unseren inneren Kreis zu bringen, damit wir irgendeine frühere Beziehung fortsetzen können. Es sind ganz und gar erwählte

Seelen, die sich entschieden haben, in unsere Arena einzutreten, in unsere Realität, um uns wachsen zu helfen. *Wir* erzeugen dann einen Trennungsprozeß, indem unser Emotionalkörper sagt, »Ich kann nicht glücklich sein, weil du mir im Weg stehst. Ich bekomme meinen geliebten Vater nicht, weil er dich geheiratet hat; und jetzt bin ich euch beiden fremd.« Das ist eine emotionale Nebelwand. Vielleicht hätten wir ohnehin Angst, ›den Vater zu bekommen‹, weil es da irgendeinen Aspekt in der Beziehung zu ihm gibt, der unerkannt und belastend ist. Es bedeutet ein großes Geschenk, solche Triaden zu erforschen, in denen einer den anderen aussucht, hinzuholt, und wir deshalb in einen Tanz mit dieser Person eintreten müssen. Kein Stiefelternteil ist aus einem anderen Grund in unser Leben gebracht worden, als uns zu lehren – und zwar nicht nur von unserem leiblichen Elternteil. Wir haben an dieser Entwicklung partizipiert, und es ist eine zutiefst befreiende, erhebende Erfahrung, zu erkennen, daß wir nicht Opfer sind, daß wir von einer Beziehung zu einer anderen Person gar nicht ferngehalten werden können.

Auch wenn ein junger Mensch mit der Mutter lebt und den Vater nicht mehr sieht, ist diese Trennung immer absichtlich herbeigeführt, und uns nicht von der äußeren Welt auferlegt worden. Wenn ein Elternteil von uns getrennt ist, ob durch Scheidung oder Tod, so sind wir doch, als multidimensionale Wesen, spirituell oder emotional weiter mit jener Person vereint. Wir können bewußt erleben, daß diese Beziehung weiterbesteht, wir wissen, daß sie Leben auf Leben weitergeht. Ein Jugendlicher, der seinen Vater seit seinem siebten Lebensjahr nicht mehr gesehen hat und der sich verlassen, wütend oder trotzig fühlt wegen der ihm scheinbar aufgezwungenen Trennung, über die er keine Kontrolle hat, kann den Sinn, warum er von der physischen Gegenwart des Elternteils getrennt wurde, für sich entdecken. Wenn ein Elternteil von uns genommen wird, passiert das immer, weil wir auf einer spirituellen Ebene genug Kraft angesammelt haben, genug Weisheit, um die Elternrolle selbst auszuüben. Alles, was uns der Vater über die Vater-Energie gelehrt hat, hat unser eigenes Sein aufgenommen; es wird Teil des Repertoires, das wir dann in die Welt um uns herum hineinwirken lassen können.

Wenn wir beginnen, diese Erfahrungen nicht von der Opferhaltung aus zu betrachten, sondern sie als Geschenk zu sehen, das man uns gemacht hat, als neue Herausforderung, als neue Qualität unserer Beziehung, dann können wir erhoben werden. Wir können geheilt werden vom sich laufend wiederholenden Aufbegehren des Emotionalkörpers, von Ablehnung und Wut, das sich auf jeden um uns herum auswirkt.

In dem Augenblick, wenn wir das höhere Selbst benennen und diese mächtige Seite in unserem göttlichen Wesen, das in uns lebt, erklären, sind die jungen Leute, unsere Kinder, unsere Schüler, in der Lage zu erkennen, daß ihr höheres Selbst immer mit ihnen gewesen ist. Sie kommen auf leichte und direkte Weise zur bewußten Verbindung mit dem höheren Selbst zurück, weil sie noch in den Energiezonen sind, die ihnen diese intuitive Energie bereitstellen. Seit sie Kinder waren, haben sie ihr intuitives Wissen, ihre Verbundenheit benutzt. Es fällt ihnen leicht, sich an die Gegenwart einer höheren Intelligenz zu erinnern. Fast alle Kinder haben irgendeinen Bewußtseinsrahmen, der multidimensionaler Natur ist; entweder haben sie magische Freunde, unsichtbare Freunde, oder engelhafte Gegenwarten.

Das höhere Selbst ist eine natürliche und angenehme Erfahrung für den Jugendlichen, die ihn zu den Kanälen des Wissens unmittelbar zurückverbindet. Der Erwachsene bestreitet, leugnet oder bezweifelt ständig die Gegenwart oder Verbindung mit dem höheren Selbst. Wenn der junge Mensch einmal damit begonnen hat, diese Verbindung einzuüben, wird es für ihn/sie nicht schwer sein, die Befangenheit des Egos loszulassen. Wenn er direkt erfährt, sei es durch Botschaften oder als energetische Erfahrung des höheren Selbst, beginnt die Gesetzmäßigkeit der Synchronizität zu wirken. Das heißt, erhält er durch ein Buch, das er gerade liest oder aus einem Gespräch oder durch eine plötzliche Eingabe die Antwort auf diese Frage. Weil Jugendliche in ihrer energetischen Essenz nicht so verkrampft sind, sind sie offener für diese höheren Gesetze der Synchronizität, für die holographische Intelligenz, als Erwachsene, die ihre Fähigkeit verloren haben, den Nuancen der energetischen Ebenen Aufmerksamkeit zu zollen. Es ist für junge Leute entscheidend, sich selbst als Ganzes zu erfahren, einen Zugang zu erlangen zu jener großen Weisheit, die aus dem höheren Selbst entspringt, damit sie ihre Integrität, die Aufrichtigkeit ihrer eigenen Entscheidungen, nicht verlieren und unterscheiden können, was für sie richtig ist und was nicht. Das ist wirklich der einzige Ausweg aus dem Verhaltensmuster, verzweifelt Zustimmung bei Gleichaltrigen oder anderen zu suchen, um sich in der Welt bewegen zu können.

Die wichtigste Heilmethode besteht darin, den jungen Menschen der polarisierenden Situation zu entwöhnen, in der er sich selbst nur in Beziehung zu einem anderen Wesen identifizieren kann. Für die Arbeit an der Nizhoni-Schule ist die Kommunikation und die Verbindung mit dem höheren Selbst wesentlich. Der junge Mensch kommt hier mit seinem eigenen göttlichen, meisterhaften Selbst tatsächlich in experimentelle Verbindung, so daß er nicht ständig seine Erkundung dessen, wer er ist und was er manifestieren kann, in einem Rahmen vornehmen muß, welcher immer Partizipation und Spiegelung einer anderen Person beinhaltet.

Wir müssen lernen, allein zu sein, auf unser eigenes Wissen zu hören, dieses Wissen zu leben und unsere Fähigkeit zu aktivieren, dieses Wissen ohne Furcht, Verwirrung und

Polarisierung zwischen uns selbst und anderen der Außenwelt weiterzugeben. Die Kraft einer umfassenden Beziehung zu unserem eigenen höheren Selbst befreit uns vom Kampf des Emotionalkörpers, uns selbst in bezug auf andere Menschen oder die Außenwelt zu definieren. Starke Manifestierer sind Leute, die ihr eigenes Herz kennen und ihre Wahrheit schaffen, aussprechen und auf eine Weise ausdrücken, mit der die Welt beschenkt wird.

Nizhonis Ausrichtung auf die Beziehung des Jugendlichen zu seinem eigenen höheren Selbst mildert einen Großteil seines Dramas: Wer bin ich in meiner Familie; wer bin ich für meine Altersgenossen; wer für meine Außen- oder eine zukünftige Welt. Er wird unterstützt und gefördert als der, der er gerade ist, als ganzes, meisterhaftes Wesen, als Wesen, das Entscheidungen treffen kann und verantwortlich an dieser Welt teilhat. Er ist nicht passiv, er ist kein Opfer, sondern erzählt in dieser Welt. Junge Leute verlassen Nizhoni mit der Erfahrung und Praxis der Partizipation. Ob der Jugendliche Physik studiert oder Russisch oder Heilen oder ob er um die Welt reist, er praktiziert dieses Verständnis des Selbst, das sich außerhalb von Rollen manifestiert. Es heißt nicht mehr, »Ich bin Musiker. Ich bin Amerikaner. Ich bin Student«, sondern vielmehr, wie ein berühmtes brasilianisches Sprichwort sagt, »Ich bin was ich bin, und das finde ich gut«. Wir müssen tiefe spirituelle Erfahrungen machen und diese ins Alltagsleben übertragen. Indem wir erkennen, daß im Schüler der Lehrer steckt und im Menschen Gott, wird der Schüler zum Wissenden und zum Schöpfer.

Wir beginnen zu erkennen, daß diese Art der Entwicklung eines jungen Menschen kein Verlust, sondern eine Gabe für die Eltern ist, daß sie das Potential hat, uns alle zu befreien. Wir können solange nicht ganz sein, wie wir in Beziehungen kämpfen – sei es mit unseren Kindern, unseren Partnern, unseren Lehrern oder irgend jemand anderem in unserer Außenwelt. Damit sich der junge Mensch entwikkeln und mit uns auf einer Ebene kommunizieren kann, welche unsere beiden Seelen respektiert, müssen auch wir fähig sein, den Zugang zu unserer eigenen Ganzheitlichkeit zu erlangen. Das ist eine Erfahrung, die nur sehr wenige unter uns jemals machen, besonders als Eltern. Wahren Respekt zu spüren – nicht kulturelle Rollenerlasse, sondern den Respekt und die Liebe, die von unseren Kindern auf uns ausstrahlen – ist eine der erfüllendsten, seligsten Erfahrungen. Es ist ein wundervoller Spiegel, in die Augen unseres Kindes zu schauen und zu wissen, daß das Kind uns mit einer Liebe anblickt, die aus der Einsicht kommt, daß wir zwei Seelen sind, die sich zusammen auf einem gemeinsamen Pfad des Lebens bewegen.

Wenn sich die Eltern dagegen mit dem Jugendlichen identifizieren oder auf ihn projizieren, dann wird der Emotionalkörper der Eltern wollen, daß der junge Mensch einen Spiegel für sie selbst darstellt, der sie erhöht. Solche Eltern werden den Jugendlichen tatsächlich sabotieren. Das passiert normalerweise unbewußt. Die Eltern werden unnachgiebig darauf bestehen, was ihr Kind zu werden hat, nicht, weil es das ist, was ihr Kind möchte oder weil hier seine Talente liegen, sondern weil die Eltern ihr Image als ›Stärkere‹ nicht verlieren wollen, um weiter aus der Position der Stärke mit ihrem Sprößling umgehen zu können. Aber es bedeutet, das Kind in ihnen selbst wird unsicher, und das ist schmerzhaft. Es ist besonders schmerzlich, wenn die Eltern älter und sich bewußt werden über die Ebene von Erfolg, die sie – gemessen am Totempfahl des Erfolgs der Außenwelt – erreicht haben. Solche Eltern werden den jungen Menschen geringschätzen und sie werden ihn mit aller Kraft daran hindern, irgend etwas zu tun, was ihre eigene erstarrte Identität in Frage stellen würde.

Junge Menschen, die diese Dynamik des Selbst-Images verstehen, können ihren Eltern helfen, weil sie davon nicht berührt werden. Sie wissen, wer sie sind. Sie können sich zu dem entscheiden, wozu sie sich entscheiden müssen, und deshalb ihren Eltern das Geschenk der Liebe geben. Wir können das Chaos um uns herum nicht ständig verändern. Wenn wir Eltern haben, die sehr festgefügt Ansichten darüber haben, was gut und was anständig ist, können wir diese Prägungen nicht ändern, aber wir können sie von der Ebene des Herzens her verstehen. Wir sind durch sie nicht mehr länger gebunden, und weil wir von ihnen frei sind, weil wir durch ihre Bedürfnisse nicht mehr bedroht sind, steht uns mehr Energie zur Verfügung, um Mitgefühl und Liebe zurückzugeben. Wir können unser Leben frei von jenen begrenzenden Wahrnehmungen leben, wie Dinge sein sollten, und gleichzeitig unsere Eltern unterstützen.

Es ist ein wunderbares Gefühl, sich für einen anderen Lebensstil als den der Eltern entscheiden zu können, und doch in der Lage zu sein, sie zu akzeptieren und sich mit ihnen liebevoll auszutauschen. In Nizhoni richten wir uns aktiv darauf aus, die Beziehung zwischen Eltern und jungen Menschen zu heilen. Wir schlagen immer vor, daß Eltern diese tiefe Seelenarbeit auch machen, damit auch sie das erleben, was ihre Kinder erfahren. Sie erhalten die Gelegenheit, ihre eigenen Eltern freizugeben, damit sie nicht länger deren Gedankenformen weitertragen müssen, deren Konzepte und Vorstellungen, wie das Leben oder wie Kinder sein sollten. Durch diese Arbeit können die Eltern unserer jungen Schüler sich selbst von den karmischen Mustern befreien, die auf sie projiziert wurden und in der Folge auch auf ihre Kinder. Wenn sie ihre eigenen Kinder freisetzen, klären, verbreitern sie die Kommunikationswege zu ihren Kindern. Nizhoni bietet Wochenenden und spezielle Zeiten an, zu denen Eltern kommen und an den Veranstaltungen der Schule parallel zu ihren Kindern teilnehmen können. Wir bieten Praktika, während denen die Eltern gemeinsam auf Abenteuersuche gehen, sich untereinander austauschen und Anregungen bekommen können. Weiter werden Unterrichtsveranstaltungen angeboten, in denen keiner über dem anderen stehen muß, sondern alle zugleich Student und Lehrer sind. Auch Eltern und Kinder können zusammen Abenteuer-Ausflüge in die Wildnis unternehmen, sich gemeinsam in der Natur bewegen. Sie können lernen, kooperativ miteinander zu arbeiten, einander wechselseitig mit den jeweiligen Kräften (die physische Kraft des Jungen messen, die lenkende Weisheit seiner Eltern) zu fördern, anzuregen und zu ermutigen. Eltern und Kinder erlangen ein Gefühl, etwas geleistet zu haben, an die eigenen Grenzen gegangen zu sein; sie spüren die Diskrepanz zwischen dem, der sie wirklich sind und dem, der sie glauben zu sein, zwischen dem, was sie physisch oder emotional in der Welt schaffen könnten und dem, was sie bisher wirklich taten.

Uns an der Nizhoni-Schule ist sehr daran gelegen, ein Umfeld zu schaffen, in dem sich Eltern und junge Leute gegenseitig außerhalb begrenzender vertikaler Rollen erfahren können, in dem sie lernen, ihre starren Beziehungsrollen loszulassen, und erkennen können, daß uns weder Hut noch Maske bereichern, sondern allein die Anerkennung durch die andere Seele. Eine solche Urbeziehung zwischen Eltern und Kindern (eine globale Partnerschaft, in der beide erkennen, daß sie einander ausgesucht, sich füreinander entschieden haben) könnte als Vorbild für eine neue, friedliche Lebensweise, für eine neue Weise des Zusammenseins auf unserem Planeten dienen.

Nur wenn wir eins werden mit unseren Eltern, können wir ganz werden. Es ist möglich, von der Dynamik der Rebellion und Trennung, in der man nicht ganz sein oder sich selbst finden kann, zu einer neuen Gedankenform zu finden, die lautet: »Wenn ich mit dir eins werde, kann ich ganz du sein.« Wo es keinen Widerstand gibt, gibt es keinen Schaden. Indem wir alle Gaben unserer Eltern nutzen, können wir mit ihnen auf einer Seelenebene verschmelzen. Wenn wir auf einer Seelenebene verschmelzen, lösen sich der tägliche emotionale Kampf, die vulkanischen Eruptionen, die sich in einer Familie ereignen, wahrhaft auf. Das Einswerden auf der Seelenebene gestattet uns, uns selbst auf eine Weise auszudehnen, daß wir den anderen nicht mehr als eine Bedrohung empfinden. Wenn wir aber nicht durch irgend etwas außerhalb unserer selbst bedroht werden, seien es Eltern oder auch ein anderes Volk, können wir uns wirklich auf den Sinn unseres Lebens einstellen und ihn innerlich verstehen. Wenn wir erst einmal gelernt haben, Zugang zu solchen universalen Wahrheiten zu gewinnen, hindert uns nichts mehr, den Zweck unseres Lebens zu manifestieren. Nizhoni öffnet noch nie dagewesene Realitäten personaler Freiheit und globaler Ganzheit für die menschliche Familie, indem es jungen Menschen und ihren Eltern hilft, auf den Seelenebenen miteinander in Kontakt zu kommen.

Nizhoni schafft ein Umfeld, in dem diese Prozesse geübt und zur Wirklichkeit werden. Es läßt sie nicht in den Bücherregalen der Philosophie, sondern ermöglicht es, sie so zu assimilieren, daß sie tatsächlich ein Teil des globalen Lebens werden.

8.
Kundalini: Die Lebenskraft

Kundalini ist die Lebenskraft des Körpers, welche mit einer der im Körper manifestierten Energiequellen in Verbindung steht, der sexuellen Energie. Die sexuelle Energie ist dem Geist am nächsten, weil sich der nicht-manifeste Geist durch sie manifestiert. Wenn der Same und das Ei sich vereinigen, entsteht eine Neuschöpfung, eine Form, die sich aus etwas bildet, was keine Form hatte. Dies ist eine magische Schwelle, die wahrhaft viele Zukunftsgeheimnisse unserer Welt birgt, das Verständnis von Beziehungen zwischen manifester und nicht-manifester Energie in bezug auf das menschliche Potential. Wenn wir lernen, wie wir die Kundalini-Energie anzapfen können, können wir uns fast bis zum Punkt unbegrenzter Energieressourcen entwickeln, die in unserem Leben zu kreativen Zwecken angewandt werden können, zum Heilen, für alles, was mit dem ›channeling‹, dem zum-Kanal-Werden, für die Lebenskraft zu tun hat. Wenn wir an Kundalini denken, denken wir daran als eine Körperenergie, obwohl es eine göttliche Energie ist. Es ist der göttliche Fluß innerhalb des Körpers. Wir sagen, daß die Kundalini an der Basis der Wirbelsäule sitzt. In der östlichen Philosophie wird sie als aufgerollte Schlange dargestellt. Die aufgerollte Schlange ist ein sehr gutes Symbol, das uns dabei hilft, diese Art von Energie, die in jedem Wesen steckt, zu kontaktieren, mit ihr in Austausch zu treten. Diese Energie ›schläft‹ in jedem Wesen, bis sie zur Pubertät aufsteigt. Wenn sie aufsteigt bzw. aktiviert wird, stimuliert sie das gesamte Nervensystem des Körpers so vollständig, als ob sie den Lauf eines Flusses verändern würde. Sie fängt an, den Fluß innerhalb unserer physischen Körper und unserer mentalen, emotionalen und spirituellen Körper zu verändern, weil sie eine solch mächtige Kraft ist. Sie ist so sehr ein Teil dessen, was dem jungen Menschen von der Pubertät an bis mindestens durch die Zwanziger hindurch geschieht, daß unser Mangel, zu verstehen, wie sie auf junge Leute einwirkt und wie wir sie benutzen könnten, eines des größten Hindernisse dabei bedeutet, die Jugendlichen vom Drama, von den manchmal katastrophalen Gezeiten ihrer Alltagsleben zu befreien. Die Kundalini-Lebenskraft zu verstehen, könnte die Art und Weise, wie wir mit Jugendlichen in der Schule, außerhalb der Schule, in zwischenmenschlichen Beziehungen umgehen, total verändern. Sie bewegt sich durch sie hindurch, besetzt sie gewissermaßen, und treibt in ihnen unaufhörlich die kinetische Bewegung an, die so sehr ein Teil der Teenagerrealität ist. Solange wir nicht mit dieser aufsteigenden Schlangenkraft im Wesen rechnen, werden wir nie wirklich dabei Erfolg haben, einen jungen Menschen zu formen und zu bilden, um all jene kinetische Energie zu verwirklichen und sie in eine Energie zu kanalisieren, die etwas Konkretes schafft.

Die Kundalini-Energie begleitet das, bzw. ist ein Teil von dem, was wir Shakti nennen, und die Shakti ist einfach die weibliche Seite jener tiefgreifenden Kraftenergie. Die Shakti wirkt in der Tat sogar auf die Blutzusammensetzung des Körpers ein, so daß es eine direkte biochemische Reaktion zwischen diesen eher esoterischen oder unsichtbaren, verschleierten Energien und dem, was sich in den physischen Körpern junger Menschen ausdrückt, gibt. Die Kundalini steigt auf, während die Pubertät Form gewinnt. Das wird von der Zirbeldrüse kontrolliert oder aktiviert, die eine der beiden Haupt- bzw. Meisterdrüsen im Körper ist. Die Zirbeldrüse ist, aus spiritueller Sicht, jener Energiegenerator, der es dem Bewußtsein ermöglicht, sich auszudehnen, schneller als Lichtgeschwindigkeit wahrzunehmen, telepathisch, allgegenwärtig zu sein, in diesen sehr hohen Oktaven von Wahrnehmungswirklichkeit zu fließen. Wenn die Zirbeldrüse in der Pubertät aktiviert wird, beeinflußt sie direkt die Keimdrüsen und löst in ihnen Reifungs- und Wachstumsprozesse aus. Hier fangen wir an, die profunde Beziehung zwischen Sexualität und Spiritualität zu erkennen, in der das Wesen reift, indem die sexuelle Energie aktiviert wird. Auf diese Weise nimmt es tatsächlich seinen Platz in seiner Gesellschaft ein, in seiner Spezies. Jetzt besitzt es die Fähigkeit, seine Art zu reproduzieren und diese Aktivierung sexueller Energie, die in Kindern noch sehr diffus ist, produziert sexuelles Verhalten und sexuelle Sinneserfahrungen. Wenn die Keimdrüsen aktiviert werden, kommt es zu einer elektromagnetischen Ladung während des Reifungsvorgangs, so daß die Aufmerksamkeit im Körper auf die genitalen Bereiche ausgerichtet und verdichtet wird, statt so diffus zu sein wie in einem Kind. Statt aus dem ganzen magnetischen Feld eines Kindes ungeordnet auszustrahlen, wird die Energie nun auf die Genitalien gelenkt, was, weil sie keine geeignete Ausdrucksform findet, eine Menge problematischer Verhaltensäußerungen schafft, die wir bei jungen Leuten beobachten. Sie ist bereit, die Art Mensch zu reproduzieren, wird aber auf gesellschaftlichen, religiösen, emotionalen oder anderen Ebenen nicht akzeptiert. Wenn wir diese körperlichen und spirituellen Zeitabläufe verstünden, könnten wir die Aufmerksamkeit und die erhebliche Erregung, die sich in den Keimdrüsen abspielt, lenken und die Energie nutzen, indem wir sie innerhalb des Körpers nach oben ziehen, damit sie zum Heilen und für kreative oder intellektuelle oder emotionale Erfahrungen genutzt werden kann, anstatt durch ihre Blockierung emotionale oder physische Probleme zu verursachen.

Wollen wir einem jungen Menschen helfen, jene Energie zu bewahren, ist es von großer Wichtigkeit, daß wir sein Bedürfnis nach einem Ausgleich durch körperliche Tätigkeit verstehen. Physische Aktivität ist für junge Leute sehr wichtig. Einer der Hauptfehler der öffentlichen Schulerziehung heute ist die Vernachlässigung athletisch und körperlich orientierter Lehrprogramme für die Jugendlichen. Ein junger Mensch muß sich bewegen, muß in der Lage sein, diese kinetische Energie zu nehmen und sie irgendwo anzuwenden, oder sie wird förmlich explodieren. Darf diese Energie aber im Körper fließen und ihm helfen, sich zu bewegen, würde der junge Mensch damit über ein kreatives Ventil verfügen, das es ihm erlaubt, dann ruhig zu sein, wenn man ruhig sein soll, aufmerksam im Denken oder aufmerksam im Herzen zu sein, weil der Körper ihn nicht ständig elektrisiert. Die Kundalini-Energie ist elektrisch, sie ist geladen. Diese elektrische Qualität über-lädt einen jungen Menschen buchstäblich. Er muß den physischen Körper herausfordern und anstrengen, er muß ihn bewegen, damit seine kinetische Energie rationalisiert wird. Weil junge Leute während ihrer Teenagerjahre am stärksten sind, ist dies die Gabe, die sie sich selbst und der Welt anzubieten haben. Es macht ihnen Freude, ihre Körper zu bewegen, und für den Rest der Welt könnte es enorm hilfreich sein, diese physische Stärke zu nutzen. Eine Möglichkeit, die Kundalini-Energie wirksam zu kanalisieren, besteht darin, Lehr- und Freizeitprogramme zu entwickeln, die es den Jugendlichen erlauben, Spaß daran zu haben, ihren Körper einzusetzen, und auch der Gesellschaft ihre Stärke zu geben.

In Nizhoni haben wir gute Programme für den physischen Körper, sie reichen von ›Outward Bound‹, Wildnistraining und anstrengenden physischen Tanzerfahrungen, über Praktika in einem anderen Land bis zum Einsatz unserer körperlichen Arbeitskraft bei der Feldarbeit oder beim Bau von Häusern in einer Gemeinde, mit dem wir unseren guten Willen bekunden wollen. Bei jeder dieser Tätigkeiten können wir erfahren, wie wir den Körper auf nützliche Weise einsetzen. Es ist für die Jugendlichen entscheidend, ihre physischen Körper zu benutzen und wir können ihnen mit entsprechenden Programmen dabei helfen; wir können ihnen auf diese Weise gleichzeitig danken, sie anerkennen, ihrer Stärke Respekt zollen. Physische Kraft ist in einer physischen Welt dann wertvoll, wenn wir schöpferische Methoden finden, sie zu nutzen.

Wenn wir uns dessen bewußt sind, daß es diese ungeheure Kundalini-Energie gibt, die durch die Aktivierung der Keimdrüsen aufflackert, während der junge Mensch heranwächst, können wir diese Energie auf eine Weise kanalisieren, die Ganzheitlichkeit schafft. Mit anderen Worten, wir können die Kundalini-Energie benutzen, um ein ganzes Wesen zu produzieren. Falls der Mentalkörper des Jugendlichen etwas mehr aus dem Gleichgewicht gerät, während die Kundalini-Energie aufsteigt, wird er ein Gedankengewirr erleben, oder daß sich der Verstand nicht mehr gut konzentrieren kann. Falls der Emotionalkörper mehr aus dem Gleichgewicht ist, wird er das Leben immer mit einem gewissen Maß an Furcht erleben und sich verkrampfen. Die Kundalini neigt dazu, in Richtung dieses Ungleichgewichts zu fließen. Sie stellt sich in den verschiedenen Menschen auf verschiedene Weise dar. Da sie eine reine Energie ist, die sich der in unseren multidimensionalen Körpern verfügbaren Kanäle bedienen muß, erleben wir ihre Widerspiegelungen, ihr Aufflackern in jedem jungen Menschen anders. Der Prozeß der Aktivierung der Kundalini-Energie vollzieht sich in allen Jugendlichen ähnlich, aber wie sie agiert, um im multidimensionalen System der jungen Person Gleichgewicht zu schaffen, ist ein besonderer, individueller Vorgang.

Indem wir die Wirkung der Kundalini-Energie beobachten, können wir mehr über den Menschen lernen. Während der eine überaus unruhig wird, nicht stillsitzen kann, im Unterricht unaufmerksam ist, wird der andere vielleicht äußerst gefühlsbetont. Das hat etwas mit dem individuellen Seelenplan zu tun. Anders gesagt, die besonderen Lektionen, die jeder in seiner Lebenszeit lernt, die Situationen, die er sich geschaffen hat durch die Auswahl seiner Eltern, der Umwelt und des eigenen, besonderen physischen Vehikels, entscheiden wesentlich über die Wirkung der Kundalini-Energie, darüber, wie sie letztendlich das seelische Heranwachsen des jungen Menschen fördert. Die Art, wie wir mit der Kundalini auf einer allgemeinen Ebene arbeiten, kann deren individuelle Manifestationen durch Konzentration der inneren Energie ausgleichen. Physische Aktivität ist hier ein wesentliches Mittel, dem Körper zu helfen, sich unbelastet zu bewegen und Harmonie und Ausgewogenheit hervorzubringen. Mit inneren Übungen können wir das Kundalini im Rückgrat hochziehen, durch das Chakrasystem und in den Kopf hinein, um die Fähigkeit zu erschließen, den höheren Verstand anzuzapfen. (Nach der Erfahrung im Yoga, aus dem solche Übungen stammen, kann dies *ohne* kompetente Anleitung unter Umständen gefährlich werden und zu Hitzewallungen und nervösen Beschwerden führen.) Weil er nun diese ungeheure Energie hat, die durch den Körper aufwärts in den Kopf steigt, kann der junge Mensch von einer genialen Ebene aus agieren. Wird diese mächtige Energie bewußt hochgehoben, vergrößert sich unsere intellektuelle Kapazität und gleichzeitig unser intuitives Erkenntnisvermögen, indem sie miteinander verschmelzen und wir so von der Ebene des Genies her funktionieren können. Die Kundalini zu erkennen, zu wissen, wie sie sich in jungen Menschen bewegt und was sie bewirkt, ist ein sehr entscheidender, ein integraler Teil des Entwurfs eines Erziehungssystems für junge Leute, das zu Ganzheit statt zu Zerrissenheit führen soll. Es wird uns nicht gelingen, einem Jugendlichen

Mathematik überhaupt wirklich beizubringen, wenn wir ihm nicht dabei helfen, sich all der kinetischen oder ablenkenden Energie zu entledigen, die eine Konzentration verhindern. Wird ihm jedoch gezeigt, wie er sich auf Mathematik einstellen kann, nämlich, indem die Energie in den Kopf gezogen wird, dann besteht für ihn durchaus die Möglichkeit, ein brillanter Denker zu werden, weil er einfach die inneren Mechanismen dieser Wissenschaft begreift.

Ein weiterer wichtiger Weg, auf dem wir dem Jugendlichen profund helfen können, ganz zu sein, besteht darin, daß nicht nur die Lehrer über diese Energie Bescheid wissen und mit ihr bewußt arbeiten, sondern daß dem jungen Menschen selbst geholfen wird, zu verstehen, warum er im Klassenzimmer nicht stillsitzen kann oder warum er so gefühlsbetont reagiert.

Dies ist ein ganzes Realitätssystem. Es ist ein ganzes Vokabular, daß junge Leute verzweifelt in sich zu erwecken suchen, um zu begreifen, was in ihnen geschieht. Wird dieses Suchen, dieses Erkennen artikuliert, fangen die Jugendliche an zu verstehen, daß und wie sie sich selbst auf eine Weise formen, die ihnen gestattet, zu manifestieren und erfolgreich zu sein, ob dies etwas Körperliches ist oder Künstlerisches oder das intellektuelle Lernen und Erfassen. Je mehr wir uns unser selbst bewußt sind, unseres multidimensionalen Selbst, desto erfolgreicher sind wir. Wenn wir den jungen Menschen helfen, zu erkennen, daß diese Kundalini hochsteigt, und daß das der Grund dafür ist, daß sie sich nicht auf Mathematik konzentrieren können und ihre Muskeln genug davon haben, zu sitzen, befähigen wir sie, mit dieser Energie zu arbeiten, *sich selbst* ins Gleichgewicht zu bringen. Diese Art von Autonomie macht eine Person in jeder Gesellschaft mächtig und potent, so daß sie nicht von einer starken Energie, die sie nicht verstehen oder zu transzendieren hoffen können, hin und her gebeutelt werden. Das ist die Hauptschwierigkeit für einen jungen Menschen, daß diese Energie eine solch mächtige Kraft ist, jene Kraft, welche den Fortbestand der Art garantiert. Sie ist ein integraler Bestandteil unseres Seins. Sie ist keine äußere, sondern eine innere Kraft, die uns überwältigt, wenn wir nicht erkennen, wie wir mit ihr umgehen müssen, damit wir sie uns auf allen Oktaven unseres Wesens zunutze machen können.

Manche der typischen Probleme von Jugendlichen, wie Konflikte mit den Eltern, Drogenmißbrauch, sehr frühe sexuelle Aktivitäten, Schulschwierigkeiten, sind symptomatisch dafür, daß diese Energie nicht erkannt und kein Weg gefunden wurde, sie zu handhaben oder zu lenken. Wir können jungen Leuten helfen, ein Vokabular zu erlernen, mit dem sie die Erfahrungen, welche das Aufsteigen der Kundalini begleiten, artikulieren und identifizieren und ihre Energie auf eine Weise nutzen können, die ihnen zu Erfolgserlebnissen verhilft. Helfen wir ihnen dabei nicht, werden sie diese Energie immer nach außen projizieren. Ein junger Mensch ist dann vielleicht in der Familie sehr schwer erträglich, weil er äußerst launisch ist oder jähzornig oder nicht stillsitzen oder seine Aufmerksamkeit nicht lange genug konzentrieren kann, um eine Aufgabe abzuschließen. Die jungen Leute stehen unter permanenter Hochspannung und reagieren – nicht agieren! – entsprechend. Wir müssen sie lehren, wie sie diese wertvolle Energie auf eine Weise anwenden können, die Aktion, nicht nur Reaktion, in ihrem Leben schafft, wie sie ihre Bewegungsenergie nutzen können, um Haushaltsarbeiten oder eine andere Aufgabe zu erledigen, und dabei glücklich sind. Die Kundalini-Energie ist eine ganz besondere Kraft. Sie kann genutzt werden, um unsere Realität zu bereichern, sie kann uns helfen, zu kommunizieren, tiefste spirituelle Ebenen in uns auszudrücken, die immer nach einem Ausdruck suchen. Junge Menschen möchten sich ausdrücken, in jedem Aspekt ihres Wesens, und die Kundalini steht ihnen als schöpferischste innere

Energie, als Funke der göttlichen Lebenskraft dafür zur Verfügung.

Teil der Vision von Nizhoni ist, Eltern über die Kundalini zu informieren, so daß sie auf diesen Prozeß in ihren Kindern aufmerksam werden und seinen Verlauf gemeinsam mit den Lehrern fördern.

Stellen Sie sich vor, wie zum Beispiel bewußte Wahrnehmung dieser Energie seitens des Schülers, der Lehrer und der Eltern die Erfahrung der Adoleszenz transformieren kann. Wir können gemeinsam lernen, wie wir die Kundalini hochheben, sie mildern und sie in die eine oder andere Richtung kanalisieren. Wenn Eltern dies einmal verstehen, entwickeln sie sehr oft großes Mitgefühl. Auch sie waren einmal jung und können zurückblicken und sehen, wie diese geheimnisvolle Energie so viele Konflikte in ihrem eigenen Leben ausgelöst hat. Wenn sie das Erwachen dieser Energien in ihren Kindern verstehen und mittragen können, wird für sie etwas abgeschlossen. Häufig waren sie wegen ihres Verhaltens als Jugendliche so in Schuldgefühlen verfangen, daß sie diese Schuld und die sie begleitenden Selbstverurteilungen nie klären konnten. Wenn sie diese Energie erkennen und verstehen, können auch sie sie nutzen, weil die Kundalini-Energie – wenn sie einmal zu Bewußtsein gekommen ist – in jeder Lebenszeit zur Verfügung steht. Eine der Tragödien der Kundalini-Energie besteht darin, daß wenn sie im jungen Menschen aufsteigt – üblicherweise sehr stark im Alter von sechzehn oder siebzehn Jahren – und kein spirituelles Vorbild da ist, um sie zu verstehen oder sie irgendwohin zu lenken, sie sich wieder absetzt und kristallisiert. Es ist, als ob man den Kern seiner selbst verliert, weil man sich selbst nicht auf eine spirituelle Weise bewußt ist. Das ist einer der Hauptgründe, warum wir soviel Durcheinander in bezug auf Sexualität in der Welt haben, warum wir wieder und wieder versuchen, die sexuelle Energie zu stimulieren, im Bemühen, irgendeine Verbindung damit aufrechtzuerhalten. Manchmal meinen wir, nach Liebe zu suchen, oder wir denken, daß wir unsere Freiheit zum Ausdruck bringen, aber das sind alles Verwirrungen. Wir versuchen, diese göttliche Energie zu aktivieren, aber wir haben einfach nie gelernt, diese Energie zu erkennen und über sie auf adäquate Weise zu sprechen. Und das ist der Grund dafür, daß die Kundalini, wenn sie hochkommt und im mittleren Teenageralter voll aktiv ist, im jungen Menschen einen Zustand der ›Unwucht‹ schafft, ein vollkommenes Wirrwarr. In der Folge kommt es dann zu den bekannten emotionalen Auseinandersetzungen und Konflikten mit den Eltern und dem damit verbundenenen Gefühl der Trennung; es kommt zu Unaufmerksamkeit, Konzentrationsmangel und Schulversagen. In anderen Worten: Die Erregung, die wahre feurige und elektrische Natur der Kundalini, verursacht im jungen Menschen laufend Kurzschlüsse.

Das ist auch einer der Hauptgründe, warum junge Leute so häufig nach Drogen greifen. Diese Hochspannung der Kundalini, diese Kurzschlüsse, zwingen sie, nach allem zu greifen, was den Zustand erträglich macht. Hilft das alles nicht mehr, sieht sich der junge Mensch mehr und mehr vom Leben enttäuscht und von negativen Erfahrungen unerträglich belastet, so wird als letzter Ausweg oft nur noch der Selbstmord gesehen. Der Prozentsatz an Selbstmorden Jugendlicher ist tragisch hoch und furchterregend, und er rührt daher, daß diese Energie ihren Platz nicht gefunden hat. Bevor sie für einen jungen Menschen destruktiv oder zurückgestoßen wird, wodurch sie negative Wirkungen auslöst, können wir ihm helfen, diesen Prozeß zu verstehen, ihm Ausdruck zu geben und ihn kreativ zu nutzen.

Indem die Eltern am Reifeprozeß ihrer Kinder in einer informierten Weise teilnehmen können, bietet Nizhoni die Möglichkeit, den Kreis von Leugnung und Unterdrückung der Kundalini zu durchbrechen. Indem wir den Eltern, Lehrern und Schülern helfen, diesen geheimnisvollen, herrlich mächtigen Verbündeten, den wir haben, zu verstehen, können wir neue Kommunikationswege schaffen, weil alle Wesen diese Art von Erfahrung gemacht haben (ohne zu wissen, was da passiert), weil alle eine eigene persönliche Erinnerung daran haben.

Das alles ist auch ein sehr großer Teil der Ausbildung der Lehrer für Nizhoni. Der ganze Entwurf unserer Gestaltung der Nizhoni-Programme rührt aus unserem tiefgreifenden Verständnis für diese Kundalini-Energie her. Mit Hilfe der Lehrer werden Tagesprogramme erstellt, in denen bewußt darauf geachtet wird, welche Fächer wann unterrichtet werden, wann die beste Zeit für physische Aktivität ist, wann die Meditation stattfindet, um den Körper zu beruhigen oder die Übungen, um die Kundalini aufwärts zu bewegen und zu lenken. Die Intensität dieser erwachenden Energie stellt eine grundlegende Wirklichkeit für die jungen Leute dar. Sie ist eine Realität, die für die Schule selbst und für jede einzelne junge Person zum Besten genutzt werden kann.

In einem früheren Kapitel über den Beitrag des Light-Instituts haben wir darüber gesprochen, den Emotionalkörper zu klären. Falls ein Jugendlicher einen klaren Emotionalkörper hat und die Kundalini-Energie bewußt gelenkt wird, eröffnet sich ihm die Möglichkeit zu neuer Kreativität, zu Ganzheitlichkeit und Glücksempfinden. In Wahrheit sind Zustand des Emotionalkörpers und Fluß der Kundalini untrennbar miteinander verbunden. Ein junger Mensch wird keinen klaren Emotionalkörper haben, wenn die Kundalini nicht bewußt gelenkt wird, weil die Kundalini jede latente Unausgeglichenheit aktivieren wird. Während sie aktiviert wird und zu wirken beginnt, saugt sie buchstäblich die Shakti auf, welche die feminine Kraft der Kundalini ist, die nährende Kraft, und absorbiert den Blutzucker im Gehirn. Die Zirbeldrüse braucht dann Zusatzenergie, welche vom Körper als Blutzucker geliefert wird. Der Zucker im Blut ist das, was uns physiologisch Energie gibt. In der chinesischen

Medizin wird sie Chi genannt. Diese enorme Schwankung schafft eine ungeheure Veränderung in der Leber, welche das Glykogen speichert, um diese Energie für den Körper je nach Bedarf bereitzustellen. Das wiederum löst ein schnelles Pumpen und Fließen im Körper aus. Da die Zirbeldrüse mehr Zucker braucht, mehr Energie, verändert dies die Art und Weise, wie sich der Jugendliche selbst erlebt. Denn wenn der Blutzucker entweder nach unten sackt oder ansteigt oder pulsartig schwankt, hat das Einfluß auf die Bauchspeicheldrüse, den Pankreas, jenes Organ im Körper, das das Blutzuckergleichgewicht kontrolliert. Und das wiederum steht in Beziehung zum Emotionalkörper. Das ist ein sehr wichtiger Gesichtspunkt, weil viele Eltern-Kind-Spannungen und -Disharmonien vollständig beseitigt werden könnten, wenn erkannt würde, daß und welche Schnittstellen es zwischen der Biochemie des physischen Körpers und den Erfordernissen des spirituellen und des Emotionalkörpers gibt. Wenn ein junger Mensch zum Beispiel plötzlich Lust auf Zucker verspürt, um seine Energie aufzufrischen, und sich am Cola-Automaten in der Schule bedient, wird er durch den plötzlichen Zuckerstoß im Körper (Cola-Getränke enthalten bekanntlich sehr viel Zucker) hoch aktiv, was zu einem chemischen Ungleichgewicht führt. In relativ kurzer Zeit sackt der Blutzucker im Körper wieder ab, der Jugendliche ist plötzlich launisch, fühlt sich niedergeschlagen, hat vielleicht leichte Kopfschmerzen oder ist grundlos wütend und hört auf, sich am Unterricht zu beteiligen. Unter Umständen wird er sein ganzes weiteres Leben körperliche Empfindungen, die eigentlich biochemische Ursachen haben, immer in ganz andere Zusammenhänge stellen bzw. in anderen Zusammenhängen erleben, wie: »Mein Kopf tut mir weh – das muß die Mathestunde sein.«; oder er fühlt sich müde und will sich aufs Sofa legen und fernsehen und fühlt sich dann von seinen Eltern unterdrückt, die ihm sagen: »Bitte hilf uns mal dabei, etwas zu tun.«

Die eigentlich biochemischen Schwankungen werden alle seine Erfahrungen beherrschen, und er wird alles, Schule, Beziehungen, Familie, Leben, aus diesem Ungleichgewicht heraus interpretieren. Wir sprechen dann nicht mit dem Wesen, sondern zum reagierenden Vehikel. Das zu wissen, ist entscheidend für unser Verständnis von jugendlichen Verhaltens- und Suchtmustern. Wenn wir uns so mit der Kundalini verbünden könnten, wie wir sollten, sie auf die biochemischen Schwankungen der Pubertät einstellen könnten, würde es uns nicht schwerfallen, die Schwankungen des Emotionalkörpers beim jungen Menschen im Zusammenhang mit den Schwankungen seines Blutzuckerspiegels zu sehen.

Beim Jugendlichen wird die Wahrnehmung dessen, was real ist und was gut ist und wer in der Welt ist, ständig hin- und herwechseln. Bei Nizhoni wird sehr darauf geachtet, den Lehrkörper, die Jugendlichen und die Eltern über diese biochemischen, emotionalen und spirituellen Zyklen zu unterrichten, daß den Jugendlichen jede Unterstützung zuteil wird, andere Wege zu finden, um ihren Blutzucker im Körper zu stabilisieren. Andere Wege zu einem Gleichgewicht, damit sie nicht so wilde emotionale Schwankungen erleben, damit sie in der Schule aufpassen können, damit sie sich stark fühlen, damit sie sich nicht als Opfer mysteriöser Kräfte in sich oder in der Welt empfinden, sondern selbst aktiv werden können. Wir werden bei Nizhoni keine Cola-Automaten haben. Wir werden nahrhafte Lebensmittel haben, die den Blutzucker stabilisieren. Hier wird jeder wissen und in Betracht ziehen, daß es diese Schwankungen gibt, und versuchen, ihnen präventiv zu begegnen, indem die Stärkung des Körpers gefördert wird, so daß ein junger Mensch strahlende Gesundheit, ausgewogene Energie und eine natürliche Vitalität erlebt. So kann ihm dabei geholfen werden, sich immer selbst für Erfahrungen entscheiden zu können, die sein Lebensgefühl und sein eigenes Vermögen fördern, an allen Oktaven der Welt teilzuhaben, fördern, in seinem Leben von einem Standpunkt spirituellen, intellektuellen, emotionalen und physischen Verständnisses aus gegenwärtig zu sein. Es ist das Erwecken des Verständnisses der Lehrer, Eltern und der jungen Leute selbst, welches ihre Erfahrung dieser entscheidenden Zeit in ihrem Leben tranformiert.

Wir müssen die Kundalini-Energie aus einer holographischen Perspektive, aus einem multidimensionalen Blickwinkel betrachten, mit dem sowohl die Ernährung und physischen Vorgänge als auch intellektuelle Aspekte umfaßt werden, um ihre Wirkung auf das ganze Wesen verstehen und fördern zu können.

Wenn wir die Kundalini vom Hologramm her sehen, können wir sicher sein, daß wir auf alle Verknüpfungspunkte in einer Weise eingehen, die es dem jungen Menschen erlaubt, sich selbst als kontrolliert und doch ungebunden und unbehindert zu erleben.

Steigt die Kundalini aber auf, ohne vom Bewußtsein geführt zu werden, gerät sie außer Kontrolle und wirft uns in eine solche emotionale ›Unwucht‹, daß wir uns in unserem Leben nicht erfolgreich selbst erfahren werden können.

In der westlichen ›zivilisierten‹ Welt gibt es keinen Bezugsrahmen für spirituelle Energien und wie sie auf der physischen Ebene zueinander in Beziehung stehen. Für die meisten von uns ist Spiritualität ein Konzept oder eine religiöse Ordnung, aber keine Energie, die wir erleben.

In anderen Teilen der Welt, wo junge Menschen unterwiesen werden, diese Energie zu erkennen, gibt es Menschen, die sie hervorgebracht und in ihrem Leben genutzt haben. Die meisten von ihnen sind religiöse Führer, spirituelle Führer, Gurus, Leute, die ihr ganzes Leben auf diesen einen Punkt ausgerichtet haben – diesen einen kleinen Punkt der Schwelle, an der die spirituelle Energie in die Materie eintritt.

Nizhoni arbeitet mit den Erfahrungen dieser Meister, die in der Lage sind, diese göttliche Lebensenergie durch sich hindurch zu lassen. Wir sind in einer neuen Oktave in der Geschichte dieser Welt. In der Vergangenheit ist die Kundalini-Energie nie unter uns gewesen, weil diese Menschen, die fähig waren, eine solche Art der Erleuchtung zu erreichen, eine solche Art der Meisterschaft, immer zurückgezogen lebten, getrennt von der Alltagswelt, und ihr ganzes Leben damit verbrachten, in Abgeschiedenheit die Kundalini-Energie zu üben und zu sammeln.

Am heutigen Zeitpunkt der Geschichte lernen wir, bewußt mit dem höheren Selbst umzugehen, an der göttlichen spirituellen Energie zu partizipieren, die wir alle verpaßt haben, und ihr zu erlauben, zu einem zentralen Teil unseres Alltagslebens zu werden. Mit der Kundalini steht uns eine ungeheuer hilfreiche Lebensenergie zur Verfügung. Die Kundalini-Energie ist jene Energie, die heilt, sie ist die Energie, die Tote erwecken kann. Aufregend an Nizhoni ist, daß die bewußte Teilhabe an der Erweckung der Kundalini eine völlig neue Art junger Personen hervorbringt, junge Personen, die in ihrer Meisterschaft so fortgeschritten sind, daß sie auf tiefgreifende Weise den Rest der Welt beeinflussen können.

9.
Die Befriedigung der Sehnsucht: Was uns Drogen nicht geben können

Um die Rolle von Drogen im Leben junger Menschen begreifen zu können, müssen wir ein wenig in die Geschichte zurückgehen, zum ersten Anschwellen des Massengebrauchs von Drogen, der sich in den sechziger Jahren ereignet hat. Zu dieser Zeit fingen einige Menschen an, sich in einer erweiterten Weise selbst zu suchen, was im allgemeinen mit einer Trennung von der Welt, den finanziellen und materiellen Realitäten, verbunden war.

Das New Age dämmerte herauf, als die Leute, mit dem Durchschnittsleben nicht mehr länger zufrieden, in den Sechzigern anfingen, nach einer neuen Identität, einer neuen Prägung zu suchen. Amerika ist ein Schmelztiegel und deshalb ist es schwierig, die eigenen Wurzeln zu erspüren oder ein Kostüm zu tragen und zu sagen, »Ich bin dies« oder »Ich bin das«. Es war die innere Unruhe, die Wurzellosigkeit, die die Menschen bewegte, die Dinge zu überprüfen. Sie begannen eine innere Suche. Sie suchten nach einer spirituellen Heilung.

Viele fanden sie in indianischen Wurzeln, in denen eine mystische Qualität steckte, die sie in ihren Betonstädten vermißten. Sie gingen zurück in die Unmittelbarkeit der Natur, um Sinn zu finden. Sie fanden und experimentierten mit pflanzlichen Substanzen, um ihr Bewußtsein zu verändern, und wurden gewahr, daß sie in eine andere Modalität wechseln konnten, daß sie ein Blumenkind oder ein Hippie oder ein Indianer sein und die Spuren ihrer Konformität in einer neuen Art von Identität löschen konnten, die nicht auf die Durchschnittsperspektive begrenzt war.

Die Freizeitdrogen, die bewußtseinserweiternden Drogen wurden als ein Teil unserer natürlichen Evolution angesehen, einer notwendigen Veränderung unserer soziologischen Lebensperspektive. »Wer sind wir?« und »Wie können wir Sinn erlangen und an der Welt teilhaben?« Diese Idee, dieses Abenteuer, wurde von manchen wohlbekannten Denkern, den Intellektuellen des Landes, als eine geeignete Evolution, als eine geeignete Erforschung des Selbst betrachtet und mit dem Gütesiegel ihrer Zustimmung versehen.

Viele der damals bedeutenden Psychologen, Maslow zum Beispiel, fingen an, über die Selbstverwirklichung zu sprechen und darüber, innerlich ganz zu werden. All diese neuen Konzepte erlaubten es den Menschen jener Zeit, geistig erweiternde Substanzen von einer fast spirituellen Sicht her zu erkunden. Was passierte, war daß in dem Moment, in dem jemand eine geistige Erweiterung erfuhr, sich eine ungeheure plötzliche Entfaltung der Selbst-Sicht ergab, ein Sich-Emporschwingen, eine Befreiung vom Ego. Die Erfahrung hatte eine machtvolle, verführerische und süchtigmachende Qualität, gleichgültig, ob eine bestimmte Droge physiologisch suchterzeugend war oder nicht. Dieses erhabene, ekstatische Gefühl, das man erfährt, wenn das Ego losgelassen wird, man nicht mehr länger begrenzt ist, nicht mehr ständig auf das Geschwätz des Egos hören muß, das sagt, »Du bist nicht genug. Du hast schuld«, gab den Leuten ein göttliches Empfinden von etwas Größerem als den Dramen ihrer Alltagsleben. Das tägliche Leben verblaßte hinter diesem Erleben, diesem Gefühl, sich aufzuschwingen, frei zu sein.

Der Wunsch nach Drogen hat immer etwas mit Evolution

zu tun. Es geht dabei immer um ein Wiedererwecken göttlicher Erinnerung, immer um die Suche nach irgend etwas mehr. Ob wir reich oder arm gewesen sind, vom Land oder aus der Stadt kamen, in jedem von uns war die leise Stimme des »Mehr! Laß mich mehr sein«. Eltern übertragen dies auf Kinder, sie säen in ihre Kinder diese Gedankenform. Drogen haben jenem Wunsch nach ›mehr‹ eine experimentelle Dimension oder einen realen Rahmen gegeben. Aber wir müssen jetzt darüber hinausgehen.

Eine nachteilige Folge dieser Suche nach ›mehr‹ kann in einer bestimmten Wechselbeziehung zwischen Eltern, die früher mit Drogen experimentiert haben, und ihren Kindern, die jetzt damit experimentieren, gesehen werden. Wir haben beobachtet, daß Kinder von Alkoholikern ebenfalls zum Alkoholismus neigen. Es gibt irgend etwas in der genetischen Bilanz, das eine Prädisposition auf diesen Oktaven zuläßt.

Kinder ernten heute das Beste und das Schlimmste aus dieser Saat. Die Verzögerung der Genugtuung, die unsere Gesellschaft den Jugendlichen bietet, ist so ausgedehnt, daß sie ihre Träume buchstäblich verdunkelt. Wir haben eine Generation junger Leute herangezogen, die sich ihre Vorbilder im Fernsehen suchen mußte, weil die Eltern nicht zur Verfügung standen. Unberührbare Vorbilder, außerhalb der Reichweite der jungen Leute, die sich den Helden im Fernsehen ansehen und spüren, daß sie selbst nie zum Helden werden können. Also beginnen sie, auf die Fernsehhelden zu projizieren. Das Selbst- und das Selbstwertgefühl werden verdeckt, indem Realitäten geschaffen werden, die unerreichbar sind. Wohin also sollen sie sich wenden? Wie sollen sie sich selbst entdecken?

Sie versuchen, sich selbst durch Drogen zu finden. Sie bemühen sich, den Schmerz zu beseitigen, die Begrenzung zu beseitigen, sich aus dem Unbehagen eigener Bedeutungslosigkeit herauszulavieren. Sie versuchen es auch deshalb mit

Drogen, weil sie in Modalitäten herangewachsen sind, die man als passiv bezeichnen kann. Wenn Sie junge Leute von vor fünfzig Jahren mit Jugendlichen von heute vergleichen, ist die Wahrscheinlichkeit, daß sie sehr sediert sind, sogar auf dem Höhepunkt ihrer physischen Kraft, heutzutage viel größer. Junge Menschen verbringen heute viel mehr Zeit damit, körperlich passiv zu sein, und bauen deshalb eine statische Elektrizität auf, eine statische Kundalini-Energie, die ihr Ventil, ihren Kanal, durch den sie fließen könnte, nicht findet. Da die Erregung für das Nervensystem zu stark ist, wird das Nervensystem überstimuliert und reagiert nicht mehr ausbalanciert. Also bringen sich junge Leute selbst nach oben oder nach unten, indem sie unterschiedliche Drogen benutzen, um aus ihrem Unbehagen, das sie in ihrem Körper, in ihrem Gefühl, in ihrem Verstand spüren, herauszukommen.

Ihre Alltagserfahrungen sind von Dichotomien geprägt, sogar die soziale Struktur der jungen Leute in unserer Zeit. Sie tragen die gespaltenen Realitäten mit sich herum. Sie sind zum Beispiel ganz bestimmte Personentypen, aber ihre Altersgenossen verlangen, daß sie anders aussehen, und ihre Lehrer verlangen, daß sie sich wiederum wie ein völlig anderer Typus von Mensch verhalten. Sie besitzen so viele Realitäten, die nicht zusammenhalten, die nicht übereinstimmen bzw. aufeinander abgestimmt sind, daß es für sie beruhigend und angenehm ist, unter Drogen zu stehen. Die Gesellschaft verlangt von ihnen, so viele Rollen zu verkörpern, daß sie nur selten die Gelegenheit haben, sie selbst zu sein. Sie suchen nach einem Ruheplatz, nach einem Ort, an dem sie nicht immer beurteilt werden oder sich selbst beurteilen müssen, aber ihnen bleiben nur geringe Chancen, sich erfolgreich gegen irgendwelche vagen Vorstellungen einflußreicher, mächtiger Personen in der Welt behaupten zu können.

Wir müssen uns an diese Geschichte erinnern, wenn wir

Drogen und junge Leute in den Achtzigern betrachten. Sie sind genetisch die nächste Generation nach jener, die in den Sechzigern ihre Suche nach dem Selbst begann. Da die Drogenerfahrung eine Bewußtseinserweiterung bis in astrale Dimensionen hinein auslöst, in Realitäten, die als sehr verführerisch, sehr schön und allumfassend erlebt werden können, schien sie einen Ausweg zu bieten aus der linearen Realität, aus den Wirklichkeiten des Kampfes herauszukommen, eine Chance, den eigenen Platz in der Welt zu finden.

Während der letzten hundert Jahre haben wir, in unserem eigenen Wechsel von einem ländlichen zu einem städtischen Amerika, die Ordnung verloren, nach welcher wir als Erwachsene betrachtet wurden, sobald unser Körper physisch herangereift war. Die Erwachsenenbevölkerung in früheren Zeiten pflegte die starken, jungen Leute auszusuchen und sie einzuladen, an der Welt zu partizipieren. Das war ein wichtiger Teil der ländlichen Mentalität. Aber in dem Maße, in dem wir uns in eine urbane Realität bewegt haben, wurde unsere Körperlichkeit als eine Gabe weniger geschätzt. Wir schützen nichts mehr, wir bauen nichts, erleben keine Abenteuer – wir haben uns in unseren physischen Vehikeln zur Ruhe gesetzt. Deshalb bewegen wir unser Bewußtsein und unsere Alltagsrealität auf andere Oktaven, die sich mehr mit unserer mentalen Struktur befassen, mit unserem Mentalkörper, so daß junge Leute, die, sobald sie groß genug waren, vor fünfzig oder hundert Jahren in der Gesellschaft einen Platz fanden, diese Sicherheit nicht mehr länger haben, nicht mehr länger auf diese Weise willkommen geheißen werden.

Selbst in den Achtzigern bedeutet der Umstand, achtzehn oder zwanzig zu werden, nur die Gelegenheit, in einer verbotenen Realität zu sein, in einer vorgetäuschten Freiheit, die innerlich nicht wirklich gespürt wird. Die Jugendlichen sind alt genug, um Alkohol zu trinken, sie sind alt genug, um zu wählen, aber sie sind nicht alt genug, um zu zählen – denn es bedarf mehr Ausbildung, um zu zählen. Mit der Verlängerung des Ausbildungsprozesses wird auch ihr Erwachsensein und damit ihr ausdrücklicher Lebenssinn ständig hinausgezögert. Wenn sie dann schließlich ihr Universitätsdiplom in der Tasche haben, können sie damit rechnen, daß ihre Denkansätze, ihre Konzepte, ihre Kreativität in der Gesellschaft um sie herum zum ersten Mal anerkannt werden. Dann, und erst dann beginnen sie, das Anrecht auf das Gütesiegel der gesellschaftlichen Anerkennung zu erwerben.

Wir sind in unserem Spiel der Teilnahme an der Welt viel fordernder geworden; wir legen fest, wer beitragen darf und wer noch nicht fertig ist, um der Welt ein Geschenk zu geben. Im allgemeinen akzeptiert die Gesellschaft, daß jemand ein Student ist, und das ist in der Tat auch für die Eltern eine sehr große Erleichterung, da sie nicht wissen, was tun mit all der chaotischen jugendlichen Energie ihres Kindes, das seinem Nest entwachsen ist und noch kein anderes hat.

Die Schule und die Universität werden zu einem Silo, zu einem Speichergefäß für etwas, was nach einer hoffentlich erfolgreichen Reifung in einer abgekapselten Umgebung wieder herauskommen kann. Für den Jugendlichen wird damit eine angstprovozierende Realität geschaffen. Alles passiert unter Druck: Noten, Jahresarbeiten, der nächste Test, das nächste Schuljahr etc. Nichts, was zählt, ist schon da; immer kommt es erst in der Zukunft. Das JETZT ist nur eine Überbrückungserfahrung ohne jede Befugnis, auf eigenen Füßen zu stehen. Solche Erfahrungen rauben den jungen Leuten völlig das Gespür für reale Macht. Ihre eigene Existenz scheint auf einer äußeren Bewilligung zu basieren. Ist es dann noch überraschend, daß sich der Mangel an Verantwortung und die Unfähigkeit zu Zuwendung wie ein fester Faden durch unsere ganze Gesellschaft ziehen? Ohne Verantwortung und Zuwendung kann es keine herausragenden

Leistungen geben, kein Genie! Ohne die volle Ausrichtung auf das Hier und Jetzt kann kaum etwas manifestiert werden, sei es akademischer oder anderer Natur.

Diese emotionale und intellektuelle Zersplitterung schafft rebellische, reaktive Energie, welche zum klassischen Aussteigen führt. »Ich brauche nicht teilzunehmen«, »Ich probiere es erst gar nicht, weil ich die notwendigen Qualifikationen ohnehin nicht habe«, »Solange kann ich nicht warten.« Auszusteigen ist sehr verführerisch. Es ist ein Verteidigungsmechanismus, um einer feindseligen Welt zu entrinnen. Es bedeutet eine große Erleichterung, den Kampf um Anerkennung zu beenden, wenn es so wenig Interesse dafür gibt, wer wir sind. Selbst Kinder unter sich geraten in Konkurrenz, um sich zu schützen. Diese Dominanz des Überlebenskampfes macht sinnvolle gemeinsame Erfahrungen schwierig.

Drogen bieten dem einsamen, isolierten Teenager eine vorübergehende Gnadenfrist. Sie verschleiern das gesellschaftliche Unbehagen und erlauben dem Teenager, mit anderen Spaß zu haben, ohne die mißtrauische, zynische Erwachsenenhaltung einnehmen zu müssen, welche das ›Markenzeichen‹ anerkannter Mitglieder unserer Gesellschaft ist. Drogen werden zu einer Nebelwand, die den Mangel an wirklicher Sinnerfüllung im Leben verdeckt.

Und doch vollzieht sich unter dieser Ruhelosigkeit des Heranwachsenden der wahre Prozeß, in dem wir uns näher und näher an das Nicht-Manifeste in jeder Oktave unserer Realität heranentwickeln. Der verstärkte Wunsch nach spiritueller Suche beginnt den Schleier aufzulösen, welcher die Wirklichkeit von dem unermeßlich weiten inneren Raum universellen Bewußtseins trennt. Wo einst nur die Erleuchteten in Höhlen saßen und an kosmischen Gesetzen teilhatten, entdecken nun viele, daß eine solche Bewußtheit die Gelegenheit hervorbringen kann, sich als gesunde, ganze Wesen zu manifestieren.

Die Welt ist in den letzten hundert Jahren, mit dem Aufkommen der Luft- und Raumfahrt, viel kleiner geworden. Unser Bewußtsein aber wird größer. Denn wir haben Kontakt aufgenommen und sind selbst berührt worden von Gedankenformen anderer Menschen und Menschengruppen, von Gedankenformen, die zeitlos sind, die tief in unsere genetischen Codes gesät sind. Wir müssen anwenden, was Wissenschaft jetzt zu entfalten beginnt. Unser Bewußtsein kann sich des Wissens eines anderen Menschen bedienen, und es ist nicht nur auf den Menschen begrenzt, sondern kann in der Tat mit anderen Spezies und anderen Lebensformen in Interaktion treten.

In dem Maße, wie die Welt uns zugänglicher wird, werden wir mit Lebensphilosophien vertraut gemacht, die tief in anderen Kulturen rund um die Welt wurzeln. Reinkarnation zum Beispiel entwirft ein Bild von Lebenszyklen – Geburt, Tod, Geburt –, das dem Bewußtsein einen anderen Bezugsrahmen eröffnet, von dem aus Realität wahrgenommen werden kann. Gedankenformen und Philosphien, die ganze Reihen von Ideensystemen und Lebensmustern einschließen, die uns mit dem Kosmos verbinden, erlauben uns, den Schleier des Nicht-Manifesten zu lüften, und wir finden uns von Angesicht zu Angesicht mit unterschiedlichen dimensionalen Realitäten und göttlichen Kräften wieder.

Die westliche Welt hat begonnen, Gott zu suchen, oder die göttliche Quelle, oder den Großen Geist, oder all die vielen Namen aus dem Osten und Westen, die in bezug auf ein unbegrenztes Bewußtsein gebraucht werden. Wir sind in Kontakt gekommen mit Techniken, die es möglich machen, sich jenseits der papiernen Realität unserer Alltagsleben zu begeben und manifeste Wunder zu erforschen, unerklärliche Ereignisse und Phänomene, die den Geist der westlichen Welt erregt, den Verstand und die Emotionen angeregt, die uns inspiriert und aus den eigenen begrenzten Leben herausgeführt haben, draußen mehr zu erkunden. Als wir mit diesen zeitlosen Konzepten in Berührung kamen, haben wir angefangen, unser eigenes Bewußtsein zu bereichern und die Stimme in der westlichen Welt zu erheben, daß Gott zu suchen für unsere Natur nichts irgendwie Fremdes oder Unakzeptables ist.

Diese Suche hat etwas ins Leben gerufen, ein Erwachen ausgelöst von etwas, das schlief: den unsichtbaren Teils des Hologramms jedes Menschen. Das ist das göttliche Wissen, das Geburtsrecht von uns allen. Überall in der Welt, in allen Religionen gibt es feste, erprobte Techniken, um eine solche Verbindung zu erforschen. Manchmal ist es das Gebet, manchmal Riten der Selbstverleugnung, Askese, festgelegte Zeremonien etc., die benutzt werden, um das persönliche Ego loszulassen. Wir sind aber so in Form und Stil unserer Suche verwickelt worden, daß die Suche selbst suchterregend wird. Das Bedürfnis des Egos, ›anzukommen‹, schafft die dogmatische Routine, die zum Opiat wird. Gerade die Sehnsucht, die uns in ungeheure Höhen der Selbst-Bewußtheit führen kann, hat sich auf einen Umweg versteift, der unseren Evolutionsprozeß nur bis zu einer bestimmten, begrenzten Oktave befördern kann.

Unsere göttliche Verbindung dadurch zu finden, daß man eine Substanz anwendet, die unser Bewußtsein verändert, erweckt in uns eine Erinnerung an etwas, was schon da war. Es gestattet ein Sprung vorwärts von etwas, was formlos in uns steckte, aber dennoch seit unserer Geburt da war. Gleichzeitig schafft es eine Abhängigkeit und eine Belastung unseres Bewußtseins in bezug auf unser tägliches Leben. Viele Menschen fingen an, Drogen als ein Tor zu ihrem eigenen göttlichen Selbst zu benutzen. Das aber hatte seinen Preis. Der Zusammenhang und -halt des Kerns unseres Bewußtseins wird von der Drogenerfahrung geschwächt. Wenn wir eine Droge nehmen, die uns in die Astraldimension führt, wird das von einer Lockerung der Zügel der Egokontrolle begleitet, die immer sagt: »Paß hier auf! Schau dort hin!« Ja, wir verlieren ein Ego, das uns auf die Nerven geht, aber wir verlieren auch unsere Mitte!

Anstatt unseren Evolutionsweg zu beschleunigen, verlangsamen wir ihn. Wahre Evolution muß selbstinitiiert sein, von unserer eigenen Energie hervorgebracht, die hervorsprudelt und das Wachstum eines neuen Bewußtseins fördert und unterhält, anstatt von einer äußeren Kraft herzurühren, welche die *Illusion* von Wachstum schafft und uns gleichzeitig aus unserem eigenen Zentrum drängt, aus unserem eigenen Unterscheidungsvermögen, unserer Fähigkeiten, uns zu entscheiden. Drogen verstärken eine gewohnheitsmäßig passive Sicht von Realität. Wir sind aber nicht geboren worden, um unser Leben passiv zu leben. Wir sind mit der Absicht in den Körper gekommen, etwas zu manifestieren, das ein Teil unseres eigenen Wachstums war. Auf der einen Seite öffnen Drogen tatsächlich die Türen zur Bewußtseinserweiterung, die uns erlaubt, anzuerkennen und zu erleben, daß da draußen etwas anderes ist und da drinnen auch. Aber genau dadurch werden wir zu Schändern jener Schwelle, wenn wir zur Ansicht verführt werden, daß Erleuchtung passiv kommt oder in der astralen Dimension wohnt, denn das tut sie nicht.

Es ist soviel weniger schmerzhaft, ohne die Urteile des Egos zu leben. Aber dem Ego durch Drogenerlebnisse zu entfliehen, führt dazu, daß wir nicht aktiv an unserem täglichen Leben teilnehmen. Das ist keine spirituelle Absicht. Einfach gesagt, ist ein ›Aussteigen‹ ein Vergehen gegen das Geschenk, in einem Körper zu sein.

Viele der bewußtseinsverändernden Substanzen verursachen bleibende Gehirnveränderungen. Marihuana zum Beispiel lagert eine klebrige, teerähnliche Substanz auf den Nervensynapsen ab, die nicht beseitigt werden kann oder etwa allmählich verschwindet. Es verlangsamt die Fähigkeit des Gehirns, in neuen Oktaven von Bewußtsein aufzuflackern, weil die Synapsen, die Übermittlerinnen von Botschaften, ihre Fähigkeit verlieren, mit Daten umzugehen. Mit der Entscheidung zu dieser Form von verändertem Bewußtsein setzen Menschen ihre Schwingungen in Wirklichkeit herab.

Wenn wir uns ins Nicht-Manifeste begeben wollen, müssen wir den menschlichen Körper, den menschlichen Verstand anregen und ihre Schwingungsfrequenzen erhöhen. Wir müssen zu Lichtwesen werden. Wir haben das menschliche Potential flüchtig erblickt. Die Geschichte verzeichnet viele Beispiele von Menschen auf diesem Planeten, welche jene Qualität hoher Frequenz erreicht haben, so daß sie sich in Lichtkörpern bewegen und das vollziehen, was wir als Wunder bezeichnen – durch Wände zu gehen, zu schweben, an zwei Stellen gleichzeitig zu sein. In der Zukunft werden wir die Manifestation dieser Fertigkeiten als einen für unser Überleben notwendigen Teil des menschlichen Potentials ansehen. Solche Fähigkeiten zu entwickeln, wird uns in die Lage versetzen, auf den höchsten uns verfügbaren Oktaven zu partizipieren. Wenn wir aber unser elektromagnetisches Feld schädigen, können wir das nicht, denn wir sind Energiesysteme.

Um auf der Ebene eines Genies zu denken, um als wahrhaft kreatives Genie zu manifestieren, brauchen wir integrale physische Körper, integrale spirituelle, Emotional- und Mentalkörper. Wenn wir Drogen nehmen, schaffen wir Löcher, reißen wir unser elektromagnetisches Feld auf, zerreißen wir die Aura – und die durch Drogen geschädigte Aura stellt sich nicht so leicht wieder her. Es bleibt eine Art Narbe, die den Energiefluß behindert. Wir wissen von der Kirlian-Fotografie, daß Blockaden in den Aurafeldern die Wahrscheinlichkeit vergrößern, daß es zu Energiestockungen und Krankheiten kommt. Damit erreichen wir nicht das Niveau, welches erforderlich ist, um in dieser Welt als Manifestierer zu wirken.

Junge Menschen suchen in Wirklichkeit das Wissen, was in ihren eigenen Herzen ist und den Mut, aus diesem Wissen heraus zu leben und es mitzuteilen. Wenn ihnen die Erfahrung gegeben wird, daß das, was in ihren Herzen und ihrem tiefsten Wissen ist, zählt, wird es das Bedürfnis nach Drogen als Flucht nicht geben. Es wird ersetzt durch das Gefühl einer persönlichen Bestimmung, durch das also, was die jungen Menschen gesucht haben.

Drogen sind in anderen Kulturen als Werkzeuge auf dem Pfad zur Erleuchtung benutzt worden. Aber wenn Drogen aus einem solchen erleuchteten Kontext herausgenommen werden, ohne irgendein Gespür für Sinn und Zweck oder ohne die Führung durch ältere, weisere Wesen auf dem Pfad, verlieren sie die potentielle Kraft, die sie in diesem Kontext besitzen. Das Ergebnis sind Suchtabhängigkeit, negative Zustände und die Trennung und Einsamkeit, welche die jungen Leute zu Beginn zu den Drogen gezogen haben.

Die Chance der Arbeit des Light-Instituts besteht darin, daß die Verbindung mit dem höheren Selbst wahre Inspiration bietet, die jedem von uns gestattet, die vibrierende, lebendige und ewige Kreativität zurückzubringen, die eine Drogenerfahrung niemals auf irgendeine dauerhafte Weise bringen kann.

Junge Menschen, die das höhere Selbst ohne Drogen erfahren, ohne die Angst und die Schuld, die erzeugt werden, wenn man mit etwas Verbotenem experimentiert, können das Geschenk machen, unsere Sprache an eine Stelle zu befördern, wo wir diese spirituellen Erfahrungen wirklich benennen können, für die wir bis jetzt noch keine Ausdrücke haben. Kulturen im Osten haben für diese Erfahrungen seit Jahrtausenden Namen gehabt, aber sie werden in unserer westlichen Welt noch kaum anerkannt, weil wir nicht darüber reden können. Nizhoni mag diese Hoffnung erfüllen. Indem wir jungen Leuten diese Erfahrungen geben, daß sie, wenn ihre Kreativität und ihre physische Energie so lebendig sind und sie leidenschaftlich nach einem Weg suchen, etwas in der Welt zu verändern, einen enormen Beitrag leisten könnten, Worte oder die Bilder oder die Musik zu finden, die diese Erfahrungen so ausdrücken, daß unsere westliche Kultur sie annehmen und sich dadurch bereichern kann.

Ein weiterer Gesichtspunkt dessen, daß das, was gesucht wird, von Drogen nicht bereitgestellt werden kann, ist die Erfahrung des unbegrenzten, all-liebenden, all-wissenden Selbst, das sich in jedem von uns auf einzigartige und profunde Weise ausdrücken kann. Jugendliche suchen ein Erleben dieser subtilen Energie, die nicht auf die Zeitphase einer bestimmten Droge begrenzt ist oder einen den Körper schädigenden Einfluß hat. Der Weg, in eine viel hilfreichere, all-umfassende und vertiefende Energie vorzudringen, die Drogen nicht vermitteln können, ist der Weg des Kontaktes und der Öffnung zum höheren Selbst.

Ein ungeheurer Zusammenhalt, ein Heilen und Wachstum kann sich zwischen jungen Menschen und ihren Eltern ergeben, wenn diese tiefgreifenden lebensverändernden Erfahrungen ungehemmt und voller Freude ausgetauscht werden können – besonders, wenn die Eltern dieselben Erfahrungen machen –, ohne Drogen, ohne Angst, als Gesetzesbrecher entlarvt zu werden, ohne das Gefühl, etwas Verbotenes zu tun, was über jegliche derartige Erfahrung einen Schatten wirft. Wenn die Mitglieder einer Familie über diese Verbindung mit dem höheren Selbst sprechen können, können die wirklich profunden und bemerkenswerten Erfahrungen, um die es dann geht, dem Familiensystem eine große Kraft positiven Wachstums und schöpferischer Energie vermitteln. Das kann so viel der Negativität transformieren, die während der Pubertät gewöhnlich auftritt, und kann auch die Erfahrung, Eltern zu sein, bzw. ein sich entwickelnder junger Mensch und an einer sich entwickelnden Familie teilzuhaben, wahrhaft transformieren.

10.
Aus der Vergangenheit gehen wir weiter: Eltern-Kind-Sitzungen

Die erste Arbeit für Schüler der Nizhoni-Schule ist die Arbeit des Light-Instituts, in der sie sich mit ihrem höheren Selbst verbinden, damit sie die Sicherheit und Erfahrung göttlicher Führung erleben, die aus ihnen selbst kommt, nicht von außen, um all die Elemente in ihrem Leben zu entdecken und zu orchestrieren, auf eine neue Weise zusammenzufügen, um etwas zu manifestieren, was in Resonanz mit der Absicht ihrer Seele steht. Lassen Sie uns betrachten, warum das so wichtig ist.

Wenn wir über die Quelle von Angst in unserem Leben sprechen, ist es interessant, festzustellen, daß der Geburtsvorgang vielleicht die erste Trennungsprägung ist. Anstatt aber die Geburtserfahrung als etwas zu registrieren, was wir zusammen mit den Eltern vollzogen haben, betrachten wir sie als ein Drama. In der Zukunft werden Eltern lernen, ihr Bewußtsein zu benutzen, um die Lücke in der Kommunikation mit ihrem Nachwuchs vor, während und nach der Geburt zu überbrücken. Wir beginnen zum Beispiel bei Nizhoni damit, indem wir auf ihre Entscheidung für ihre Eltern eigehen und herausfinden, wie diese Eltern ihr Wachstum entlang karmischer Linien erleichtern. Wenn wir unser Bewußtsein als etwas erleben, das unserem physischen Körper vorausgeht, können wir direkte Erkenntnis über die Auswahl der Eltern oder unserer Seelenpartner gewinnen, die unsere Bedürfnisse – aus der Sicht der Seele – am besten erfüllen.

Es bedeutet für die jungen Leute eine tiefe Offenbarung, nachdem sie auf ihre Eltern bislang Kräfte projiziert haben, die sie zurückhalten, zu entdecken, daß diese Kräfte, gegen die sie am meisten ankämpfen, zugleich jene sind, die ihr Wachstum am meisten erleichtern. Das höhere Selbst nimmt sie in viele Inkarnationsszenarien, in vergangene Leben, die sie mit jenen verbracht haben, die sie nun Eltern nennen. Das ist so dynamisch und erhellend, daß die Interaktionen innerhalb der Familie oft vollständig verändert werden. Eltern und Kinder sind dann fähig, sich gegenseitig auf ganz andere Weise zu behandeln. Wenn ein junger Mensch davon befreit wird, so viel Energie darin investieren zu müssen, seinen Eltern entweder zu gefallen oder sich gegen sie aufzulehnen, gewinnt er eine völlig neue Sicht dessen, wer er ist und was er erreichen will. Sehr bald nach der Geburt beginnt das Kleinkind über den Solar Plexus, über den Kern des Emotionalkörpers, die Negativität seiner Eltern in sich hineinzuziehen. Es wird oft zum Empfänger von Frustration und Angst der Eltern in der Welt.

Jene frühen Prägungen, die auf das ungeformte Wesen treffen, das wir Kind nennen, sind für den Rest des Lebens wirksam. Ich habe vor Jahren bei meiner Arbeit mit Fünfzigjährigen entdeckt, daß diese Emotionen und Prägungen zum Ausdruck bringen konnten, die sie als Kinder empfangen hatten. Wenn wir die Eltern besprachen, diskutierten sie das, als ob sie drei oder sieben Jahre und nicht fünfzig Jahre alt wären. Sie hatten emotional nie losgelassen, um sich mit sich selbst als eigenem, ganzen Wesen zu identifizieren.

Unser höheres Selbst gab uns die Technik zur Klärung der Eltern, und zwar nicht, indem man die Eltern los wird, was wir in unserer Kultur zu tun gelernt haben. Wir sagen: »Ich brauche deine Hilfe nicht mehr. Ich beginne mein eigenes Leben, getrennt von deinem.« So sollte man es nicht machen, weil damit das spirituelle Prinzip geleugnet wird, daß Kinder und Eltern aus einem Wesen sind. Man kann die Tatsache, daß wir aus einem Wesen sind, nicht loswerden. Wir müssen lernen, mit dieser Wahrheit umzugehen.

Wenn ein junger Mensch nach innen geht und darum bittet, frühere Leben zu sehen und die Erfahrungen, die er/sie mit den Wesen gehabt hat, die er/sie Eltern nennt, führt dies zu einer ungeheuren Beschleunigung seines/ihres Bewußtseins. Er/sie entdeckt, daß diese Person, die sehr oft Angst, Begrenzung und ganz sicher bedingte Liebe repräsentiert, eine Energie ist, mit der er/sie seit Äonen umgegangen ist. Vielleicht ist dieses Elternteil sogar in einer anderen Lebenszeit sein/ihr eigenes Kind gewesen.

Noch bedeutungsvoller ist, daß ein Elternteil in einer anderen Lebenszeit vielleicht ein Liebespartner gewesen ist. Ein großer Teil der Spannung und Trennung passiert, wenn das Kind in die Pubertät kommt und plötzlich nicht mehr umarmt wird. Die Eltern finden alle möglichen Ausflüchte, um es auf Distanz zu halten. All die Probleme mit Manipulation und Kontrolle, die sich für die Teenager ergeben, entstehen oft aus der Angst beider Seiten vor einer sexuellen Verbindung, einer liebevollen Verbindung, die zu unaussprechlich ist, um deutlich angesprochen zu werden.

Aber es ist eine Liebe, die nicht nur »vielleicht sind wir früher Partner gewesen« in einer sexuellen Weise bedeutet, es ist eine umfassende Liebe, die sich auf unsere Verbindung auf einer Seelenebene bezieht. Wenn ein junger Mensch das einmal versteht, ist er/sie in der Lage, die Eltern (und umgekehrt) zu berühren und ihnen gegenüber Liebe auszustrahlen, ohne Angst, ohne Verwirrung, ohne zwischen ihnen etwas zu schaffen. Wenn Sie sich auf der Seelenebene verstehen, ist es in Ordnung, wenn Ihre Eltern mit Ihnen nicht über Ihren Lebensstil einig sind, denn das ist dann nur Ausdruck von Wachstum. Diese Verbindungen müssen aus der Erfahrung heraus verstanden werden, nicht nur intellektuell. Die enorme Kluft zwischen jungen Leuten und ihren Eltern wird oft niemals mehr geschlossen, weil beide nicht über die Sprache verfügen, in der man den Satz bilden kann: »Ich habe dich schon seit ewigen Zeiten gekannt.«

Wir schließen untereinander Verträge. Wir tragen gegenseitig karmische Vereinbarungen ab. Zumindest wenn einer der Beteiligten sich dessen bewußt ist, können wir diese Kontrakte vollständig zu Ende führen oder sie durch das mächtige Instrument unseres Bewußtseins klären. Wenn ein junger Mensch seine Eltern klärt, verliert er sie nicht. In Wahrheit gewinnt er sie. Die einzige Weise, wie wir ganz werden können, besteht darin, daß wir mit all unseren Elementen wieder verschmelzen und es dieser Vervollkommnung überlassen, uns auf eine andere Oktave zu tragen. Die karmischen Lektionen bedeuten nicht, unsere Eltern loswerden zu müssen, sondern mit ihnen auf einer Seelenebene eins zu werden, so daß die Essenz dessen, was sie uns durch ihre genetischen Codes gegeben haben – sehr selten durch ihre intellektuellen oder kulturellen Perspektiven –, uns auf eine Weise formen kann, die der Seelenentwicklung zweckdienlich ist. Wenn wir uns dieser subtilen Energiekräfte bewußt werden, können wir die dynamischen Prozesse in der Familie so vollständig wandeln, daß ein vierzehnjähriger junger Mensch sagen kann: »Ich bin nicht unter dem Daumen meiner Eltern. Ich bin ein ganzer Mensch, der es den Eltern erlaubt, mich zu bilden. Deshalb habe ich sie ausgesucht.« Das schafft ein Selbstwertgefühl und läßt gleichzeitig Raum für die Liebe unserer Eltern.

Wenn wir die Eltern klären, wird ein ungeheures Gewicht von Angst und karmischen Wiederholungen aufgelöst. Es geschehen Wunder, wenn junge Leute aus der anscheinend unlösbaren Gefangenschaft einer blockierten Beziehung zu ihren Eltern befreit werden. Eltern, die ihre jungen Leute nach Nizhoni begleiten, nehmen an einem Parallelprogramm teil, das ihnen die Chance gibt, gleichzeitig ihre Kinder zu klären. Dabei entsteht eine wunderbare neue Verbindung, welche ihnen eine völlig neue Sprache der Kommunikation gibt.

Wem immer wir in unserem Leben begegnen, wir wollen ihm aus einer ruhigen Mitte heraus begegnen, aus einem Gleichgewicht, so daß sich unsere Energie und die seine von gleich zu gleich begegnen. Sonst werden wir nur auf ihn projizieren. Er wird uns an Erfahrungen erinnern, die wir hatten, und wir werden in der ewigen Angstsuppe weiter herumschwimmen.

Mit Hilfe unseres höheren Selbst können wir eine Veränderung bewirken in unserer genetischen Beziehung zu einer anderen Person in unserem Leben, so daß wir sie vom beengenden Drehbuch befreien, dem wir sie in unserem Film zugeordnet hatten. Wir sind unauflöslich ineinander verwoben, als Seelen, die sich gegenseitig erwählt haben. Wenn wir jemanden davon befreien, in unserem Leben eine bestimmte Rolle zu spielen, wird er diese Energietransformation tatsächlich wahrnehmen und seine Beziehung zu uns verändern, obwohl er nicht weiß, warum. Das trifft sogar zu, wenn er gar nicht physisch bei uns ist.

Die Szenarien, die sich im Verlauf der Multi-Inkarnations-Sitzungen ergeben, die sich auf innere Themen und Abmachungen zwischen Eltern und Kind beziehen, sind so erhellend, daß die jungen Leute von Nizhoni den Wunsch geäußert haben, etwas davon mitzuteilen. So folgt an dieser Stelle eine kleine Auswahl von Erfahrungen, die entscheidend dafür waren, daß sie ihre Elternbeziehungen wandeln konnten. Ich gebe sie an dieser Stelle so weiter, wie sie von ihnen gesprochen wurden, um ihre Energie zu bewahren, auch wenn sie des Englischen vielleicht nicht so mächtig waren (die Sitzungen – auch für Deutsche – fanden alle in Englisch statt).

11. Frühere Leben: Nizhoni-Schüler erzählen

Heike, 16 Jahre alt, erinnert sich an ein früheres Leben in Frankreich.

Ich lebe im 18. Jahrhundert.

Ich sehe einen großen Raum mit vielen schön gekleideten Menschen, Kerzen und Blumen. Es ist ein Fest auf einem Schloß. Da ist auch ein schön geschwungener weißer Balkon, auf dem ich stehe. Ich bin ein Mädchen, 17 Jahre alt. Es ist eine warme Sommernacht. Ich bin umgeben von einer Anzahl junger Männer, die mich in charmante Gespräche verwickeln. Sie sind in schwarze Jacken gekleidet – nicht in die bunten Kleider all der anderen Leute. Meine Robe ist weiß und wunderschön. Ich selbst bin schön anzusehen, und mein Vater ist ein Herzog in Frankreich. Meine Mutter befindet sich ebenfalls auf dem Ball. Sie ist eine gute Frau, aber sehr abgemagert und scheint eine Maske zu tragen. Sie spielt eine Rolle in der Gesellschaft. Es ist erstaunlich, daß ich immer noch ein recht natürlicher Mensch unter all diesen Leuten und mit dieser Mutter bin. Vielleicht liegt das an der Freundschaft mit dem Hofnarren an unserem Schloß. Er hat mir oft Blumen gebracht und mich sehr geliebt.

Jetzt tanze ich mit einem sehr charmanten jungen Mann, der mich heiraten möchte. Er will mich nur deshalb heiraten, weil ich reich bin und gut aussehe, aber meiner Meinung nach ist das in Ordnung. Das Wichtigste ist, überhaupt geheiratet zu werden.

Jetzt gehen wir gemeinsam im Garten spazieren und er versucht, mich zu küssen. Aber jetzt weiß ich nicht mehr so genau, ob ich das will, weil ich ihn doch nicht wirklich liebe. Ich werde nervös, und er zieht sich sofort sehr höflich von mir zurück. Dann schaut er mir in die Augen, und nun weiß ich plötzlich überhaupt nicht mehr, was ich will.

– *Geh zurück in eine Zeit vor dieser Zeit* –

Ich spiele im Schloßgarten. Meine Mutter ist da, und ein paar Männer, und zwei ihrer Liebhaber, die mir Geschenke machen. Aber das gefällt mir nicht, weil sie das nur machen, weil sie mehr Aufmerksamkeit von meiner Mutter bekommen wollen, nicht weil sie mich gern haben. Ich habe meine Mutter gern. Sie spielt häufig mit mir, und dann fällt die Maske von ihrem Gesicht ab. Aber meine Mutter wird sehr wütend, wenn ich weglaufe, weil ihre Liebhaber mit mir spielen wollen. Ich mag sie nicht, obwohl es ganz natürlich ist, Liebhaber zu haben.

– *Begib dich in eine spätere Zeit* –

Ich bin 14 oder 15 Jahre alt und erhalte Tanzunterricht von einem alten Tanzlehrer und einem Musiker. Ich bin verliebt in den Musiker, der das Piano und die Violine spielt. Aber er weiß nichts davon. Ich denke nicht an die Standesunterschiede und die Schwierigkeiten bei einer solchen Liebe. Dazu bin ich zu jung. Der Tanzlehrer ist uralt und leidet unter Gicht – manchmal gab das uns eine Gelegenheit, ein Lächeln auszutauschen, wenn der alte Mann uns nicht beobachtete.

Eines Tages gehen meine kleine Schwester und ich mit einer Hofdame in der Nähe des Schlosses spazieren. Es ist Herbst und wir haben eine weiße Ziege mit einem rosa Halsband mitgenommen. Eine Kutsche kommt vorgefahren und der Kutscher, der zu unserem Schloß gehört, fragt die Hofdame etwas, während meine Schwester und ich neugierig in das Innere der Kutsche spähen. Dort sitzt ein Hofnarr, der die Laute spielt und Witze macht. Nachdem die Kutsche zum Schloß hinaufgefahren ist, bitten wir die Dame, uns zum Schloß zurückzubringen, damit wir den neuen Narren sehen können. Er wurde uns aus einem anderen Schloß zugeschickt, weil sie dort zwei Narren hatten. Am Schloßtor begegnen wir unserem Vater, der freundlich ist und mit uns scherzt.

– Begib dich in eine spätere Zeit –

Ich bin schon mit dem jungen Mann, mit dem ich auf meinem ersten Ball getanzt habe, verheiratet. Mein Leben ist immer noch voller Luxus, und mein Ehegemahl interessiert sich für politische Dinge in der Außenwelt. Wir leben nur für die Gesellschaft. Wir feiern Feste, nicht, weil wir Spaß haben wollen, sondern weil wir uns der Gesellschaft präsentieren und unsere Rollen spielen müssen.

Der Hofnarr hat meinen Lebenswandel verfolgt und ist traurig. Er hat gesehen, wie ich mich von einem fröhlichen Mädchen in eine gesellschaftliche Maske verwandelt habe. Er weiß, wie sehr ich schöne Gegenstände liebe. Jetzt erhalte ich Sträuße von weißen Rosen und nehme sie als selbstverständlich hin.

Eines Tages besucht mich der Hofnarr. Ich habe mein eigenes Zimmer mit einem herrlichen weißen Fenster. Er bringt mir eine kleine blaue Feldblume. Sie ist so zart und einfach, daß ich mich an frühere Zeiten erinnern muß. Ich fange an zu weinen, weil ich sehe, wie ich mich verändert habe.

Ich weiß auch, was für furchtbare Zustände in Frankreich herrschen (zur Zeit der Französischen Revolution Anm. d. Autorin). Aber ich kann nichts dagegen tun.

Ich betrachte mich im Spiegel und hasse mein Gesicht, weil es mich an meine Mutter erinnert, obwohl ich ganz anders aussehe. Ich trage dieselbe Maske wie sie: die ›Grande Dame‹, mit all ihrer Schminke und ihrem Puder und ihren traurigen, leblosen Augen.

Einmal hat mein Ehemann mich sehr verletzt, weil ich versuchte, die gesellschaftliche Etikette zu durchbrechen.

Wir waren zu einem Ball eingeladen und begegneten einer Dame, die auch auf meinem ersten Ball anwesend war. Sie sagte: »Es ist mir eine Freude zu sehen, wie geschmackvoll du heute gekleidet und hergerichtet bist.« Das war ihre Rache. Bei meinem ersten Ball hatte sie mich wegen meiner Unschuld und Natürlichkeit beneidet, aber nun war ich genauso wie sie geworden. Niemand außer mir konnte die Gehässigkeit, die sich hinter diesen schönen Worten verbarg, erkennen.

Ich bin unfähig, ihr zu antworten. Ich starre sie an. Dann renne ich nach draußen, renne, bis mein kunstvoll frisiertes Haar frei herunterfällt. Ich springe auf unsere Kutsche und befehle dem Kutscher, mich auf der Stelle nach Hause zu fahren. Zu Hause gehe ich in mein kleines, eigenes Zimmer. Aber mein Mann ist mir gefolgt und sehr zornig, weil sich die Leute auf dem Ball über mein Benehmen mokieren. Er verletzt mich, aber ich verteidige mich nicht. Niemand kann mir helfen. Hier erkenne ich zum ersten Mal, daß ich nicht mehr so leben will wie bisher... Aber ich konnte mich nicht von diesem Leben lösen, und daraufhin verabscheute ich mein Dasein immer mehr.

Mein Mann ist auch zornig auf den Narren. Der Hofnarr macht Scherze und stößt dabei aus Versehen eine Vase um. Die Vase zerbricht. Mein Mann wird sehr wütend, obwohl wir ganz viele Vasen und alles andere haben. Er peitscht den

Narren mit seiner Peitsche. Ich werfe mich dazwischen, um ihn zurückzuhalten, aber mein Ehemann ist stärker als ich, und wenn die Diener nicht anwesend gewesen wären, hätte er mich auch gepeitscht.

Mein Mann und ich, alle beide, werden während der Revolution umgebracht. Das rasende Volk erstürmt unser Schloß; sie nehmen uns und die anderen Adligen gefangen und setzen das Schloß in Brand, nachdem sie alles gestohlen haben. Sie lassen die Diener frei.

Ich dachte, daß es in Ordnung war, daß man mich tötete. Ich wollte dieses verhaßte Leben nicht mehr führen. Ich wußte nicht, was aus dem Hofnarren wurde, den ich aus dem Schloß meiner Eltern zu dem Sitz meines Mannes mitnahm, weil meine Eltern ihn nicht mehr leiden konnten...

Der Hofnarr ist meine Mutter. Sie war auch schon in früheren Leben jemand, mit dem ich keine sonderlich starke körperliche Beziehung aufnehmen konnte. Aber sie bewirkte eine Art von Umkehr in mir. Durch sie erkannte ich, daß ich eine Marionette der Gesellschaft geworden war. Sie hatte diese Rolle ganz klar gewählt; weil kein anderer mir diese Dinge auf bessere Weise deutlich machen konnte. Sie kannte mich in dem Leben schon von Kindheit an und hatte die Distanz von der Gesellschaft, um meine Veränderungen objektiv zu betrachten.

Meine Mutter aus dem Leben ist jetzt meine Tante. Ihre damaligen Liebhaber sind zwei Meditationslehrer meiner Mutter. Die gehässige Dame aus dem Ball ist meine Ballettlehrerin. Der Musiker ist Ralf und der Tanzlehrer Oris.

Zwischen mir und meinem Ehemann, der jetzt meine Freundin Steffi ist, gibt es ein geheimes Einverständnis: »Krieg mich, wenn du kannst.«

Mein höheres Selbst sagt zu diesem früheren Leben: »Warum hast du alle anderen gefragt, anstatt dich selbst zu fragen?«

Das ist ein zentrales Thema in diesem Leben für mich. Ich erinnere mich an eine Eintragung in meinem Tagebuch über meine Ballettlehrerin, wo ich fragte: »Warum glaubt sie allen anderen, nur mir nicht?«

Also meine ich, daß ich in diesem Leben am gleichen Problem arbeite wie in dem Leben in Frankreich und mit denselben Leuten: meiner Mutter, dem Hofnarren; meiner Ballettlehrerin, der Dame auf dem Ball; meiner Freundin, dem damaligen Ehemann. Sie sind mit mir zusammen, um das gleiche Problem für uns alle zu lösen.

Die Beziehung zu meiner Ballettlehrerin habe ich vollkommen ins reine gebracht. Als ich sie zum ersten Mal sah, fühlte ich eine plötzliche Liebe für sie. Das ist wunderbar...

Alexandra, 16 Jahre alt, erinnert sich an ein symbolisch verschlüsseltes früheres Leben:

Meine Mutter erschien mir als kleine, verspielte Katze mit grauen Streifen. Sie flog mit mir durch ein dunkles Universum. Ich war ein acht- oder zehnjähriges Mädchen mit langen blonden Zöpfen und hatte einen roten Rock an, mit einer Schürze darüber und einer unbequemen, altmodischen weißen Bluse. Wir flogen auf etwas zu, das wie der Mond aussah. Die Katze hielt mich an der Pfote. Ich bekam das Gefühl, den Mond nicht erreichen zu können. Es war sehr schwierig, und ich stieß mich an einem kleinen Stern, der durch die Dunkelheit geflogen kam.

Dann wurde es heller, und wir kamen dem Mond ganz nahe. Aber der Mond war winzig klein, so daß nur ein paar Leute darauf stehen konnten. Überall aus seiner Oberfläche stachen Nadeln hervor. Dann öffnete sich der ganze Mond und wurde zu einem Spalt, wie ein Lächeln, wie ein großer, lächelnder Mund. Ich flog auf diese Öffnung zu, aber dabei stieß ich gegen die Katze, die mir gefolgt war. Da fiel sie ins

All hinein und ich wurde ganz traurig, weil ich nun ganz alleine war. Ich fing an zu weinen, während ich so am Rande des Spalts saß.

Aber auf einmal sah ich den wirklichen Mond auf mich zukommen. Ich fühlte, daß dies der richtige Mond sein mußte. Er hatte ein Gesicht und Hände und war wie eine Banane geformt. Er versuchte mich zu trösten und gab mir ein gutes, freundliches Gefühl. Aber ich stieß ihn weg und haute ihm eins auf die Nase. Da wurde der Mond böse und schickte mir ein paar Blitzschläge. Die haben wirklich weh getan. Auf die Art wurde ich dann schließlich in den Mund des komischen Planeten gestoßen, auf dem ich hockte. Danach hat sich der Mund geschlossen.

Dann sah ich, daß dieser Planet furchtbar häßlich aussah, mit seinen komischen Beulen und Nadeln und bösen Augen. Das war ganz schön schrecklich. Der Mond sagte dem Planeten, daß er mich von sich stoßen sollte, und streichelte den Kopf des Planeten. Aber er blieb an den Nadeln hängen und flog voller Angst davon.

Dann begann der Planet sich ganz schnell zu drehen, und ich saß in seinem Inneren und mir wurde ganz schwindlig. Ich wurde da drinnen herumgeworfen und gegen die Wände geschmissen. Ich war da drin gefangen. Dann kam die Katze zurück und langte nach mir mit der Pfote durch ein einziges Loch in dem Planeten. Ich nahm ein Beil und schlug der Katze die Pfote ab. Aber die Pfote hatte ein Eigenleben und zerkratzte mein Gesicht von oben bis unten. Dann sah ich fürchterlich aus und blutete überall. Ich konnte die Pfote einfach nicht loswerden. Sie zerfetzte mir das ganze Gesicht. Dann glitt plötzlich noch eine andere Pfote aus der ersten, und dann gab es zwei, die an meinen Haaren rissen und meinen Rücken zerkratzten und meine Kleider zerfetzten.

Der Planet fragte sich, was da in seinem Inneren los war, weil es ihn kitzelte. Er streckte seine Zunge heraus und dann landeten Fallschirme darauf. Zwei oder drei sehr kleine

Männer kamen ins Innere gelaufen, aber dann wurden sie grün und hatten lange Nasen, wie Elefanten. Sie stießen Schaumwein aus ihren Nasen hervor, was furchtbar auf meinen Wunden brannte. Bald hatte ich nur noch ein Auge, und mein ganzer Körper fraß sich selber auf. Die Säure von dem Schaumwein löste ihn auf, und zum Schluß war er verschwunden. Ich war überhaupt nicht mehr da – nur noch ein paar Tropfen Blut.

Da hüpften die Elefanten vor Freude auf und nieder und sangen und jubelten. Die Pfoten waren nun auch tot; sie bewegten sich nicht mehr.

Plötzlich tauchte der ganze Katzenkopf auf und leckte die restlichen Blutstropfen auf. Danach sah er befriedigt aus.

Der Planet ist ein guter Freund meiner Mutter.

Der erste Elefant ist mein Bruder.

Der zweite Elefant ist der Mann einer Freundin meiner Mutter.

Die Katze ist meine Mutter.

Der Mond ist mein Vater.

Der erste Elefant übermittelte mir die Botschaft: »Wir hassen dich.« Die Farbe, die mich heilen konnte, war Lila, aber sie heilte mich nicht, sondern tat meinem Kopf weh. Das reine, weiße Licht schließlich konnte mich klären und den Raum für das Rosa, das ich wirklich brauchte, schaffen. Grün klärte meinen Tod.

Aus diesem früheren Leben lernte ich, daß ich ständig Anstrengungen mache, mich von den Grenzen, die mir andere setzten, zu befreien, wie die Katze (Mutter), der Mond (Vater), und der Elefant (Bruder). Obwohl sie mich nicht schlecht behandeln wollten, sondern nur bei mir sein und mich beschützen wollten, fühlte ich mich herumgestoßen und unfrei, ich selbst zu sein. Ich stieß die Katze von mir, um selber ein Stückchen wachsen zu können, und dann kam der

Mond, um mich zu schützen und zu trösten. Aber ich wollte von niemandem Hilfe, deshalb mußte ich mich auch von ihm befreien.

Die Rache, die die Katze nahm, indem sie mir die vernichtenden Elefanten schickte, war der Beweis, daß meine Mutter mich nicht in Ruhe lassen wollte. Ich befand mich in einem Gefängnis übertriebener Elternfürsorge, und jeder wollte die Entscheidungen für mich treffen. (Das gleiche Thema fand ich in vielen früheren Leben.) Daß ich die Pfote abhackte und den Mond von mir stieß, sehe ich als einen Versuch, mich zu befreien, um meine eigenen Erfahrungen machen zu können.

In meinem täglichen Leben haben diese Einsichten uns allen sehr geholfen, einen wichtigen Schritt in Richtung Vertrauen und Toleranz zu tun. Meine Eltern machen sich jetzt nicht mehr so viele Sorgen, wenn ich mal spät nach Hause komme, und sie bestimmen keinen strengen Stundenplan mehr für mich. Sie haben eingesehen, daß ich meinen Weg gehen muß, und zwar mit vermehrter Liebe zwischen uns allen. Ich kann mein Wachstum doch nicht aus Furcht vor den Problemen anderer zurückstellen. Aber ich muß lernen, sie auch zu verstehen und zu akzeptieren, damit wir eine neue Beziehung zueinander haben können, wo die Rollenverteilung nicht mehr wichtig ist. Wir müssen jetzt zu Seelenfreunden werden, die einander genügend Raum zum Wachsen und Verstehen geben können.

Christopher K. klärt in dieser Sitzung die Beziehung zu seinem Vater.

...In Köln, neben dem großen Dom. Ich bin 14 Jahre alt und wir befinden uns in der Zeit um die Jahrhundertwende. Ich halte ein Mädchen an der Hand. Sie ist 10 oder 12. Wir gehen in ein Eiscafé; wir essen Eiscreme. Wir reden über unsere Eltern. Sie ist meine Freundin. Unsere beiden Familien sind befreundet. Ich erzähle ihr, daß mein Vater mich heute ins Gesicht geschlagen hat, weil ich meine Hausaufgaben nicht gemacht habe. Meine Mutter ist lieb; sie beschützt mich vor meinem Vater. Das Mädchen hat mir erzählt, daß ihre Mutter ziemlich gemein ist, aber ihr Vater ist ganz nett. Sie kann ihre Hausaufgaben machen, wann sie will. Sie hat ziemlich viel Freiheit. Ihr Vater hat das Sagen im Haus, auch wenn die Mutter so fies ist. Wenn der Vater der Mutter befiehlt, mit dem Herumkreischen aufzuhören, dann tut sie es.

Das Mädchen heißt Wendy. Ich sage, sie soll mit mir nach Hause kommen, ich will sie meinen Eltern vorstellen. Wir gehen zu mir. Ich wohne in einem großen Haus. Mein Vater schreit mich an: »Warum hast du deine Hausaufgaben immer noch nicht gemacht?« Wir kriegen Angst. Meine Mutter kommt, um mich in Schutz zu nehmen. Mein Vater rennt in den Garten hinaus und meine Mutter macht uns Tee und ist sehr nett zu uns. Wir gehen dann auf mein Zimmer, um zu spielen. Wir spielen Karten und schlafen ein. Das Hilfegeschrei von meiner Mutter weckt uns auf. Ich höre die Stimme meines Vaters: »Ich bringe dich um!« Es gibt einen Krach, und dann ist alles still. Meine Mutter (die jetzt mein Vater ist) liegt tot auf dem Boden. Mein Vater hat sie erwürgt. Mein Vater saß da und starb. Er konnte nicht verstehen, warum er das getan hatte. Er erstach sich mit einem Messer.

Wir rannten nach draußen, um Hilfe zu holen. Die Polizei und die Krankenpfleger kamen mit Pferdewagen. Am nächsten Tag ging ich zur Schule, und mitten im Unterricht kam eine Frau vom Waisenhaus, um mich abzuholen. Ich rannte davon und versteckte mich im Wald. In der Nacht war es so kalt, daß ich im Schlaf erfror. Am Morgen kommt jemand – ein Schäferhund und ein Polizist. Sie finden mich.

Meine Seele erhebt sich in die Luft. Ich sehe ein weißes Feld. Da ist alles weiß: Hunde, Tiere, Engel.

Mein damaliger Vater ist jetzt meine Schwester.

Meine damalige Mutter ist jetzt mein Vater.

Das kleine Mädchen ist meine Lateinlehrerin.

Der Polizist ist Philipp Schneider.

Die Frau vom Waisenhaus ist meine ehemalige Biologielehrerin.

Der Hund ist Teo Griscom.

Ich halte dieses frühere Leben für meine ganze Familie für wichtig, weil ich jetzt die Zusammenhänge in unserem Familienleben, bevor wir nach Galisteo kamen, begreife.

In diesem früheren Leben haben sich mein Vater und meine Mutter überhaupt nicht verstanden. Und in diesem Leben konnten mein Vater und meine Schwester (die vorher mein Vater war) sich gegenseitig bis vor kurzem nicht ausstehen. Meine Schwester und mein jetziger Vater vertrugen sich nicht, bis sie ihre Beziehung bei den Sitzungen klären konnten. Meine Schwester Alexandra hat sich ihr Leben lang schuldig gefühlt, ohne zu wissen, warum. Jetzt ist ihr klar, daß es an dem Mord an ihrem jetzigen Vater liegt und dem darauf folgenden Selbstmord.

Matthias K. erlebt den Eintritt in eine neue Inkarnation bei einer Rückführung.

Ich befinde mich vor einer Höhle. Das Bild bleibt unverändert. Ich stehe am Eingang dieser Höhle. Ich gehe hinein ... jetzt wird es dunkler und dunkler.

Da ist ein Strand! Ich sehe ein Dorf mit einigen Häusern. Es ist Abend. Ich bin barfuß und stehe neben einem Brunnen. Der Brunnen hat kein Wasser. Es ist, als leuchtete da unten etwas – als blitzte es auf – wie Stroh. Jetzt sieht es wie ein natürliches Loch aus. Ich fühle mich jung. Ich bin 15 Jahre alt. Ich bin enttäuscht, daß da unten kein Wasser ist.

Ich schaue mich um. Ich bin mit niemandem in meiner Umgebung zufrieden. Ich beginne, auf einen Punkt in der Ferne zuzugehen.

Jetzt fliege ich. Ich segle in leuchtenden grauen Wolken, deren Ränder vom Sonnenlicht erhellt sind. Ich kann fliegen! Ich habe keinen Körper. Jetzt kann ich die Landschaft unter mir erkennen, die Hügel und das Gras. Ich habe das Gefühl, nach etwas zu suchen...

Jetzt fühlt es sich an, als läge ich auf dem Rücken zwischen Unkraut. Der Himmel ist nicht länger gelb. Ich bin einfach frei und schwebe; ich weiß nicht, ob das Baby Alexandra war.

Da ist ein bizarrer Berg. Er stößt Rauchwolken aus. Ich fliege auf eine dreieckige Öffnung zu. Es ist ein strahlender, beigefarbener Felsen. Überall scheinen Dunstwolken zu sein. Ich sehe nichts. Ich fliege darüber hin... Es ist verschwunden. Ich weiß nicht, ob das auf der Erde war oder irgendwo anders. Ich fühle mich vollkommen frei und fliege von einem merkwürdigen Objekt zum anderen. Es ist, wie wenn man nach etwas sucht, aber ohne jeden Willen und ohne jede Entscheidung – nur schwebt.

Da ist eine riesige, fette Qualle. Reich verzierte Lampen hängen herunter. Ich schwebe in ihr Licht. Anscheinend darf man da nicht hinein. Ich bin draußen und sehe hinein. Ich erhalte die Warnung, nicht hineinzugehen. Kein Wille, kein Wunsch. Ich werde schwebend vorbeigeleitet.

Jetzt treibe ich auf einer rosa Wolka dahin. Wir sind noch nicht im Weltall, aber in einer seltsamen Stratosphäre. Sie leuchtet wie eine Feuersbrunst. Die Wolken bilden großartige Formationen. Da ist die Form einer Pyramide. Ich segle hinab. Da ist ein fantastischer, riesiger Vulkan – fantastische, riesige Flammen. Auf einmal befinde ich mich in einer großen Wolke – keine Struktur. Doch, da sind Fenster. Ich gehe zu einem der Fenster, die offenbar zu einer gigantischen Kathedrale gehören. Ich gehe durch das Fenster. Es ist absurd! Ich habe offenbar ein Licht auf mich gerichtet. Da liegt jemand – dann ist er verschwunden. Welch ein herrliches Licht dort am Eingang. Ich sehe, wie sich viele Dinge verändern – alles wird dunkelrot, wie unter dem Mikroskop. Sieht aus, wie Lichter auf menschlichem Fleisch.

Jetzt fühlt es sich an, als käme ich ganz glatt in etwas hinein. Es ist feucht und dunkel – dann hell – als würde ich in jemanden hineinfahren – durch die Blutgefäße, und an vielen Dingen vorbeigleiten. Das Licht verändert sich; es ist gelb und dahinter ist es blau. Es gibt viele Schichten. Jetzt wird alles gerade, und die ganzen Linien zeigen in eine Richtung. Ich dachte, ich betrete einen Körper... Irgend etwas hat mich dazu getrieben. Glücklich hat es mich auch nicht gemacht! Es passierte einfach. Jetzt ist alles so verschwommen. Keine Form, nichts. Alles beruhigt sich vollkommen. Vielleicht bin ich ein heranwachsender Embryo... Ich bin von einem milden Licht umgeben, fast weiß.

Jetzt wird alles ganz weiß, als öffnete sich etwas wie vor einer Taschenlampe. Mich umgibt ein weiches Material. Ich suche nach einer Öffnung, um herauszukommen. Von außen bricht ein grelles Licht zu mir herein. Es ist, wie wenn man ein starkes Licht gegen die Haut hält, so daß sie transparent wirkt. Jetzt ist da etwas leuchtend Rotes, sehr nahe an meinen Augen, wie ein Blutgefäß. Durch die transparente Wand dringt etwas Blaues. Ich würde gern sehen, was da draußen ist – äußerst merkwürdig, seltsam...

Da sind unglaubliche Formen, wie Steine – sind aber keine Steine. Da sind zwei Öffnungen, wie Nasenlöcher. Da ist ein Mund. Ich sehe das Gesicht eines Babys, sein Mund bewegt sich, als spräche es stumm vor sich hin.

Wieder ein mildes Licht. Ich kann den Körper nicht genau erkennen, aber ich glaube, es ist einer. Jetzt kann ich von außen hineinsehen, bin aber immer noch hinter der Wand. Nun sehe ich eine Gestalt. Ich sehe, wie die Mutter sich vor Schmerzen krümmt. Einen Raum in einem Krankenhaus, die Fenster sind verhangen. Ich frage mich, wer die Mutter ist. Ich kann ihr Nachthemd und ihre Schultern sehen, aber nicht das Gesicht. Es fühlt sich sehr wohlig an – ich muß wohl in ihren Armen liegen. Ich sehe ihre Brüste, wunderschöne Brüste, aber kein Gesicht. Das gibt mir ein sehr warmes, sexuelles Gefühl. Das Licht in diesem Raum ist wie das herrlichste Sonnenlicht. Ich würde gern ihr Gesicht sehen und fühle mich warm und wie elektrisiert.

Da sind gotische Kirchtürme und hohe Bäume von rotbrauner Farbe. Der Himmel ist tiefblau. Ich sehe hinauf. Ich befinde mich zu Füßen der Kirchtürme und Bäume. Ich weiß nicht, ob ich wie ein Baby daliege. Jetzt befinde ich mich hoch in einer Bergwelt, und wieder liege ich auf dem Rükken und schaue hinauf. Was soll ich hier? Ich weiß es nicht. Ich suche nach jemandem. Ich glaube nicht, daß ich ein Mann oder eine Frau oder irgendeine Form bin. Ich fühle mich in meinem Dasein zufrieden. Ich sehe fantastische Landschaften, wie ich sie noch nie zuvor gesehen habe. Viel fantastischer als der Grand Canyon. Majestätische Formen. Einen Ausblick auf die Ebenen und in eine Welt, die viel farbenprächtiger ist als unsere. Ich schwebe darüber weg. Da sind rote Felsen. Ich vermisse keinen Menschen und bin vollkommen in diesem Schwebezustand zufrieden. Ich suche nach niemandem. Ich bin unter dem blauen Himmel mit den weißen Wolken zu Hause. Jetzt, in diesem Moment, habe ich alles Konkrete hinter mir gelassen.

Aus dem roten Bauwerk treten eine Anzahl Leute heraus. Sie tragen lange, dunkle Mäntel und haben Köpfe wie leuchtende Lichter. Ich kann ihre Gesichter nicht erkennen, während sie sich verneigen – eine Gruppe von etwa 20 bis 30 Leuten. Die leuchtenden Köpfe stechen hervor... Und nun ist alles verschwunden.

Es war Alexandras Gesicht, als sie vier oder fünf Jahre alt war, süßer denn je. Sie war meine Mutter in jenem Leben.

Kommentar: Offenbar erlebte ich die Phase des Eintritts meiner Seele in einen neuen Körper, meine Geburt und kurz darauf meinen Tod in der Krippe. Ich erkannte, daß meine Tochter in diesem Leben damals meine Mutter war. Das zeigt mir, daß wir derart miteinander verwoben sind, daß wir uns von Leben zu Leben wieder begegnen, um verschiedene Rollen füreinander zu spielen. Es zeigt, daß wir geliebte Menschen nie wirklich verlieren, sondern immer wieder aufs neue voneinander lernen. Auch weiß ich jetzt, daß die Seele beim Tode aus dem Körper austritt. Bei diesem früheren Leben habe ich sogar meine eigene Beerdigung verfolgt. Was ich als losgelöste Seele erlebte, schien sich auf einer höheren Frequenzebene abzuspielen, als die erdgebundenen Erfahrungen.

Und auch eine unserer erwachsenen Schülerinnen soll noch zu Wort kommen:
Sylvia, eine Frau mittleren Alters, erinnert sich an ein früheres Leben der Aufopferung für andere.

Ich war ein Buchhalter für einen König. Ich war ein Mann mit allen möglichen körperlichen Beschwerden. Ich war hochgewachsen, aber vornübergebeugt und verkrampft. Ich ging mit dem Kopf eingezogen und hielt meinen Federhalter viel zu fest in der Hand. Ich blinzelte durch dicke Brillengläser. Meine Schultern hingen vornüber, mein Bauch war dick und meine Knie waren ganz knotig und wund. Alle meine Nerven waren angespannt. Ich war andauernd erschöpft. Ich kniff die Augen immer zusammen, um besser sehen zu können. Meine Hände und Füße schmerzten die ganze Zeit.

Irgendwann gab es eine große Hungersnot in dem Land, bei der viele Leute ums Leben kamen. Der König entließ viele seiner Bediensteten, damit sie den Städtern helfen konnten, wieder neu anzufangen. Er war ein guter König, deshalb bot ich ihm meine Hilfe an. Ich übernahm die Arbeit von fast allen anderen Dienstboten am Königshof. Ich hatte die Küche unter mir, und manchmal kochte ich sogar selber. Ich organisierte eine bessere Verteilung der Nahrungsmittel. Ich organisierte die Arbeit der Magister. Ich führte den Terminkalender des Königs und seine Bücher. Selbst das Bad habe ich ihm eingelassen und ihm, während er in der Wanne lag, Bücher über die Rechtswissenschaft vorgelesen. Die Bücher waren ganz klein gedruckt und ich hatte keine guten Augen, aber ich zwang mich, alles beim Licht einer einzigen Kerze zu lesen. Ich saß zusammengekrümmt auf einem Holzhocker neben der Badewanne.

Als sich die Zeiten weiter verschlimmerten und der König seine Berater und Ärzte in die Stadt schickte, damit sie den Hungernden helfen konnten, übernahm ich auch deren Arbeit im Schloß. Ich mußte sie allesamt ersetzen... Wahrscheinlich brauchte ich die Wertschätzung des Königs und fürchtete, daß er mich nicht gerne haben würde, wenn ich nicht alles für ihn tat.

Meine Mutter war immer sehr häßlich zu mir gewesen und zwang mich, alles Mögliche zu tun, was sie selbst auch hätte tun können. Sie hatte eine scharfe Zunge und war schnell bereit, die Schuld bei anderen zu finden. Sie war die Wirtin des Gasthofes in der Stadt. Als der König einmal Rast bei uns machte, sah er, wie hart ich arbeiten konnte, und fragte meine Mutter, ob ich bei ihm in den Dienst treten wollte. Sie war sehr geschmeichelt und riet mir, allen seinen Befehlen sofort nachzukommen, um den König für mich einzunehmen.

So fing es also an... Ich bemühte mich weiterhin, sämtlichen Aufgaben am Königshof gerecht zu werden, und wurde im Laufe der Zeit immer schwächer. Das Schloß war kalt, und ich wurde krank. Eines Tages mußte ein Arzt aus der Stadt gerufen werden, weil ich nicht mehr aus der Badewanne steigen konnte. Ich war gelähmt und konnte nichts mehr bewegen. Man trug mich vom Schloß zum Gasthof. Ich konnte nicht mehr essen oder sprechen. Ich schnitt mich einfach von der Welt ab und starb. Der König ließ mich dort liegen, ohne einen weiteren Gdanken an mich zu verschwenden.

Kommentar: Mein höheres Selbst sagt, daß ich ein übertriebenes Bedürfnis habe, anderen zu gefallen. Ich konnte nie ich selbst sein. Ich habe es körperlich gespürt, während ich die Geschichte erzählt habe.

Das Bedürfnis, anderen zu gefallen, ist in meinem Geist gespeichert. Die blauen und braunen Farben setzen es frei.

Das Bedürfnis, geliebt und gelobt zu werden, ist in meinem Herzen gespeichert. Gelb setzt dieses Bedürfnis frei.

Die Furcht, von anderen abgelehnt zu werden, wenn ich nicht alles für sie tue, ist in meinen Füßen gespeichert. Rot setzt die Furcht frei.

Lähmung und Tod sind in meinen Händen gespeichert. Weiß läßt es frei.

Als Mutter, Ehefrau und Karrierefrau lernte ich in diesem Leben, daß man nicht alles für jeden sein kann. Letzten Endes wissen die Leute es gar nicht zu schätzen, und man wird zu einem Arbeitstier reduziert, das seine eigenen Talente und die eigene Gesundheit immer hintan stellt. Um einem anderen Menschen etwas bedeuten zu können, muß man sich selbst erkennen, die eigene Gesundheit pflegen und die eigenen Fähigkeiten nicht überschätzen. Man muß erst selber froh werden, bevor man anderen Freude bringen kann.

Sylvia bei der Klärung des Verhältnisses zu ihrer Tochter.

Das höhere Selbst erscheint in Form eines Regenbogens.

Sie war ein Engel und wir waren irgendwie Geschwister. Ich war ebenfalls ein Engel... Wir waren nicht wirklich inkarniert, aber ich sehe Steine und eine Ruinenwand. Wir sind wohl freundliche Geister und sitzen auf der Mauer – freundlich, weil wir kichern. Wir haben ein Geheimnis! Wir spionierten hinter jemandem her – ein Mann mit Brille, gebeugt und sehr traurig. Jede Woche kommt er zu den Ruinen und setzt sich einfach hin und weint bitterlich. Wir versuchen verzweifelt, Kontakt mit ihm aufzunehmen, um ihm zu sagen, daß wir noch leben, und daß er keine Schuldgefühle mehr haben muß. Er ist unser Bruder...

Als wir 15 waren und unser Bruder 18, geschah etwas Furchtbares. Meine Schwester und ich – wir waren eineiige Zwillinge – saßen auf dieser Mauer und hatten den Rücken einem Rugby-Spiel zugekehrt. Wir kümmerten uns nicht weiter um das Spiel, bis die Rugbyspieler plötzlich alle auf die Mauer zurannten, um den Ball zu fangen. Sie warfen sich alle mehr oder minder gleichzeitig gegen die Mauer, und weil es eine Ruine war und nicht mehr sonderlich festgefügt, brach sie zusammen. Wir fielen... Auf der Vorderseite der Mauer war ein Abhang, ein tiefer Abgrund, und wir stürzten hinab. Unsere Köpfe schlugen auf den Felsen da unten auf... Wir waren beide sofort tot.

Danach war das Leben meines Bruders eine Qual, weil er sich verantwortlich für diesen Unfall fühlte. Er verlor die Sprache unter dem Schock und redete nie wieder. Er las nur noch Bücher. Unsere Eltern machten sich Sorgen um ihn und versuchten, ihm eine Stelle bei der städtischen Leihbücherei zu verschaffen, weil er so belesen war. Er war sehr strebsam und wurde zu einem respektierten Gelehrten und Organisator in der Bücherei. Daraufhin wurde die Universität von Oxford auf ihn aufmerksam und stellte ihn als Vorsteher der enormen Bibliothek in Oxford an.

Heute sitzt er wieder zwischen dem alten Gemäuer und ist sehr niedergeschlagen. Wir versuchen ihm klarzumachen, daß wir da sind, indem wir sein Gesicht und seine Schultern berühren, in sein Ohr hineinpusten und mit seinen Haaren spielen. Wir kichern, weil wir einen Plan gemacht haben, von dem wir meinen, daß er ihn endlich seiner ›praktischen‹ Welt entheben könnte, damit er uns wahrnehmen kann. In der Nacht, wenn niemand uns bemerkt, werden wir seine Bibliothek ein wenig durcheinander bringen...

Wir geistern in der Bibliothek herum und vertauschen Bücher, so daß sie nicht mehr in alphabetischer Reihenfolge da stehen. Am nächsten Tag hält er es für das Werk von Vandalen und Dieben. Eine ganze Woche lang bringen wir die Bücher immer wieder durcheinander. Mein Bruder kann die Bücher, die die Leute ausleihen wollen, nun nicht mehr finden. Das macht ihn nervös und krank. Er bekommt Kopfschmerzen und Asthma und sein Augenlicht verschlechtert sich. All die Jahre ist mein Bruder vollkommen stumm geblieben, aber als der Leiter der Universität ihn beschuldigt, seine Arbeit aus Faulheit und Unvermögen vernachlässigt zu haben, spricht er plötzlich zum ersten Mal! Er erhebt seine Stimme wieder nach 20 Jahren und verteidigt sich. Er sagt, er sei sicher, daß Gespenster in der Bibliothek umgehen.

Unser armer Bruder wird fristlos entlassen und geht nach Hause zurück, an den Ort des Unglücksfalles. Eines Tages sagt er zu sich selbst: »Ich weiß, daß meine Schwestern noch leben. Jetzt muß ich mich um mein eigenes Leben kümmern.« Er ging ins Dorf hinein und nahm eine Stelle als Wirt in einem Gasthaus ein. Er sprach wieder mit den Leuten und gewann neue Freunde. Er war sogar sehr beliebt und wurde auch bald wieder gesünder.

Meine Schwester und ich gratulierten einander und sagten: »Jetzt können wir endlich zur nächsten Ebene übergehen.« Wir gingen noch einmal nach Oxford zurück, um die Bibliothek in Ordnung zu bringen; danach begaben wir uns auf eine höhere Frequenz des Daseins, um dort auf unseren Bruder zu warten.

Kommentar: Mein höheres Selbst sagt, daß alles seine Zeit hat und alles zu seiner Zeit in Ordnung gebracht wird. Wenn wir lieben, so ist die Liebe stärker als alles andere und macht uns schließlich frei.

Mit meiner Schwester hatte ich ein Bündnis unter dem Motto: »Wir bleiben immer zusammen« geschlossen. Um uns von diesem Gelübde zu befreien, gab ich meiner Schwester ein Ei als symbolisches Geschenk. Meine Schwester gab mir ein Buch, dessen Weisheit die Leere in meinem Bauch füllen konnte.

Meine damalige Schwester ist jetzt meine Tochter. Unser Bruder ist mein Ehemann und der Vater meiner Schwester. Der Leiter der Universität ist heute der Chef meines Mannes. Die Gäste des Gasthauses sind zum Teil heutige Freunde von uns.

Geschenk an die Schwester: Flügel, die sie an ihren Schultern trägt, so daß sie fliegen kann.

Das Geschenk meiner Schwester an mich: Flügel, die ich in mein Herz nehme, um frei zu werden.

Die Farbe, die ich zur Klärung des Verhältnisses zu meiner Tochter visualisiere, ist Weiß. Sie verwandelt sich in einen Stern und verschwindet.

Aus dieser Sitzung lernte ich, daß jeder von uns getrennt existieren muß, um in Freiheit funktionieren zu können. Wir können nicht vorwärts kommen, solange wir an Versprechen gebunden sind, die wir früher einmal gegeben haben, selbst wenn diese Bündnisse hilfreich sind – wie in dem Fall meines Bruders. Als ich unseren damaligen Bruder als meinen heutigen Ehemann wahrnahm, wurde mir klar, daß meine Tochter und ich als ein Team daran arbeiteten, die Lebensaufgaben meines Mannes für ihn zu bewältigen. Wir versuchten ihn in ein Muster zu drängen, das wir für ihn für richtig hielten. Das kann selbstverständlich nicht unsere Aufgabe in diesem Leben sein und führte zu Unsicherheiten, Zornausbrüchen und Frustrationen in unserer Familie.

Durch die Erkenntnis der Zusammenhänge in diesem früheren Leben konnte ich meine Tochter freilassen und meinen Ehemann Fortschritte auf dem spirituellen Weg nach eigenem Vermögen machen lassen. Ich selbst bin von der Bürde, die Verantwortung für andere zu tragen, befreit.

12. Nizhoni: Die Schule in Galisteo

Die Nizhoni-Schule stellt einen praktischen Ansatz dar, Bewußtheit in die Erziehungen junger Menschen zu integrieren. Was wir tun wollen, ist dies: den aktiven Verstand, der Teil eines ganzen Wesens ist, konstant stimulieren, so daß er nicht ›davonläuft‹, um Information einzufangen. In anderen Worten: Wir hasten ständig im traditionellen Schulsystem voran, um Abschlußarbeiten einzureichen oder um genug zu lernen, damit wir den Test bestehen, so daß wir ständig von Information, vom Lernen überwältigt werden. Wir bei Nizhoni versuchen, jungen Leuten die Erfahrung und die Fähigkeit zu geben, Meister des Wissens zu sein, es sich selbst zu erarbeiten, so daß sie durch ihre eigene Erkenntnis darüber, wie sie sich durch die Informationssammlung bewegen können, an einen Platz kommen, an dem sie sich eingehend damit befassen können, Weisheit zu erlangen und diese Weisheit anzuwenden.

Wenn wir in uns selbst spüren, daß wir die Quelle von Weisheit und die Anwendung von Weisheit sind, brauchen wir nie außer Atem zu geraten, weil irgendein Examen vor der Tür steht. Examenszeit bedeutet für die Studenten eine aufregende Erprobung ihrer Meisterschaft. Es ist so, als ob man die hervorragenden Qualitäten des Selbst herausfordert und seine Fähigkeiten ausprobiert – als Spiel, als wundervolles Abenteuer. Wir vertiefen uns vielleicht in ein naturwissenschaftliches Projekt und opfern dafür viel Zeit, vielleicht zwei Monate, in der wir tief in die wissenschaftliche Theorie dieses Projekts eindringen, dann in die Geschichte, zu den Personen, die sie vorangebracht haben, in ihre Anwendung, wie sie in der Welt genutzt worden ist. Und das regt den Verstand an.

Wir fordern den Verstand heraus, alles auf einer praktischen Ebene hervorzubringen, damit Information auf die Schule, auf die Umgebung und auf den Globus angewendet werden kann; also durch das höhere Selbst die geniale Oktave der Anwendung anzusprechen. Das ist, was der herkömmlichen Erziehung fehlt. Wir kommen nie gut genug voran, um eine Information genügend zu integrieren, zu verinnerlichen oder mit anderer Information oder anderen Erkenntnissen zu koordinieren, um etwas Neues zu schaffen. Der Unterschied zwischen Mittelmäßigkeit und herausragender Leistung ist: Können wir etwas Neues schaffen?

Nizhoni ist sehr darauf ausgerichtet, den Schüler auf ein Niveau der Manifestation zu bringen. Wir nehmen in uns selbst z. B. alle wesentlichen Prinzipien der Wissenschaften auf, und dann kommen wir daraus hervor und widmen einen weiteren Lernblock der Anwendung und Synthese, um zu sehen, wie diese wissenschaftlichen Elemente in andere Disziplinen übergreifen. Kann man es zum Bauen anwenden? Wie bezieht es sich auf Umweltprobleme? Wer sind die wunderbaren Vorbilder in diesem Wissensgebiet, mit denen wir uns identifizieren oder von denen wir uns inspirieren lassen können? Wir können sogar deren Bewußtsein anzapfen, durch die Fähigkeit unseres höheren Selbst, eins zu werden mit allem Wissen, das von irgendeinem menschlichen Gehirn erlangt worden ist, um unsere eigene Fähigkeit, Wissen zu assimilieren, anzuregen. Es geht nicht darum, Information im linken Gehirn zu speichern, um sie einfach oberflächlich zu benutzen, vielleicht um einen Test zu bestehen, sondern um sie holographisch anzuwenden. In Nizhoni sind wir darum bemüht, nie den Sinn oder Zweck aus den Augen zu verlieren. Warum lernen wir das? Was bedeutet es für uns? Wie können wir es nutzen, um die Welt zu bereichern?

Das Fach Geschichte ist ein wunderbares Beispiel dafür, wie ein Wissensgebiet genutzt werden kann, um unsere Selbsterkenntnis anzuregen. Geschichte erzählt vom Menschen in seiner Beziehung zu seiner sozialen Umwelt. Das Niveau unseres Bewußtseins bedingt in jeder Zeitepoche und überall auf der Welt unsere Erfahrung. Geschichte ist unwiderruflich an Ursache und Wirkung gebunden, an das, was sich als Ergebnis dessen herauskristallisiert, was zuvor gewesen ist, und wie wir durch unser Erleben dieser Prozesse geprägt worden sind. Wenn wir Geschichte studieren, geschieht das in holographischer Weise. Wie sind bestimmte Vorstellungen darüber, wer wir sind, entstanden? Was waren die psychologischen Fundamente jener, die zu Herrschern wurden, oder die Gedankenformen anderer, die ums Überleben kämpfen mußten, oder wie paßten sich bestimmte Leute an ihre Welt an? Wie nahmen wir die auf uns zukommenden Probleme auf? Wir alle werden im Meer der Geschichte gespiegelt, wenn wir dort hineinblicken, sehen wir uns selbst – unsere eigene Natur, unsere Projektionen, Leidenschaften und Illusionen. Wir können die Geschichte Schicht für Schicht freilegen und den Kern der Zukunft finden. Das ermöglicht uns, Geschichte als einen Teil des psychologischen und spirituellen Wissens der Menschheit im Rahmen des kollektiven Unbewußten zu sehen. Geschichte hilft uns, ein globales Bewußtsein zu haben, Ursache und Wirkung zu verstehen und zu erkennen, daß wir, falls wir unsere inneren sozialen und kulturellen Strukturen decodieren können, anfangen können, die Zukunft zu orchestrieren.

Geschichte hat einen Sinn. Sie muß sich nicht wiederholen. Die Menschheit entwickelt sich nicht zurück; der

Mensch entwickelt sein Bewußtsein ständig weiter. Unsere Auffassung von Beziehungen zur äußeren Welt erweitert sich durch unsere Fähigkeit, in größeren Zusammenhängen wahrzunehmen. Wenn wir einen negativen Trend sehen, können wir geradewegs umkehren und seine Quelle verändern, die geschichtliche Quelle, die wir in uns selbst entdeckt haben. Wir können Ideenkonzepte zum Überleben aus unserem Bewußtsein herausheben, die Teil der Geschichte sind, aber der Menschheit nicht mehr weiter dienen. Gleichzeitig können wir in dieser gewaltigen Masse von Ursache und Wirkung historische Kristallisationen finden, die uns brennpunktartig helfen, neue, eigene Gedankenformen zu schaffen. Wir können zum Beispiel historische Figuren psychologisch, spirituell, gesellschaftlich und emotional erforschen und damit Zugang dazu gewinnen, wie wir selbst zu historischen Figuren der Geschichte werden können. Wir haben die Gelegenheit, der Welt durch die Qualität unseres Bewußtseins ein wunderbares Geschenk zu machen.

Es ist für einen jungen Menschen sehr aufregend, in der Geschichte ein Vorbild zu finden und die Wirkung dieser Person auf die Welt zu studieren. Jugendliche sind am Wert ihres Lebens sehr interessiert. Habe ich eine Chance, in der Welt zu zählen oder nicht? Wir lernen Geschichte, indem wir historische Gestalten und Gedankenformen als Energien ansehen, die verändert und verbessert werden können. Wir studieren Bewußtsein auf einem sehr technischen und zugleich praktischen Niveau. Welche kulturellen oder Gruppen-›Ablagerungen‹, die noch in uns sind, müssen wir bewußt wandeln, um eine lebenswerte Zukunft zu manifestieren?

Die Arbeit des Light Instituts ist wesentlich darauf ausgerichtet, den Schülern zu helfen, all diesen Reichtum geschichtlicher Information zu integrieren. Indem das Bewußtsein auf die tieferen Seelenschichten eingestellt wird, werden unsere Fähigkeiten erweitert, und wir können sie nutzen, um sehr spezifische und direkte Information aufzunehmen. Die Gerüche einer Umgebung oder das Alltagsleben oder die emotionale Qualität einer historischen Zeitzone können wir durch erhöhtes Bewußtsein wahrnehmen. Der Light Institut-Prozeß erhöht die Bewußtheit und versetzt die Schüler in die Lage, alle ihre Sinne, ihr ganzes Potential anzuwenden, um Bilder und Eindrücke zu empfangen, die Informationen über verschiedene Zeitzonen liefern. Zum Beispiel findet sich der Schüler vielleicht selbst in einer eigenen Beziehung zu dieser oder jener Zeitzone vor, wie er beispielsweise in einem Krieg auf dieser Seite kämpfte oder auch auf der anderen, was das für ihn bedeutete etc. Er mag wirklich in jener Zeitzone gewesen sein, so daß er Zugang zu ihr sowohl durch das kollektive Unbewußte wie auch durch seine persönliche Erfahrung hat. Er kann die Einstellungen und Gedankenformen, die sich bis in sein heutiges Alltagsleben übertragen, zueinander in Beziehung setzen.

Um die erlebte Beziehung zu bestimmten Zeitzonen besser erschließen zu können, gehen wir mit den Schülern an besondere Orte, die von Prägungen durch historische Ereignisse erfüllt sind. In Neu Mexiko sind es Überreste von indianischen Siedlungen, Petroglyphen (Felszeichnungen), Indianerpueblos oder Kirchen, die wir aufsuchen. Dem erweiterten Bewußtsein, das sich öffnet, wenn man die Technologie des höheren Selbst benutzt, wird gestattet, sich auf das zeitlose energetische Gitternetz einzustellen und durch dieses Gitternetz die niedergelegten Eindrücke, die Prägungen, wahrzunehmen. Für junge Leute ist es immer eine besondere Erfahrung, sich durch die Berührung von Überbleibseln einer historischen Epoche auf diese einstellen zu können, in jener Zeit zu sein. Dann sind sie in der Lage, über das tägliche Leben und die spirituellen Konzepte zu sprechen. Wir gestalten das ganze als Spiel, um die Genauigkeit der Schüler zu testen. Sie zeichnen zum Beispiel Bilder

der von den Indianern getragenen Kleidung oder anderer sehr spezieller Dinge, über die sie sich vorher nicht in irgendwelchen Büchern hätten informieren können. Danach versuchen wir, durch Vergleich mit historischen Dokumenten unsere Wahrnehmungen zu überprüfen, vielleicht sogar zu bestätigen. Es ist immer aufregend, wenn sich zum Beispiel herausstellt, daß ein besonderes Keramikmuster, das sie ›sahen‹ und zeichneten, tatsächlich bevorzugt von einem Indianerstamm verwendet wurde.

Es ist diese menschliche Beziehung zur Geschichte, die Sinn offenbart und uns gleichzeitig erlaubt, die emotionalen, astralen Prägungen freizusetzen, welche durch unsere kollektiven und individuellen Erfahrungen in Zeit und Raum kommen. Wir können den Sinn einer Lebenszeit herausgreifen und gleichzeitig jene ›alten‹ Bewußtseinsebenen auflösen, die uns in der heutigen Zeit nicht mehr dienlich sind. Geschichte kann zu einem lebendigen und tiefgreifenden Studium des Menschen und seiner Umwelt werden.

Der persönliche Bezug des Lehrers zum jeweiligen Fach ist eines der Prinzipien der Nizhoni-Schule. Die Lehrer sind darin geübt, aus der unbewußten Prägung des Emotionalkörpers das Wissen zu heben, das für die gerade behandelte Epoche von Bedeutung ist. Der Schüler kommt aus der Geschichtsstunde mit einer persönlichen Erfahrung, bezogen auf die Art und Weise, wie wir damals gelebt haben und wie wir heute leben. Wenn er zum Beispiel mit der erweiterten Bewußtheit des höheren Selbst in eine Zeit der Dunkelheit zurückgeht, in der ein niedriges Bewußtseinsniveau herrschte, das nur auf Überleben und Kampf ausgerichtet war, kann er tatsächlich die energetische Woge auflösen, die aus dieser Erfahrung stammt und noch heute präsent ist, sogar auf einer globalen Ebene. Das ist ein profunder Ansatz, um die Spaltung in der heutigen Welt zu heilen.

Wenn Nizhoni-Schüler aus der ganzen Welt, die sich zunächst als Russen, Lateinamerikaner, Amerikaner oder

Deutsche identifizieren, individuelle Geschichte, globale Geschichte, territoriale Geschichte erforschen, entdecken sie, daß sie selbst Bezugsrahmen besitzen, die sich mit anderen Ländern und Zeitzonen überlappen. Indem sie mit dieser Erfahrung einen persönlichen Kontakt aufnehmen, können sie Gedankenformen auflösen, die für das Mißtrauen zwischen heutigen Nationen verantwortlich sind. Das ist ein wundervoller Weg, globales Bewußtsein zu fördern und kulturelle, soziale, rassische oder andere Trennungen zu heilen.

Nizhoni will uns helfen, zu erfahren, daß wir eine globale Familie, ein globales Bewußtsein sind. Wenn junge Menschen die Geschichte eines Landes, eines Volkes, einer Rasse oder einer Kultur studieren, entdecken sie, daß sie persönlich mit dieser Gruppe spirituell und emotional verbunden sind. Die Krönung ihres Studiums der Geschichte kann ein tiefgreifendes holographisches Verständnis sein, das die Art und Weise ihrer Manifestation in ihrem Leben total verändern wird.

Geschichte ist somit ein sehr wichtiger Teil unseres Curriculums, ein lebendiger Teil, mit dem wir die Zukunft erfassen und orchestrieren können. Während wir uns eingehend mit einer anderen Kultur, Nation oder Menschengruppe beschäftigen, entwickeln wir unser individuelles Bewußtsein auf eine Weise, die Spaltung ohne Angst, Verurteilung oder Vorurteile auflöst.

Jedes Unterrichtsfach ist aufregend, wenn es vom Standpunkt eines Hologramms aus betrachtet wird. Mathematik zum Beispiel ist der Kern der Entwicklung der menschlichen Intelligenz. Sie ist eine uralte Wissenschaft und hat eine Struktur gebildet, durch die der Verstand sich so formt, daß er Realität wahrnehmen und quantitatives Denken auf eine sehr spezifische Weise anwenden kann, zum Beispiel bei der Erforschung der historischen Evolution und wie sie von unterschiedlichen Gruppen umgesetzt wurde. Auch auf diese

Weise können wir eine Verbindung zwischen Menschen herstellen, sie als eine Familie begreifen, statt als getrennte Wesenheiten. Wir sind in der Lage, zu erkennen, wer die Führer waren, wer die Genies, die uns diese Gaben präzisen Denkens geschenkt haben. Mathematik ist eine Methode, um die Funktion des Verstands zu stimulieren, die Fähigkeit des Gehirns, Konzepte zu erstellen. Wir erkunden die Mathematik, mit der die Pyramiden gebaut wurden und die Mathematik der Geometrie, und stellen fest, daß sie nicht nur eine intellektuelle Beschäftigung ist, sondern auch eine visuelle und eine spirituelle.

Hier fängt der Verstand an, außerhalb materieller Begrenzung wahrzunehmen. Wir erkennen Form, wie sie sich in der Geschichte der Welt und in Beziehung zum menschlichen Bewußtsein manifestierte. Wie wendet die Erde Geometrie an? Wie bezieht sich Gestalt auf die ganze Form der Erde selbst? Es gab lange vor uns Kulturen, die das, was wir heilige Geometrie nennen, bereits verstanden. Wir wenden diese sehr spezifischen mathematischen Erkenntnisse auf unsere Umwelt an, um zu verstehen, was der Frequenzunterschied zwischen verschiedenen Formen ist, die Volumen und Gestalt bestimmen, und erforschen, wie die Erde selbst mit Geometrie gespielt hat. Die Erde als mit dem Universum räumlich verbunden zu sehen, ist Mathematik. Das Studium der Astronomie ist Mathematik. Mathematik ist das Wissen um Beziehungen.

Wir fangen am Beginn der Menschheitsgeschichte an. Wir nehmen sie als eine reine Form eines wunderbaren Verstandesspiels auf, worin der Verstand reist und alle Daten sammelt und sie in eine Sinnmitte bringt, aus welcher heraus er manifestiert. Das ist die Essenz von Mathematik. Wir können uns selbst dabei beobachten, wie wir mathematisches Verständnis sowohl auf Beziehungen im ganzen Universum wie auf unsere Beziehung zu unserem Planeten anwenden.

Mathematik wird zu einer Informationsbrücke, um etwas

zu bauen. Sie kann ganz praktisch auf der Ebene von Umweltentwürfen angewendet werden. Indem wir, die Lehrer, den Verstand trainieren, sich selbst zu bilden, um Form zu schaffen – ob es im Bankfach ist, auf dem Bau, in der Buchhaltung oder irgend etwas rein Visuelles, rein Konzeptionelles –, helfen wir dem Schüler, die lebendigen Qualitäten von Mathematik hervorzuholen. Indem das Gehirn geübt wird, sich zu konzentrieren und zu disziplinieren und die Sprache der Mathematik zu sprechen, können wir eine Brücke zu allen anderen Wissensgebieten schlagen und sie integrieren. Mathematik kann ein sehr wichtiger Teil unseres täglichen Lebens sein. Wenn wir reinen Rationalismus überbrücken und ihn in multidimensionale Bereiche überführen, können wir unser Spiel mit Realität verstärken. Alle Dinge, die geschaffen sind, existieren, damit wir uns daran erfreuen und unserem Verstand gestatten, sich um ein reines Konzept zu winden und daraus etwas zu machen, was real ist.

Das Studium der Mathematik unterscheidet sich nicht von der Yoga- oder Meditationspraxis. Es lehrt uns einfach, wie wir uns auf einen Punkt konzentrieren können. Nur, wenn wir Konzepte entwickeln können, wenn wir uns auf das, worauf wir uns konzentrieren, einlassen können, erhebt sich der Erkenntnisblitz, und wir sehen die holographische Beziehung des betrachteten Gegenstandes zu allem, was ist. Jenseits der Idee, daß reine Mathematik nur ein Gedankenspiel sei, eine Denkdisziplin, die keine Bedeutung habe, wird es dem jungen Menschen möglich, sich am biochemischen Vorgang der Konzentration, der Aufmerksamkeit des Gehirns zu erfreuen, kann er sein Gehirn trainieren, sich selbst ruhig zu halten, um alle Informationen zu sammeln und zu erkennen, wie sie zusammengeführt werden, wie die Pyramide oder die Formel zustande kommt. Wir lernen, daran Spaß zu haben. Allein unsere Perspektive bestimmt den Weg, auf dem wir etwas erreichen. Wenn wir Differentialrechnung als eine Übung betrachten, uns zu konzentrieren und mit dem Verstand zu spielen, um unsere Bewußtheit zu erhöhen, können wir uns selbst in der Konzentration zuschauen. Wir stellen uns auf die Multidimensionalität ein, erkennen, daß die Frage und die Antwort miteinander verknüpft sind. Aus dieser Perspektive des konzentrierten Verstandes heraus lernen wir tatsächlich, die Veränderung in der Biochemie des Gehirns ›zu erfühlen‹, während wir die Antwort erfahren.

Es gibt dabei einen enormen elektrischen Reiz, der den Körper richtiggehend nähren kann. Wenn wir Schülern helfen, diese Oktave wahrzunehmen, in der sowohl die Frage wie die Antwort zu finden ist, geben wir ihnen eine Fertigkeit, die sie zu großartigen Wesen macht. Wir lehren den Schüler, wenn er ein Problem lösen will, die Antwort zu erspüren, nicht nur durch lineare Konzentration, sondern durch ›biochemisches‹ Vorgehen. Die Schüler beginnen, die Antwort in dem Augenblick wahrzunehmen, in dem sie die Frage sehen. Wir können die Funktionen des Gehirns durch diesen bewußten Wahrnehmungsunterricht buchstäblich entfalten. Es gibt viele junge Leute, die dieses Talent bereits mitbringen. Wir bestärken sie darin, nicht den langen Weg zu gehen, nicht durch das lineare Punkt-für-Punkt-Denken zu leiden, sondern das Gehirn auf den Oktaven der Lichtgeschwindigkeit zu bewegen, um die Antwort hervorzubringen und den Reiz im Körper zu genießen.

Das ist es, was Lernen sein kann; das ist die Essenz von Wissen. Mit der ungeheuren Ekstase der Erkenntnis, daß »Du weißt«, daß »Du es hast«, kommen wir zu jener Schwelle, zur Pforte in eine völlig andere Dimension von Verwirklichung. Das ist Genie. Jeder junge Mensch kann es werden. Es geht einfach um die Art und Weise, wie wir die Tätigkeit angehen, in die wir uns selbst begeben haben. Mathematik zum Beispiel ist die Kunst der Praxis klaren Denkens. Wenn wir erkennen, daß praktische Probleme klares Denken erfordern, öffnet das die Pfade ins Gehirn, so daß man, wenn man das Problem an einem bestimmten Punkt gestellt bekommt, die Antwort sieht. Wir können das Gehirn lehren, auf einem genialen Niveau zu operieren und ihm erlauben, fast wie ein Pawlowscher Reflex, einen solch köstlichen elektrischen Reiz zu empfangen, daß es selbst danach streben wird, seine einzigartige Fähigkeit immer wieder wirken zu lassen. Dies ist der Zugang zum höheren Wissen, das überall im Leben angewandt werden kann.

Der Schüler studiert vielleicht Biologie und begreift unmittelbar die Großartigkeit der Natur, die diese kleine Klappe oder jene kleine leistungsstarke Membrane manifestieren. Die Weisheit des Geistes wird mit der Weisheit der Technologie oder der Wissenschaft auf eine schöne Weise zusammengebracht. Das Ergebnis ist klares Denken. Es ist das Bewußtsein, das überall angewandt werden kann, gleichgültig, wonach wir suchen oder was wir studieren und erforschen wollen. Mathematik ist eine lebenswichtige Disziplin, weil sie uns trainiert, weil sie uns vermittelt, weil sie uns befähigt, in die Mitte zu gehen, uns in den Brennpunkt zu begeben und von dort aus synergetisch die Antwort auszustrahlen.

Wir haben uns auf die Probleme der Menschheit fixiert, aber es geht um das ›Wissen‹, das wahre Bedeutung besitzt und von innen heraus die Wirklichkeit des Problems verändern kann in dem Maße, wie wir lernen, wirklich wahrzunehmen. Dies ist eine Fertigkeit, die in allen Lebensbereichen angewendet werden kann, ob wir etwas studieren, nach einer Antwort suchen oder in einer besonderen emotionalen, historischen oder sozialen Situation ein Problem lösen müssen. Das Wichtige ist die Verschmelzung des klaren Denkens mit der Identität des Selbst. Das Selbst wird zum Teil der Lösung. So verlieren wir unsere persönliche Befangenheit und werden zu einem Instrument universellen Strömens.

Das ist die Gabe von Nizhoni an seine Schüler. Wo immer

sie sich befinden, ihre Fähigkeit, ihr Bewußtsein zu konzentrieren, wird etwas Neues hervorbringen, das evolutionär ist, das Wachstum produziert, das erfüllend ist. Es ist nie außen oder in Zeit und Raum eingeschlossen, sondern uns unendlich verfügbar in unserem eigenen Leben. Jeden Augenblick steht uns der Quell des Wissens zur Verfügung. Es geht eigentlich nur darum, klares Denken dazu zurückzuholen, unser Bewußtsein zu konzentrieren. Das ist das Geschenk.

Historisch ist das, was die Menschheit gemacht hat, so zu beschreiben: Wir haben ein Problem gefunden, und mehr Probleme geschaffen, die sich auf eben das ursprüngliche Problem beziehen, da wir nicht die Mitte erlebt haben, den Brennpunkt, das Selbst. Genau darum dreht sich das ganze Konzept von Nizhoni: Es gibt keinen Unterschied zwischen der Lösung eines Algebraproblems und der Antwort auf die Frage nach dem Selbst. Wer sind wir in der Welt? Ein Faktor X, der darauf wartet, vom Bewußtsein definiert zu werden.

An der Nizhoni-Schule basiert die Beziehung zwischen Schüler und Lehrer auf Bewußtsein. Der Lehrer hält die höchste Bewußtseinsebene aufrecht, damit beide gemeinsam die Aufmerksamkeit des Schülers konzentrieren und ihn trainieren, wie er an den Punkt in der Mitte kommt und gleichzeitig in der Lage ist, das Hologramm zu sehen, zu erkennen, wie alles ineinandergreift. Dies ist eine wirklich neue Art der Lehrer-Schüler-Beziehung. Im traditionellen Schulsystem ist der Lehrer für die Vermittlung eines bestimmten Lehrstoffs verantwortlich, und die Rolle des Schülers ist es, den Stoff aufzunehmen und zu verarbeiten. Es gibt in der energetischen Beziehung zwischen dem Lehrer und dem Schüler immer ein Ungleichgewicht, wenn sich etwas so abspielt. Da die Emotionalkörper junger Leute so sehr fluktuieren, kann Lernen wegen der Beziehungsdynamik zwischen Schüler und Lehrer oft gar nicht stattfinden.

Der Schüler kann nicht vom Lehrer lernen, weil dieser sagt, »Ich hab's und ich gebe es dir nicht, wenn du dich nicht darum bemühst«. Vielleicht löst dies eine Assoziation einer Erfahrung im jungen Menschen aus, etwa: »Wenn ich mich bemühe, stelle ich mich bloß oder werde verletzt«. Also entscheidet der Schüler unbewußt: »Ich verstehe den Stoff nicht«. Wir müssen anfangen zu erkennen, wie der Emotionalkörper unsere Lernfähigkeit infiltriert. Das Gehirn ist der wunderbarste Computer. Es fällt ihm leicht zu lernen, es lernt gern. Warum wir heutzutage häufig nicht gut lernen, liegt daran, daß wir nicht die unterschwelligen Strömungen des Selbstzweifels, die den Verstand plagen, erkennen. Die vorhandenen Energien haben daran Anteil, ob das Gehirn schläft, etwas für zu gefährlich hält oder ›gestattet‹, daß sich das Lernen ereignet.

Bei Nizhoni versuchen wir, von der Schüler-Lehrer-Beziehung in ihrer klassischen Form wegzukommen. Wir anerkennen und üben von Anfang an die Fähigkeit des Schülers, alles zu erlernen und das meiste schon zu wissen. Es ist die Aufgabe des Lehrers, jene Erinnerung im Schüler anzusprechen, jenen Ort im Bewußtsein der Schüler zu berühren, die mit dem Lehrstoff in Beziehung stehen, sei es die im Geschichtsunterricht behandelte Zeitzone, in der sie gelebt haben, sei es, daß sie eine Fähigkeit in sich tragen, mathematische Vorstellungen zu entwickeln, sei es, daß sie ein Lied im Herzen tragen, das nach außen drängt. Der Lehrer wird zum Katalysator, der das Erkennen dieser Aspekte stimuliert, so daß der Schüler auf natürliche Weise in erweitertes Selbstbewußtsein fließt und sich an seine Assoziationsbasis zu jeder einlaufenden Information erinnert und in sie eindringt.

Wir von Nizhoni wissen, daß unser eigenes Bewußtsein das Bewußtsein jedes anderen Wesens erschließen kann. Für einen Lehrer ist es heute möglich, Schülern zu helfen, das Verständnis für ein Fach zu erfahren, indem sie ein Gefühl der Leichtigkeit von jemandem ›borgen‹, der darin Meisterschaft erreicht hat. Damit stellen sie ihr Bewußtsein darauf ein, zu erkennen, daß sie begreifen können. Wenn sie eine Blockade hatten, entwickeln sie eine Beziehung dazu; sie bedeutet ihnen etwas und sie können gut darin sein. Das ist die Essenz einer Technik, die wir im Peace Corps benutzt haben: Angst loszuwerden durch positive Assoziation.

In Nizhoni wird für die Kunst des Erwachens sehr viel mehr Zeit aufgewandt als für Inhalte. Inhalte können sehr leicht festgestellt werden, sobald das Bewußtsein erkannt hat, daß es einen Stoff ohne Kampf aufnehmen kann. Zuerst wird dem Schüler beigebracht, den Stoff aus einer Perspektive des Abenteuers und der Sicherheit anzugehen. Einziges Lernergebnis ist, daß er erkennt, daß das Wissen über dieses Fach bereits mit ihm und um ihn herum ist. Es wird ihm vom höheren Selbst gebracht, und der Schüler kann danach greifen. Der Inhalt jedes Fachs gehört zum Gehirnmechanismus, und das Gehirn kann leicht speichern und erinnern. Nizhoni benutzt keine ›Super Learning‹-Techniken, um dem Gehirn zu helfen, sich an Spezifika zu erinnern. Man kann keine Naturwissenschaften lernen, ohne spezifisches Wissen zu erwerben. Dasselbe gilt für Mathematik und in gewissem Umfang für alle anderen Fächer. Sich an Details zu erinnern, ist einfach, wenn wir nicht vom Lehrstoff an sich überwältigt werden, sondern spüren, wie wir uns ausdehnen können, um ihn zu erfassen.

Es bedeutet eine energetische Disziplinierung des Bewußtseins, den Verstand darauf vorzubereiten, konzentrierte Aufmerksamkeit zu praktizieren und zu lernen. Aus diesem Grund wird der Unterricht mit einer Meditation eingeleitet, damit sich das Bewußtsein darauf einrichten kann, empfänglich zu sein, alles Neue zu speichern, und das zu erinnern, was es schon darüber weiß oder was damit zu tun hat, alles zu assimilieren, was damit zusammenhängt und dann den Verstand zu lenken, genau all das die gesamte Unterrichtszeit über zu tun. Die Schüler sind im allgemeinen nicht in der Angst gefangen, ob sie sich erinnern können oder nicht, sondern sie sind während des Lernens gelassen. Wenn der Schüler einmal aus der Angst entlassen wird, überwältigt zu werden, wird er sich entspannen. Solche Schüler lernen nicht nur, sondern erinnern sich auch an das, was sie wissen.

Von hier aus gibt es einen Sprung auf die Oktave von Bildung, wo sie plötzlich den holographischen Sinn von Wissen sehen können. Sie sind in der Lage, auf jene Ebene zu kommen, auf der es heißt: »Ich weiß, worauf sich das bezieht, und ich weiß, wie ich damit umzugehen habe.«

Aufregend ist es auch, daß wir Zugang zum Repertoire des Schülers in jedem beliebigen Bereich haben. Warum der eine Mathematik lernen will und der andere Musik und wie relativ solche Vorlieben sind. Bei Nizhoni achtet man sehr darauf, alle natürlichen persönlichen Affinitäten zu fördern. Unsere Lehr- und Lerntechniken sind darauf ausgerichtet, die vorhandene Abspaltung von der äußeren Welt nicht weiter zu vertiefen, sondern die Fähigkeit zu entwickeln, aus holographischer Perspektive zu kommunizieren. Wirkliches Verstehen der Mathematik kann so zur Kommunikationsbrücke zur Außenwelt werden. Die Schüler lernen es, dies als eine Gabe zu betrachten, die von ihnen weitergegeben wird. Aufgrund des holographischen Ansatzes lernen sie von Anfang an, zu überbrücken: »Diese Information habe ich auf dich und auf das, was du tust, bezogen. Jetzt können wir beide miteinander reden. Du und ich, wir sind nicht mehr voneinander getrennt.« Sie lernen, die Konvergenz- und Divergenzpunkte zwischen allen Dingen zu erkennen. Während sie das tun, entwickeln sie sich zu menschlichen Wesen mit einer globalen Vision.

Es handelt sich hier um einen Lernvorgang, in dem Energie ausgetauscht wird, und in dem wir beginnen, die Richtung und den Fluß von Energie zu orchestrieren. Das ist die Basis jeder Kommunikation und jedes Begreifens. Nichts ist wirklich getrennt. Wir fangen an, einander zu sehen und miteinander darüber zu kommunizieren, wie sich die Dinge ineinanderfügen. Jedes Fach ist holographisch ausgerichtet. Wir erlernen seine Geschichte. Wir lernen, wie es als ein Werkzeug der Kommunikation zwischen Individuen und Kulturen eingesetzt werden kann. Wir erlernen seine Anwendung zum Überleben. Wir lernen, wie seine Essenz uns bereichert, wie sie uns Freude bereitet, wie sie unseren Emotionalkörper beeinflußt. Weil dies auf holographische Weise geschieht, können wir gar nicht anders, als in anstrengungsloser, natürlicher Weise miteinander zu kommunizieren und uns mit der Welt um uns herum darüber auszutauschen. Plötzlich ist es uns möglich, statt nur von einem Bezugspunkt aus, im Rahmen eines reichen Gewebes miteinander verknüpfter Sinn-Teilchen zu kommunizieren. Wir können über Mathematik und Russisch und Liebe und Literatur und Wissenschaft und Geist und Wirtschaft sprechen. Wir können all diese Facetten zusammen ansprechen und so Einfluß auf die Veränderung, die Verbesserung unserer Lebensweise haben.

Innere Führung ist für die Dynamik des Lernprozesses von großer Bedeutung. Wir wissen, wie der Verstand arbeitet, wie das Gehirn arbeitet. Wir können Meditation benutzen, die Ausrichtung des Verstandes und die Beruhigung des Körpers, um uns mit dem höheren Selbst zu verbinden und damit die Einstellung zu schaffen, die profundes Lernen im Klassenzimmer ermöglicht. Diese Aspekte werden zu einem integralen und sehr praktischen Teil des Lehrens und Lernens. Wenn es gelingt, Zweifel und Angst (»Kann ich das schaffen?«) aus dem Bewußtsein zu lösen und den Verstand zu entspannen, dann wird auch der Körper entspannt und empfänglich, und Lernen wird spannend und mühelos und macht Freude. Wir haben unserem meisterhaften Gehirn, das geboren wurde, um perfekt zu lernen und zu verarbeiten, den Weg freigemacht.

Eines der entscheidenden Elemente eines Curriculums,

das sich darum bemüht, die Ganzheit irgendeines jungen Menschen herzustellen oder zu vervollkommnen, ist, das ganze Selbst zunächst zu erkennen: physisch, emotional, mental und spirituell. Wir nennen dies *das Studium der Gesundheit.* In diesem Grundfach der Nizhoni-Schule kann sich der junge Mensch selbst in seinen unterschiedlichen Sichtweisen erforschen und seine Erkenntnisse dann auf seine äußere Welt anwenden. Wir beschäftigen uns auch mit dieser Problematik aus holographischem Blickwinkel, von vielen unterschiedlichen Ansätzen ausgehend. Wir erkunden zum Beispiel die Meridiane, um die Energieströme im Körper zu verstehen, die Ernährung, damit wir das Wechselspiel zwischen unserer Ernährung, der Biochemie unseres Körpers und unserem Fühlen und Denken erkennen und verstehen. Wir zeigen den jungen Leuten, daß ihr Körper ein großartiger Brennpunkt ist, in dem Manifestation praktiziert werden kann (unseren Körper gesund und ganz zu machen). Diese Erkenntnis wenden wir dann auch außerhalb unserer selbst an, als Teil unserer Kommunikation mit den Menschen, die wir lieben, und mit der Welt um uns herum. Wir lernen diese Dinge intellektuell, spirituell und emotional. Wir erwecken die Fähigkeit, für uns selbst verantwortlich zu sein und Vollkommenheit zu manifestieren.

Bei Nizhoni arbeiten viele Gesundheitsexperten aus unterschiedlichen Bereichen, sowohl aus eher traditionellen Gebieten wie Akupunktur, allopathische Medizin, Pflanzenheilkunde, als auch aus mehr esoterischen Gebieten wie Energietherapie, yogische Meisterschaft etc. Wir können die Kunst der Gesundheit und all ihre unterschiedlichen, meisterhaften Ansätze nutzen, um einen Brennpunkt zu schaffen, durch den sich der Schüler selbst individuell und kollektiv in der Welt sehen kann. Wir erforschen Gesundheit holographisch, indem wir die Geschichte der Heilmethoden studieren, die kulturbedingten Einstellungen zur Gesundheit betrachten, uns mit den großen Heilern der

Welt befassen u. v. m. Über unser erweitertes Bewußtsein erfahren wir auch die Kunst der Kommunikation mit verschiedenen Arten nicht-menschlicher Lebewesen. Kommunikation zwischen Arten ist von entscheidender Bedeutung, wenn wir die Geschenke der Natur zur Heilung und Harmonisierung nutzen wollen.

Wenn der junge Mensch die Biochemie seines Körpers zu begreifen lernt, Energie, Anatomie und Physiologie, wird er sich als Hologramm sehen können und damit auch fähig sein, ein auf Erfahrung gegründetes Verständnis der Dynamik der Kundalini-Energie zu entwickeln. Die Kundalini ist dabei, zu erwachen und sich zu entfalten. Indem wir das Bewußtsein auf das Verständnis und die Erkenntnis dessen ausrichten, was die Kundalini-Energie ist und wie sie auf unseren Körper einwirkt, können wir lernen, diese mächtigste aller Lebensenergien zu orchestrieren und an ihr zu partizipieren. Wenn die Kundalini aufsteigt und wir ganz oben ›auf der Welle reiten‹, anstatt in ihren Sog zu geraten, erhöhen wir unser Vermögen, den Körper auf neue Oktaven zu führen. Diese Energie ist so eng mit dem Sinn des Lebens, mit den Quellen unserer Lebenskraft in unserem Körpern verknüpft, daß sie uns, wenn es uns gelingt, sie zu erkennen und zu nutzen, zu großen kreativen Manifestationen führen wird.

Um ein derartiges Bewußtseinswachstum zu fördern, brauchen wir eine einzigartige Umgebung, eine, welche die Erfahrung von Natur und göttlicher Energie und den natürlichen Ausdruck erlaubt. Die Nizhoni-Schule wurde in Galisteo/New Mexico gegründet, wo es eine intensive Frequenz gibt und eine intensive Interaktion zwischen der Erde und dem Himmel und den Mineralien. Nur unter solchen Bedingungen kann die Kunst der richtigen Lebenseinstellung praktiziert werden. Wir können dort die menschlichen Energien, die Erdenergien, und die anderen Umweltenergien auf eine wunderbare Weise spüren, assimilieren, einordnen und artikulieren. Das Gelände von Nizhoni umfaßt etwa 50 Hektar. Die Schule selbst hat eine holographische Umgebung, in der der Schüler nicht von der natürlichen Umwelt abgetrennt ist. Selbst wenn man sich sehr in ein intellektuelles Thema vertieft, gestattet die Begegnung mit der Außenwelt einen Ausgleich der Verstandestätigkeit. Es gibt dort Spielplätze, Hügel, die man besteigen kann, tiefe Flußtäler, in denen man umherwandert – all das ist von großer Wichtigkeit für die physische Balance junger Menschen.

Die Schüler arbeiten mit beim Anbau von Pflanzen, Obstbäumen und in der Tierpflege. Diese natürliche Umgebung erlaubt einen freien Fluß des Selbstausdrucks. Der Umgang mit Tieren hat großen Einfluß auf die Emotionalität junger Leute. Wenn wir tief in uns etwas spüren, worüber wir nicht sprechen können, ist es gut und wichtig, ein Tier streicheln und umarmen zu können, das liebevoll ist und keine Urteile fällt, das sich auf uns einstellt und uns verstraut. Diese Verbindung kann ausgleichend auf die starken emotionalen Gezeiten wirken, die hereinbrechen, wenn die Kundalini die Energien transformiert. Wir planen den Bau einer Tierklinik, in der wir die Techniken und das Wissen um Kommunikation zwischen Lebewesen anwenden werden.

Ein großer Teil unserer Nahrungsmittel kommt aus unseren eigenen Pflanzungen. Unsere Schüler arbeiten dort mit und erreichen in diesem Prozeß eine Ebene der Festigkeit ihrer physischen und Emotionalkörper, die ihnen erlaubt, sich als jemanden zu erleben, der sich um sich selbst kümmern kann. Sie spüren, daß sie Teil der natürlichen Welt sind, die nicht immer zerrt oder fordert. Die natürliche Welt ist immer bereit, uns Geschenke zu machen.

Die äußere Struktur von Nizhoni vertieft die natürliche innere Verbindung des Menschen zur Welt. Die Augen und der Kopf werden nicht durch künstliches Neonlicht belastet, das die Gehirnstrukturen überreizt. Natürliches Licht, Ruhe und eine angenehme Umgebung ermöglichen es den

Schülern, sich auf leichte Weise sowohl in der inneren Welt wie in der äußeren Welt zu bewegen, sich sowohl medidativ zu konzentrieren als auch in der Außenwelt ganz da zu sein.

Nizhoni weiß um die Wichtigkeit einer Balance zwischen dem inneren Selbst und der äußeren Welt. Die Studenten haben eine Stunde am Tag ganz für sich allein, um eine stabile Verbindung zu der formlosen, kindhaften Energie in ihnen herzustellen und aufrechtzuerhalten. Sie können in den Arroyos (tiefe Flußeinschnitte) spazieren gehen, in die Hügel wandern oder sich auf eine andere Weise herauslösen, die ihnen dabei hilft, sich energetisch wieder aufzuladen, den Verstand zu beruhigen, ohne seine Konzentrationsfähigkeit einzuschränken, den Körper auszustrecken, was eine natürliche Schwingung mit sich bringt, sich mit jedem Wesen in jedem Augenblick auszutauschen.

In unseren Mehrzweckgebäuden sind auch Gewächshäuser untergebracht, so daß es zu einem konstanten Wechselspiel zwischen Pflanzen und Menschen kommen kann. Hier bauen wir Nahrung höchster Qualität an, welche die höchsten Verstandesfunktionen ernährt. Nizhoni engagiert sich in Projekten, welche die zukünftige Fähigkeit des Menschen entwickeln, sich von spezifischen und verfeinerten Nahrungssubstanzen zu ernähren. Wir werden uns um Spirulina (mineralstoffreiche Algen) und ähnliche Projekte kümmern, wie auch unsere eigenen Sprößlinge ziehen. Der hohe Beta-Karotin-Gehalt von Spirulina schützt uns vor Strahlung und Krebs.

Nizhoni sieht sich selbst als ein Zukunftslabor, das uns ständig selbst herausfordert und die evolutionäre Entwicklung der Beziehung des Menschen zu seinen Nahrungsquellen, zu seinen Denk-, physischen, emotionalen und spirituellen Umgebungen erkundet.

Wasser hat für die Menschheit eine wichtige symbolische Bedeutung, weil unser physischer Körper zu über 80 Prozent aus Wasser besteht und Wasser ein universelles Symbol der emotionalen und kosmischen Frequenzen darstellt. In Nizhoni erforschen wir das Element Wasser als ein Energiesystem, welches Bewußtsein unterstützt. Ähnlich, wie bestimmte Chemikalien die Leitfähigkeit der Nervensynapsen zur Übermittlung von Botschaften verbessern, kann Wasser auf sehr fortschrittliche Weise benutzt werden, um uns sowohl auf einer Zell- wie auf einer kosmischen Ebene zu ernähren. Die Umgebung von Nizhoni bietet Wasser zum Schwimmen, Wasser zum Heilen und Wasser für den ästhetischen Genuß an. Die Erforschung der Welt der Elemente wird unsere Heilungsrevolution verfeinern.

Nizhoni ist in ein Hochplateau in Neu Mexiko eingebettet, von wo aus das Auge einen weiten Blick hat und wo uns der Himmel immer an Ausweitung erinnert. Die Winde sind klärend, ihre Bewegung erinnert uns an die Bewegung durch alle Bewußtseinsebenen, die ihren Antrieb aus der natürlichen Umgebung erhalten.

Die Erweiterung des Innenraums ist ebenfalls eine wichtige Grundlage kreativen Lernens. Meditation ist das großartigste Instrument, um innen Raum zu schaffen. Da die Kundalini die Lebensenergie ungeheuer beschleunigt, gibt es eine mächtige Aufladung, die Ausweitung verstärkt, wenn junge Leute zusammen meditieren. Die Nizhoni-Jugendlichen meditieren nicht nur im Klassenzimmer, um ihren Verstand zu trainieren und sich zu konzentrieren, sondern auch, um dem Körper zu erlauben, zum Vehikel zu werden, das universelles Wissen in sich aufnimmt.

Die Lehren des Light Instituts gehen auf diese Art von Technologie sehr genau ein, wodurch die jungen Menschen die Einstimmung auf die universale Energie einüben und sich dann ›energetisch‹ hinaus in die Welt begeben können. Wenn sie das im Rahmen eines Schulprojekts machen, wie zum Beispiel der Aufgabe, über die Schwingung des Friedens zu meditieren, besitzen sie dafür einen natürlichen Bezugspunkt. Die ganze Schule – Lehrer, Verwalter, Schüler, jeder, der mit Nizhoni zu tun hat – meditiert sowohl täglich in der Gruppe als auch in einer speziell dafür reservierten Zeit am Tag ganz für sich allein, um sich in seinem Bewußtsein ausruhen zu können. Wir integrieren die Kunst der Meditation in unser Alltagsleben und unterstützen damit, daß Bewußtsein auf einer sehr tiefgehenden Ebene erreicht werden kann. Das passiert automatisch, leicht, individuell und kollektiv. Indem wir diese göttliche Energie aufnehmen, vergrößern wir unsere Lebensfreude und verbessern unsere Gesundheit. Wir richten die meditative Energie auch auf bestimmte Vorhaben aus, wir benutzen die meditativen Bewußtseinsfrequenzen, um den Planeten zu heilen oder einen Menschen oder ein Land.

Nizhoni nimmt an Projekten gleichzeitiger Meditation rund um die Welt teil, in denen wir unser Bewußtsein zusammen mit anderen Meditationsgruppen auf spezifische lebenswichtige Bereiche einstimmen können, die der Aufmerksamkeit bedürfen, wie Naturkatastrophen, die Auflösung von Umweltverschmutzung und Verstrahlung, die Anrufung des Regens etc. In jedem Vorhaben bringen wir das Nicht-Manifeste oder das außerhalb von Form Befindliche mit wissenschaftlichen Erkenntnissen und realen weltlichen Vorgängen und Erfordernissen zusammen, so daß zwischen ihnen Schnittstellen entstehen. Die jungen Leute von Nizhoni sind im wesentlichen damit beschäftigt, sich selbst zu erfahren, wie sie sind, wie sie agieren und sich in dieser Realität manifestieren, in dieser Lebenszeit und in dieser Welt. Sie werden dabei auf wunderbare Weise von ihren multidimensionalen Fertigkeiten unterstützt.

Physische Aktivität hilft, das Bewußtsein zu öffnen, indem es den Energiefluß im Körper erschließt. Die Bewegung des physischen Körpers wird als ein Teil der Kunst menschlicher Manifestation angesehen. Nizhoni ermuntert junge Leute, sich der aktiven Bewegung ihres Körpers zu widmen, sowohl um die Dynamik des Zusammenwirkens als ein Team zu verstehen, als auch, um sich gemeinsam an etwas zu erfreuen. Es ist für das ganze Wesen sehr stimulierend, den Körper auf die höchste Oktave seiner Leistungsfähigkeit zu bringen. Es geht nicht so sehr darum, welche Sportarten betrieben werden, sondern um den Ausgleich der Kundalini-Energie durch körperlichen Einsatz. Ob wir schwimmen, die Berge rauf- und runterrennen oder Mannschaftssport betreiben – die körperliche Betätigung hilft zu reinigen und zu nähren und dieser ungeheuren Lebenskraft, der Kundalini, Ausdruck zu verleihen, sie bringt Freude und Verschmelzen.

Bei Nizhoni sind diese Ablenkungen und auch die Ausbrüche junger Leute, die in anderen Erziehunssystemen als störend empfunden werden, Teil des Lernprozesses. Es ist sehr wichtig, diese schwierigeren Aspekte des Gemeinschaftslebens für junge Leute nicht einfach auszusparen, und wir schaffen ganz absichtsvoll ein Umfeld, das ihnen erlaubt, als besondere Gruppe Gleichaltriger zusammenzuleben. Es wird dem Jugendlichen geholfen, zu verstehen, daß sie alle von derselben Seele sind, und daß sie sich dazu entschlossen haben, in diese Lebenszeit zu kommen, um sich sowohl auf persönlichen wie auf erweiterten, globalen Ebenen zu manifestieren. Das Light Institut hilft durch seine besondere Technologie des Emotionalkörpers den jungen Leuten die Fertigkeiten zu erwerben, die notwendig sind, um den Emotionalkörper zu erleben und die Qualität ihres emotionalen Ausdrucks zu entwickeln. Diese Technologie hebt den Emotionalkörper auf eine Ebene, die jeden Menschen erfüllt, anstatt dem Drama, dem Schmerz der Spaltung und Trennung zu frönen. Die jungen Menschen werden befähigt, ihren Emotionalkörper ständig zu verfeinern, Freude zu erleben. All das ist uns möglich, wenn wir unser Leben von dieser erhöhten Bewußtseinsoktave aus leben.

So zu tun, als ob es das sexuelle Element nicht gäbe, hieße, die gewaltige Kundalini-Energie zu leugnen, die überall in der Welt gegenwärtig ist. Nizhoni bietet den Jugendlichen die Chance, diese Energie zu verstehen und zu erkennen, daß sie sie nicht blockiert, nicht zerstört oder sie in Regeln zwängt, sondern als eine Energie göttliches Bewußtsein höherer Oktaven von Selbsterfüllung mit sich bringt. Die sexuelle Energie wird bei unseren jungen Leuten in Nizhoni nicht ausgeschaltet, sondern in kreative Kanäle gelenkt. Wir erkennen, was sie ist. Wir verleihen ihr so Ausdruck, daß sie sich von der physischen auf die energetische Ebene hebt. Das löst keine negativen Reaktionen aus, sondern weckt statt dessen oft den Wunsch, diese heilige Lebensenergie als einen direkten Beitrag zur Welt zu nutzen.

Nizhoni beschäftigt sich mit dem ganzen Wesen. Je mehr wir die Energie der Kundalini als eine spirituelle Kraft anerkennen und einsetzen, desto stärker werden wir diese Ganzheit fördern. Da sie ihrer Natur nach so elektrisierend ist, schafft sie in der Tat oft eine starke ›Unwucht‹. Zum Beispiel erlebt ein junger Mensch im Klassenzimmer irgendeinen Aufruhr von Gefühlen. Wir betrachten das als etwas, was nicht dorthin gehört, aber alles, was in uns ist, blockiert entweder unsere Fähigkeit, voranzuschreiten oder es erhöht sie. Wenn wir uns von einer Oktave der Wahrheit aus sehen, können wir uns erlauben, zu sein, wer wir sind, mit allem, was wir in jedem Augenblick und an jedem Ort fühlen und wissen. Wenn es also einen emotionalen Aufruhr im Klassenzimmer gibt, können wir Zugang zum höheren Selbst erlangen, um in Kontakt mit dem Emotionalkörper zu kommen und ihn aus seiner Verkrampfung in einen Raum des Erkennens zu heben.

Obwohl unser Emotionalkörper ein innerer Bestandteil von uns ist, sind wir nicht unser Emotionalkörper. Die spezifischen Techniken des Light Instituts, im Klassenzimmer angewendet, helfen uns, unsere ganze Aufmerksamkeit zu bündeln, einschließlich unseres physischen, emotionalen, mentalen und spirituellen Selbst. Wir leugnen nicht irgendeinen Teil von uns selbst. Disziplin führt damit nicht zur Selbstverleugnung – sie wird zur Disziplin des ganzen Selbst, zur Fähigkeit des ganzen Selbst, sich auf einen Brennpunkt auszurichten. Die Emotionen bewegen sich auf die höchste Oktave und erlauben so die tiefste Erkenntnis, die uns befähigt, Wissen mental, emotional, spirituell und physisch zu begreifen. Dadurch wird der Verstand in die Lage versetzt, das Wissen auf eine neue Ebene des Genies zu heben, sich darin zu entfalten und etwas Neues daraus zu schaffen, statt es in irgendeine Ecke des linearen Bewußtseins zu stopfen.

Gleich um welche Unterrichtsthematik es geht, sei es Mathematik oder Musik, jede Lektion handelt immer vom ganzen Wesen. Es gibt nichts, das außerhalb des ganzen Wesens ist, und jede neue Erfahrung kann als ein Instrument für das Lernen genutzt werden. Diese Entscheidungen zu treffen, das Feld zu erkennen, wird uns immer auf eine Oktave bringen, auf der wir uns wohl und mit uns selbst zufrieden fühlen. Das wiederum ermöglicht uns, zu verwandeln, was immer uns blockiert. Nizhoni unterrichtet junge Leute darin, wie Vermeidungsstrategien und Fluchtverhalten aufgelöst und Wege zu Wachstum und Manifestation geöffnet werden. Wenn wir uns jede Erfahrung in unserem Leben bewußt ansehen und sie nicht verleugnen, können wir sie als Instrument des Wachstums gebrauchen. Wir können diese Instrumente entwickeln, so daß wir meisterhaft genug werden, sie mit der Welt zu teilen.

Da die Nizhoni-Methoden uns gestatten, das höhere Selbst in alle Situationen mit hineinzunehmen, ist das, was bei uns passiert, auch keine isolierte Verstandesübung, sondern Lebenspraxis; eine Praxis, die sich auf Wahrheit statt auf Dogma ausrichtet. Sie ist die Wahrheit unserer Lebenserfahrung, und wie wir diese Erfahrung zu seiner größten Erfüllung bringen können.

Nizhoni hat einen eigenen Laden, in dem die Jugendlichen lernen können, Überfluß in einem Wirtschaftssinn zu manifestieren. Hier können sie die Künste kommerzieller und unternehmerischer Abenteuer praktizieren, wenn auch in kleinem Maßstab. Sie können an der Wirtschaft teilnehmen. Sie lernen, an allen Stellen von Angebot und Nachfrage in ihrem täglichen Leben teilzuhaben. Der Laden wird von den Schülern selbst geführt. Er ist Teil ihres Werkstudien-Programms und Teil ihrer Dienstleistung. Dies ist ihr Platz, an dem sie die schöpferischen Arbeiten, die sie während des Schuljahres hervorbringen, ausstellen und verkaufen können, und wo sie auch zusammenhocken können in einer Atmosphäre, die sie selbst schaffen.

Ein weiteres wichtiges Konzept von Nizhoni ist ›Seva‹, mit dem wir einüben, voller Freude zu empfangen und Empfangen zu manifestieren – durch die Erfahrung des Gebens. Seva ist das Konzept des Dienens und des Teilhabens, indem wir etwas von uns selbst geben, ob dieses Geschenk nun darin besteht, das Bad heute zu reinigen oder im Laden oder in der Caféteria zu arbeiten. Ein Teil der Alltagswirklichkeit ist, dem Ganzen zu helfen, vollkommen zu funktionieren. Alle Schüler und alle Lehrer, alle Leute an der Schule, nehmen sich täglich Zeit, um Seva zu praktizieren: die Schule zu verschönern, gemeinsam irgendwelche neuen Dinge zu schaffen. Wir erleben ein Gefühl der Freude und Erfüllung, wenn wir ein Team sind, das sich aneinander freut und etwas unternimmt, was dem Ganzen nützt. Das ist eine wunderbare Lebensweise und vermittelt den Nizhoni-Absolventen ein Vorbild, wie sie sich auf die Außenwelt einstellen können, das wirklich eine Evolution des Gemeinschaftsbewußtseins darstellt.

13.
Bildung der Menschheit: »Humanity Literacy«*

Im Kernpunkt unserer Nizhoni-Studien steht ein Aspekt, der jeden Menschen angeht: Bildung im Hinblick auf die gesamte Menschheit.

Hierbei geht es um die Gesamtheit des Materials, das einem Menschen zur Verfügung stehen muß, um in unseren untrennbar voneinander abhängigen Gesellschaften und inmitten immer komplexer werdender Lebensumstände funktionieren zu können. Es geht um Aspekte und Eigenschaften der Menschheit als ein Ganzes, um Informationen, die notwendig sind, um als verantwortlicher Weltbürger dem Wohl der Allgemeinheit zu dienen. Nizhoni, die Schule für ein globales Bewußtsein, ist eine der ersten Ausbildungsstätten, deren erklärtes Ziel die Entwicklung von Weltbürgern ist. Mehr noch: Wir wollen nicht nur Weltbürger, sondern auch bewußte Führungskräfte für eine nie dagewesene Zusammenarbeit im kommenden Jahrtausend hervorbringen. Diese neuen Führungspersönlichkeiten werden in der Lage sein, die Wünsche, Träume und höchsten Werte ihrer Mitarbeiter zu erspüren und zu verwirklichen und dabei gleichzeitig die verschiedenen Systeme unserer Gesellschaft zu benutzen, seien sie politischer, ökonomischer oder medizinischer Natur, um so eine echte soziale Wandlung herbeizuführen.

* Von Alex Petrofi, Development Director der Nizhoni-Schule.

Nizhoni-Schüler haben einen entscheidenden Vorteil auf ihrem Weg zur Führungsspitze, der sie normalen Schulabsolventen gegenüber überlegen macht: Sie haben zu kommunizieren gelernt! Während die Mehrheit der gewöhnlichen Studenten oft das Gefühl zum Ausdruck bringt, von niemandem verstanden zu werden, sagt der Nizhoni-Schüler nach seiner Ausbildung hier in New Mexico und in verschiedenen anderen Ländern mit Überzeugung: »Jeder versteht mich!« Diese Fähigkeit, mit Angehörigen der verschiedensten Bevölkerungsgruppen und Gesellschaftsformen in einen Dialog zu treten, erleichtert ihm *jede* Form der Beziehung und führt zu internationalen Freundschaften. Wenn zwei Menschen, deren Gesamtwissen im Nizhoni-Sinne verfeinert und erweitert wurde, in einen Dialog treten, sind sogenannte ›Eisbrecher‹ oder irgendwelche Trivialitäten, mit denen gewöhnlich eine Konversation aufgelockert wird, meist überflüssig, weil man sogleich zur Sache kommen kann.

Es scheint mir offensichtlich, daß die Weltbevölkerung in bezug auf unsere Wertvorstellungen nunmehr zu einem einheitlichen Konsens gelangen muß, so daß die Menschen miteinander kommunizieren, zusammen arbeiten und ›führen‹ oder ›geführt werden‹ können. Aber um gemeinsam etwas zu erschaffen, müssen wir zuerst in der Lage sein, einander zu verstehen. Um die vitalen, oftmals komplexen Informationen, die zu schöpferischen Taten führen, kommunizieren zu können, müssen wir einen gemeinsamen Bezugsrahmen haben, uns auf gleiche Werte beziehen können.

Der Kursus zur »Bildung der Menschheit« an der Nizhoni-Schule schafft die Grundlage für diesen allumfassenden Bezugsrahmen. Die jedem Schüler innewohnende Fähigkeit, mit jeder Lebensform und jedem Lebewesen zu kommunizieren, wird gefördert, also ein Einfühlungsvermögen und damit das Gefühl, derselben ›Familie‹ mit den gleichen menschlichen Grundvoraussetzungen anzugehören. Die

Schüler erkennen Ähnlichkeiten, erfinden schöpferische Gleichnisse und Metaphern, deren Sinn weltweit verstanden wird, ohne dabei die Schwingung ihrer eigenen einzigartigen Persönlichkeit zu verlieren. Der Kursus zur ›Bildung der Menschheit‹ beinhaltet keine Ausbildung zum Klischeedenken, sondern, im Gegenteil, eine Ausbildung zum erweiterten und vertieften Einfühlungsvermögen in andere, zum Ausbruch aus unseren Konventionen, der uns Zugang zu einem neuartigen Verständnis unserer Beziehungen verschafft.

Das Ziel dieses Kurses ist es, ein Mindestmaß an Informationen, Konzepten, Bildern und Diagrammen einzuführen, das jedem Schüler ermöglicht, in die Welt hinauszugehen und mit nahezu jedem anderen Menschen freundschaftlich zu kommunizieren. Eine gemeinsame Ansicht, sei sie auch anfangs noch so oberflächlich, kann zur Basis für eine vertrauensvolle, bereichernde Beziehung zu jedem anderen Menschen auf diesem Planeten werden, ganz gleich, welchen Alters, welcher Rasse oder welchen Glaubens er ist.

Im Kurs zur »Bildung der Menschheit« werden fünf Themen erarbeitet, die alle Menschen gleichermaßen betreffen: Gesundheit, Reichtum, Weisheit, Energie und Schicksal, wobei jedes dieser Themen nur die Spitze eines Eisbergs an Informationsmaterial darstellt. Wir als Individuen können gemeinhin nur jenen kleinsten Teil dieses Eisbergs, der sich oberhalb des Wasserspiegels befindet, ausmachen. Aber das Wissen um unsere eigenen Körper und um unsere persönlichen Besitztümer beispielsweise verstellt uns allzu häufig den Blick auf die Bereiche unseres größeren und höheren Selbst, welche die weitaus vitaleren und wichtigeren Informationen beherbergen.

Wenn es uns gelänge, auf fünf Ebenen gleichzeitig wahrzunehmen, könnten wir den gesamten Eisberg der Informationen erkennen und uns damit als ein umfassenderes Wesen begreifen. Ein Beispiel dafür ist die Tatsache, daß nicht nur unsere eigene Gesundheit eine Rolle spielt, sondern daß auch die Gesundheit unserer Angehörigen unser Leben ständig beeinflußt, ja, die gesundheitliche Verfassung unserer Firmenmitglieder, unseres Dorfes, unserer Gesellschaft und letzten Endes der ganzen Menschheit auf dem Erdball! Und so sprechen wir in Wahrheit von ›unser aller‹ Gesundheit, wenn wir in der Nizhoni-Schule von der eigenen Körperverfassung sprechen, und tun dies in dem vollen Bewußtsein, daß ›andere‹ nicht getrennt von uns existieren.

Bei der »Bildung der Menschheit« geht es um ein gesteigertes Bewußtsein, eine explosionsartige Ausdehnung des Ich-Begriffs. Hier wird von vornherein ein Vokabular geliefert, mit dessen Hilfe das Ich-Bewußtsein als ein globales Bewußtsein artikuliert werden kann. Schon vom ersten Tag der Ausbildung an, werden die Schüler auch als Lehrer verstanden und arbeiten als gleichwertige Mitglieder im gemeinsamen Lernprozeß mit ihren Lehrern zusammen.

Entsprechend seinen fünf Grundthemen setzt sich der Kursus aus fünf Teilen zusammen, wobei jeder Teil einen Zusammenhang zwischen dem Einzelwesen und der Gesamtheit der Menschheit verdeutlicht:

Terra Sapiens: Die Heilung der gesamten Menschheit;

Erde und Co.: Bereicherung der Erdengesellschaft;

die Informationsgrundlage: Förderung des menschlichen Geistes;

menschlicher Zusammenschluß: Das Verschmelzen der Einzelgruppen;

die Beseelung: Die Verwirklichung des Schicksals der Menschheit.

Wissen kann gesammelt und bis zu einem gewissen Grad in gedruckter Form vermittelt werden. In Bücher wird das menschliche Wissen um diese Themen so weit es geht komprimiert, und so kann auch in diesem Kapitel nur kurz gestreift werden, worum es geht, ähnlich einer Vorspeise, die ein Festessen mit Freunden nur einleiten kann. Anhand von

Beispielen aus dem Kursteil ›Terra Sapiens‹ und einigen anderen Kursen möchten wir einen Eindruck von den integralen Themen vermitteln, die dem Lehrplan seinen Wert und seine Relevanz geben.

Ein grundlegendes Prinzip des Programms zur ›Bildung der Menschheit‹ beruht auf der Erkenntnis, daß jeder bei sich selbst anfangen muß. Man muß zuerst in das eigene Innere hineinsehen, wenn man die Gebiete finden will, die einen am meisten inspirieren, motivieren und weiterbringen. Am eigenen Selbst erprobt man gelernte Konzepte und Verhaltensvorschläge zuerst, um zu sehen, inwieweit sie das eigene Leben verändern und bereichern, ganz unabhängig von der Meinung und den Urteilen anderer – unabhängig zunächst auch von jeder Orientierung an Resultaten.

Wir beginnen mit dem eigenen Körper. Im Zuge des Kurses ›Terra Sapiens‹ wird der Körper in seiner Gesamtheit betrachtet: als eine Einheit im dynamischen Gleichgewicht. In einem Zustand des Gleichgewichts annullieren sich die verschiedenen Kräfte, die uns ständig beeinflussen, gegenseitig und versetzen uns so in Bereitschaft, neues Wissen aufzunehmen. Wir besprechen das Körpergesamtsystem und seine 19 untergeordneten Systeme. Von diesem Wissen ausgehend, wird die Familie betrachtet, die Schule, die Firma, bis hin zur kommunalen Gemeinschaft, Gesellschaft und der Menschheit an sich.

Das schrittweise Vorgehen von einer Stufe zur nächst umfassenderen macht es den Schülern möglich, Vertrauen zu ihren eigenen Rückschlüssen und Erkenntnissen zu gewinnen, denn auf diese Weise bleibt die Thematik stets überschaubar. Der Schüler wird angeleitet, nicht mehr Wissen aufzunehmen, als er aktuell verkraften kann, anders als im herkömmlichen Schulsystem, wo die Überlastung der Schüler oft dazu führt, daß sie zurückfallen, weil sie keine spontanen Erfolgserlebnisse während des Lernprozesses haben. Unsere Vorgehensweise bezieht sich direkt auf die Ausbildung von Führungskräften: Wir möchten den Schülern das Gefühl vermitteln, daß sie große Dinge vollbringen können, auch wenn sie weitaus mehr Zeit darauf verwenden müssen, als sie es sich gerade in den Jahren des Heranwachsens vorstellen können. Teenagern fällt es ja meistens schwer, die überschwengliche Energie ausreichend zu bündeln, doch hier in der Nizhoni-Schule werden sie auf den ›langen Ritt‹ vorbereitet, nicht auf eine kurze Achterbahnfahrt durch das Menschenwissen. Je umfassender und ausgedehnter das Wissensgebiet, desto mehr Einfühlungsvermögen und Ein*sicht* sind erforderlich.

Nachdem jedem Schüler also ein Gefühl für den eigenen Körper im Zustand des Gleichgewichts vermittelt wurde – durch Diät, Gymnastik, Körperbewußtsein und Loslösung von suchtbildenden Substanzen –, studieren wir verschiedene Wege, dieses Wissen auch den Familien der Schüler zugänglich zu machen. Es geht dabei darum, daß der Schüler die eigenen Erkenntnisse und Erfahrungen an die nächsten Angehörigen und Freunde vermitteln lernt, d. h. für sich selbst zu denken lernt, ohne die Anregungen der Mitschüler oder Mitmenschen ablehnen zu müssen. Wir ermutigen unsere Schüler, ihre Eltern nicht nur theoretisch, sondern auch ganz praktisch in den Lernprozeß zu verwickeln. Viele Väter und Mütter haben an den Kursen zur ›Bildung der Menschheit‹ teilgenommen – jeweils zur Freude oder zum Schrecken des betreffenden Kindes. Auf diese Weise wird dem Gelernten Leben eingehaucht, das sich in Form von neuen Verhaltensweisen innerhalb der Familie niederschlägt.

Nach dieser Verankerung im Persönlichen und Familiären, verlagern wir unsere Aufmerksamkeit auf die Schule als solche und fragen uns, wie die Gesundheit aller am Schulprojekt Beteiligten erhalten, gefördert oder verbessert werden könnte. Jeder Schüler leistet eigene schöpferische Beiträge bei der Beantwortung der Frage: Wie integrieren wir die Bedürfnisse, Wünsche und speziellen Talente jedes einzelnen an dieser Schule in die Gesamtheit unseres gemeinsamen Strebens?

Aus diesen Diskussionen ergibt sich die ständige Erneuerung und Revitalisierung der Nizhoni-Schule, und die Schüler erfahren sich als Gestalter ihrer Umgebung, nicht als Konsumenten eines ungewollten Lehrstoffs. An diesem Punkt sprechen wir über den Schritt vom Studentenleben in die Außenwelt, die Welt des Unternehmens, und fragen uns, inwieweit sich Schulen von Firmen unterscheiden. Hier wird dem Schüler die ›erste ferne Warnung‹ zuteil, die ihn darauf vorbereitet, daß nicht jeder Industriezweig und jedes Unternehmen die körperliche und geistige Gesundheit fördern.

Ausgehend von diesem Wissen, richtet die Klasse nunmehr ihre mittlerweile beachtliche Lernfähigkeit und Kenntnis auf den Gesundheitszustand von Gemeinschaften und Gesellschaften wie die amerikanische, deutsche, europäische und so weiter. Beispielsweise wird hier diskutiert, ob Neuseeland mit seinen kernwaffenfreien Inseln, seiner staatlichen Krankenversorgung, kostenlosen Schulbildung und Freiheit von fremden Besatzungsmächten eine gesündere Gesellschaft ist als die Nachbarinsel auf der anderen Seite des Pazifik, Tahiti. Bei all seiner Schönheit, muß Tahiti doch als ein voll-subventioniertes Atommüllager betrachtet werden – und so lernen die Schüler nicht nur die Tatsachen hinter den Fassaden kennen, sondern auch Wege, diese Tatsachen (zunächst mit kreativen Ideen) zu verändern und zu heilen.

Und damit kommen wir zum Thema der Heilung der Menschheit und der Erde. Ein solches Unterfangen ergibt sich ganz konsequent und natürlich für Nizhoni-Schüler, nachdem sie die Heilmethoden auf den vorangegangenen Ebenen gründlich erfaßt und praktiziert haben. Sie gehen durch einen vierstufigen Prozeß des Lernens: Beobachtung, Diagnose, Prognose und Rezeptverordnung. Wie auf allen vorherigen Ebenen wird soviel Informationsmaterial wie möglich absorbiert, gesundheitsschädliche Umstände werden identifiziert, die Schüler treffen Voraussagen darüber, was geschieht, wenn der eingeschlagene Kurs beibehalten wird, und schließlich werden ganzheitliche, systematische Problemlösungen erarbeitet.

Schüler entdecken mit Freude und Verwunderung, daß am Planeten Erde selbst analoge Prozesse zu beobachten sind, die ihr dynamisches Gleichgewicht erhalten. Ein Beispiel dafür ist die Tatsache, daß die Erde es über Jahrhunderte hinweg fertiggebracht hat, ihre Temperatur beizubehalten, trotz der massiven Zunahme der Sonnenbestrahlung. Sie hat den Salzgehalt ihrer Meere von 3,4 Prozent beibehalten, obwohl ständig Salzablagerungen aus den Landmassen ins Meer geschwemmt wurden. Fakten dieser Art sind wichtiges Informationsmaterial, weil sie aufzeigen, wie unser Planet sein Leben und seine Lebensformen erhält, denn schon bei einem Salzgehalt von sechs Prozent zerstört das Wasser die Zellwände von lebenden Organismen, was bedeutet, daß bei zunehmender Konzentration alles Leben im Ozean, dem vor Urzeiten das Leben selbst entsprang, vernichtet würde.

Nizhoni-Schüler erfahren diese Dinge auf persönliche und unmittelbare Weise, indem sie angehalten werden, das ›Wesen Erde‹ emotional und geistig zu erspüren: zu erkennen, daß ihre Körpertemperatur, ihr Blut und ihr Atem in direkter Verbindung mit der Erde stehen, aus ihr entstehen und wieder zu ihr zurückkehren. Hier wird über die Identifikation mit der Erde auch eine globale Identität mit globalem Verantwortungsbewußtsein geschaffen. Das oberflächliche, selbstsüchtige, abgespaltene Ich wird transzendiert und macht einem essenziellen, selbstlosen und ewigen Globalbewußtsein Platz.

Das Konzept des dynamischen Gleichgewichts zieht sich durch den gesamten Kursus zur »Bildung der Menschheit«.

Das Ziel ist, den Schüler zu veranlassen, zu jeder Überlegung die These und die Antithese zu finden und ein Thema von allen möglichen Standpunkten aus zu betrachten. Fortgeschrittene Schüler sehen sich daraufhin in der Lage, eine kreative Synthese in allen Lebenssituationen zu formulieren, und sei sie auch noch so neuartig und unkonventionell. Ein essentieller Bestandteil des Nizhoni-Prozesses ist die Überwindung sprachlicher und kultureller Restriktionen.

Nizhoni macht es sich zur Aufgabe, Männer und Frauen zu ›kulturellen Ingenieuren‹ zu entwickeln, die sogenannte ›Meme‹ oder kulturelle Erbeinheiten kreieren, welche das Gegenstück zu den Genen, den genealogischen Erbeinheiten, bilden, Diese ›Memealogen‹ lassen sich nicht von der Weltsicht oder Sprache eines bestimmen Landes gefangenhalten, weil sie begriffen haben, daß jede Sprache die Realität filtert, verfärbt und begrenzt, um ein bestimmtes Weltbild aufrechtzuerhalten. Obwohl Englisch die Hauptsprache an der Nizhoni-Schule ist, bereichern wir unseren Sprachschatz fortlaufend mit Begriffen aus anderen Kulturen, schaffen also ganz bewußt einen ›Turmbau zu Babel‹, wo jeder mit der Hauptsprache beginnt, um dann ›Meme‹ aus anderen Sprachen hinzuzufügen. Nizhoni zieht Schüler aus aller Welt an, die oftmals schon zu Beginn zwei oder mehr Sprachen beherrschen. Und so trägt jeder einzelne zu dem Schmelztiegel von ›Memen‹ bei und schafft damit die einzigartige kulturelle Atmosphäre der Nizhoni-Schule.

Unsere Erfahrung gibt uns die Zuversicht, daß eine globale Weltsprache hervorgebracht werden kann. Dabei wird es sich nicht um Esperanto oder um eine andere künstliche Sprache handeln, sondern eher um ein vereinfachtes Englisch mit vielen Begriffen, die dem Chinesischen, Japanischen, Spanischen, Deutschen und Arabischen entliehen sind, zusammen mit bestimmten Ausdrücken der Naturvölker, wie das Navajo-Wort ›Nizhoni‹, das ›Der Weg der Schönheit‹ bedeutet. Unser wachsender Sprachschatz erführt also auch eine Rückbesinnung auf kulturelle Wurzeln, deren Symbole und bildhafte Bedeutungen uns neue Wahrnehmungen eröffnen.

Konfuzius soll einmal gesagt haben, daß ein Bild so viel wie tausend Worte sagt. Im Computer nehmen tausend Worte etwa zehn Kilobytes der Speicherkapazität ein – genauso viel wie ein einfaches Bild. So werden nicht nur die alten Weisheiten von der modernen Technologie untermalt, sondern mehr noch: Wir sehen uns in der Lage, neue Werkzeuge der Kommunikation zu benutzen, die uns langwierige Übersetzungen und Interpretationen ersparen, indem wir eine einfache Illustration herstellen, sie kopieren, speichern und auf Wunsch wieder abrufen. Nizhoni-Schüler illustrieren ihre Schreibarbeiten mit Bildern, Zeitungsausschnitten und Computer-Grafiken. Unsere Betonung liegt auf der Übermittlung des Wissens, auf Kommunikation, nicht auf schematischer Wiederholung von Gespeichertem und Gelerntem.

Das Resultat ist, daß Schülerarbeiten kleinen Kunstwerken gleichen, die interessant sind, expressiv, überaus persönlich und für die Lehrer unvergeßlich. Eine Auswahl dieser Arbeiten wird später zu Videofilmen oder Theaterstükken verarbeitet, um den angehenden Ausdruckskünstlern die Gelegenheit zu geben, ganzheitlich und in Bildern denken zu lernen. Die Sprache ist nur eine Ausdrucksform von vielen, und Nizhoni-Schüler lernen mit den uns zur Verfügung stehenden Mitteln über alle herkömmlichen Konzepte und Formen der Kommunikation hinauszugehen.

Komplexe Themen und ›Meme‹ werden mit Hilfe von visuellen Metaphern erklärlich gemacht. Um sich das Konzept des ›dynamischen Gleichgewichts‹ bildlich vorzustellen, visualisieren die Schüler beispielsweise einen Seiltänzer, der mit allerlei Gerätschaften und Gegenständen beladen ist, während er auf einem Hochseil spaziert. Solange er sein Gleichgewicht hält, sind die verschiedenen Kräfte, die ihn belasten, ausbalanciert, das heißt, sie wiegen sich gegenseitig auf, was den Seiltänzer in einen nahezu mühelosen Zustand der Ausgewogenheit versetzt, in dem er sich mit Anmut und ohne großen Kraftaufwand fortbewegen kann. Weicht er jedoch auch nur um ein geringes von diesem imaginären, nicht-dimensionalen Punkt des Gleichgewichts ab, wird es ihm schwerfallen, die Balance wiederzufinden. Anhand solcher Metaphern erkennen Schüler unausgewogene Verhaltenformen bei sich und anderen mit der Klarheit von Psychotherapeuten und lernen, das einmal verlorene Gleichgewicht wieder und wieder zu erlangen.

Während des gesamten Kurses wird daran gearbeitet, das eigene innere Zentrum, den Schwerpunkt der eigenen Energie im Körper, zu finden und auch unter wechselnden Umständen beizubehalten. Auch hier wird beim Individuum, der kleinsten Einheit, begonnen, um dann in ›dezentrischen‹ Kreisen immer größere Einheiten, Gruppen und Gebiete zu umfassen. Man beginnt mit der Zentrierung im eigenen Selbst und dehnt den Blick- und Verständniskreis dann auf die Familie, die Mitarbeiter, die Kommune usw. aus, wobei der innerliche Ruhepunkt im individuellen Selbst niemals verloren werden darf.

Alles vorher Erwähnte, einschließlich der aufeinander folgenden Ebenen der Ausdehnung, der visuellen Metaphern, der Unausweichlichkeit der Verantwortungsübernahme, bringt uns zu der Bedeutung der Bezeichnung: ›Terra Sapiens‹: Die Heilung der gesamten Menschheit. Jeder einzelne Mensch ist eine Zelle im Gesamtkörper der Menschheit. Der menschliche Körper setzt sich aus 50 bis 60 Trillionen Zellen zusammen, jede mit einem eigenen Lebenskern. Schneidet man eine Einzelzelle aus dem Gesamtkörper heraus und legt sie allein unter das Mikroskop, stellt man fest, daß sie anfangs wie unter Schockeinwirkung zu stehen scheint, dann aber bald ›erwacht‹ und sich auf Futtersuche begibt, ähnlich einer Amöbe. Jeder Mensch ist eine von mehr als fünf Billionen Zellen im Körper der gesamten Menschheit und daher mitverantwortlich für die Heilung des Ganzen.

Wir verstehen Evolution als einen Prozeß, in dem bestimmte Organismen und Organisationen zu immer größerer Komplexität heranwachsen, weil sie gelernt haben, höhere Ebenen der Information anzuzapfen. Wissen – also Information – bewirkt eine Umkehr der Gesetze der Entropie, also des Verfalls sämtlicher Ordnungen nach dem Überschreiten des höchsten Punkts ihrer Entwicklung, ungeachtet des zweiten Gesetzes der Thermodynamik. Die Nizhoni-Schule stellt eine höhere Ebene der Information zur Verfügung, die allen zugänglich ist, die bereit sind, diese Informationen für ihr eigenes Wachstum zu nutzen. Wir mögen Einzelzellen sein, doch wir können uns dazu entschließen, die Verantwortung und die Aufgaben von Gehirnzellen im Gesamtkörper der Menschheit zu übernehmen. Teenager sind den undifferenzierten Zellen in der Gebärmutter ähnlich, zumindest in den Jahren, bevor sie sich für einen bestimmten Beruf und einen bestimmten Lebenspartner entschieden haben. Die Nizhoni-Schule erfaßt ihr schlummerndes Potential und eröffnet ihnen Erfolgsmöglichkeiten, die weit über die Träume und Vorstellungen ihrer Geschwisterzellen hinausgehen.

Wissen ist Macht, und Macht bedeutet Verantwortlichkeit. Was sollen wir mit diesem Gesamtkörper der Menschheit anfangen? Wir müssen ihn heilen, denn wir können nur in dem Maße gesund sein, wie alle Zellen im Menschheitskörper gesund sind. Man muß nur die Tatsache betrachten, daß wir die Luft einatmen, die andere ausgestoßen haben, daß wir die Nahrung des Bodens, in dem wir unsere Toten begraben haben, zu uns nehmen, daß wir in den Gewässern baden, die wir vorher mit unseren Abfällen verschmutzt haben, um zu erkennen, daß wir alle untrennbar miteinander verwoben sind und aufnehmen, was andere Mitglieder der

Menschheit ›abgegeben‹ haben. Wir alle sind Teile desselben zirkulierenden Lebensstroms – zu unserem Schaden oder zu unserer unermeßlichen Bereicherung. Wir sind ein Teil des Pulsschlags dieser Erde.

›Terra Sapiens‹ ist das Endresultat unserer Evolution: Die Erde wird als ein lebendes Wesen betrachtet, das den Gesamtkörper Menschheit beherbergt. Das ist selbstverständlich noch keine wissenschaftlich anerkannte These. Es ist ein Denkmodell, eine Metapher, die unsere Perspektive verändern soll, genauso wie alle Konzepte, die dem Kursus zugrunde liegen. Was bewegt uns, diese hyperrealen Konzepte in die Welt zu setzen? Uns geht es um eine ständige Bewußtseinserweiterung bei diesen Kursen, um eine Weltsicht, die unseren Kindern ungeahnte Möglichkeiten jenseits der etablierten Banalitäten und Begrenzungen eröffnet.

Ganz gleich, wie viele Fakten wir in unseren Köpfen haben, sie ermöglichen es uns nicht, die Essenz des lebendigen Wesens zu begreifen. Wir sind nicht nur eine Ansammlung von Fakten, die etwas über uns aussagen, so sehr sich Erzieher im herkömmlichen Sinne auch darum bemühen, es so scheinen zu lassen, um den Status Quo des Erziehungssystems zu erhalten. Die Nizhoni-Schule bemüht sich, Zusammenhänge aufzuzeigen; deshalb geht es bei jedem Thema, welches in den Kursen besprochen wird, um die Verbindung vom Einzelnen zum Gesamten. Deshalb geht es bei uns beim Thema Heilung um die Heilung der Gesamtheit, und Nizhoni-Schüler, von denen die Mehrheit erklärt, daß sie später einmal Heiler werden wollen, betrachten ihre zukünftigen Aufgaben von vornherein unter diesem ganzheitlichen Standpunkt.

Gesundheit und Gesundung sind ein wichtiges Thema, aber damit ist der Lehrplan des Kurses zur ›Bildung der Menschheit‹ keineswegs erschöpft. Reichtum – und unter Reichtum verstehen wir die relative Fähigkeit, zu sein, tun und zu haben, was man sich wünscht, ohne dabei das Wohl der Allgemeinheit zu vernachlässigen – ist genauso wichtig. Der zweite Teil des Kurses beschäftigt sich mit dem Thema Reichtum und wird ›Erde u. Co.: Bereicherung der Erdengesellschaft‹ genannt. Das bildliche Symbol, das in diesem Fall benutzt wird, ist die Vorstellung, daß wir alle Besitzer, Leiter und Angestellte der größten Firma des Planeten sind: der Erdengesellschaft schlechthin. Wir müssen zusammenarbeiten und können nur wahrhaft reich werden, wenn wir anderen bei dem gleichen Unternehmen helfen. In diesem Kursus werden die fundamentalen Gesetze des Finanzwesens, der Ökonomie und Geschäftswelt besprochen, hierarchische Strukturen freigelegt und globale Möglichkeiten für eine verbesserte Zusammenarbeit aller Geschäftsgebiete diskutiert.

Am bedeutsamsten mag innerhalb dieses Kurses sein, daß hier die Kunst des effektiven Organisierens gelehrt wird. Diese Studien werden *Kybernetik* genannt und lehren, wie sich leistungsfähige Organisationen (solche, die weitgehend unabhängig funktionieren können) zusammensetzen. Hier erkennen die Schüler, welche Strukturen allen Organismen und Organisationen zugrunde liegen. Ein weiteres Thema ist Betriebsforschung. Hier wird anhand von Modellen aus der Industrie und der Betriebslehre deutlich gemacht, wie komplizierte Probleme mit Hilfe von Experten aus verschiedenen Gebieten in einem ganzheitlichen Sinne gelöst werden können. Die Ausbildung auf diesem neuartigen Gebiet erlaubt den Schülern eine Teilnahme an den ›erwachsenen‹ Problemen und gibt ihnen die Voraussetzungen, späteren Herausforderungen an internationalen Universitäten oder in der Berufswelt vollauf gewachsen zu sein.

Der erste Teil des Kurses lehrt Lebensfähigkeit und ein Fortschreiten bei maximaler Gesundheit. Der zweite Teil des Kurses betrachtet körperliche und geistige Gesundheit als etwas Selbstverständliches und beschäftigt sich mit optimaler Zusammenarbeit, mit konstruktiver Problemlösung und dem personellen Aufbau von Unternehmen, die es sich zur Aufgabe machen, den Wohlstand aller zu vermehren.

Im dritten Teil fragen wir uns: Wie erkennen wir die bestmögliche Verhaltensweise, sobald wir die verschiedenen Möglichkeiten und Wege mit all ihrer Problematik erkannt haben? In diesem Teil wird mit dem Konzept begonnen, daß jeder von uns eine Facette des globalen Geistes ist. So erklärt sich das Zustandekommen des Titels: ›Die Informationsgrundlage: Förderung des menschlichen Geistes‹. Wir verstehen den Geist als eine Fakultät, die dem menschlichen Gehirn übergeordnet ist, und so wird hier von dem ›Geisteswissen der ganzen Menschenrasse‹ gesprochen. Wir ergänzen einander auf wunderbare Weise mit unseren so sehr unterschiedlichen Blickwinkeln und Wahrnehmungsweisen, doch gleichzeitig ist diese ungeheure Vielfalt auch von einer Masse von überholten Ideen und tiefgreifenden Mißverständnissen überlagert, so daß ein Festhalten an einem solchen ›Wissen‹ vollkommen unproduktiv und sogar gefährlich sein kann. Es gibt schließlich nichts Zerstörerisches, als eine unwahre Idee, die nicht auszurotten ist.

Bei diesem Kurs wird den Schülern ermöglicht, sich als Programmierer der ›sozialen Software‹ zu begreifen, was nichts anderes bedeutet, als die akute Wahrnehmung unserer kodierten Verhaltensweisen, denn jeder von uns verhält sich, meist unbewußt, den Programmierungen der Familie, der Gesellschaft und Religion entsprechend. Wir sind ›Bio-Computer‹, in die Tausende von widersprüchlichen Befehlen und Spielen eingegeben sind, und jede unserer Handlungen führt zu neuen Kodierungen, die den Lauf der Menschheitsgeschichte unmittelbar beeinflussen.

Nizhoni fördert eine bewußte Wahrnehmung und damit Dis-Identifikation mit diesen übernommenen Programmen; wir bringen Meister-Programmierer hervor, die einer simplen Methode der Systementwicklung folgen: definieren, umreißen, entwickeln, manifestieren und testen. Wenn das einmal entwickelte und geschaffene System oder Modell nicht funktioniert, isoliert der Programmierer das Problemgebiet und nimmt Veränderungen vor, bis es auf die gewünschte Weise funktioniert. Wir trainieren unsere ›Programmierer‹ dahingehend, daß sie gesellschaftliche Gesetze, Gewohnheiten und Verhaltensformen durchschauen und wenn notwendig, neue Formen entwickeln, artikulieren und durchsetzen. Wir geben ihnen das Wissen, und damit das Selbstbewußtsein, fehlerhafte Gesellschaftsformen zu berichtigen.

Dieser Informationskurs beginnt mit einer Übersicht über die Computerwissenschaft und dem Verständnis, daß Menschen, genauso wie Computer, im Sinne von *Input* (Eingabe), *Processing* (Verarbeitung) und *Output* (Ausgabe) funktionieren. Obwohl diese Prozesse beim Menschen weitaus komplexer sind, ist es eine Hilfe, sich dieser Aufnahme von Daten, ihrer Verarbeitung und der darauf folgenden Ausstoßung neuer ›Produkte‹ einmal vollkommen bewußt zu werden. Wir nehmen unsere Umwelt durch unsere Sinne in uns auf, allerdings hat die Vorstellung, daß wir mit nur fünf Sinnen ausgestattet sind, in der Nizhoni-Schule keinen Platz. Wir gehen davon aus, daß der Mensch, genauso wie viele Tiere, mindestens 70 verschiedene Sinne hat, wobei die Wahrnehmung von Temperaturen, Druckverhältnissen, der Sinn für Navigation, Energiestrahlung, Elektrizität und Tonschwingung nur einen kleinen Teil davon darstellt. Während des Unterrichts wird den Schülern gezeigt, wie sie die Sinneswahrnehmungen eines uns bisher überlegenen Tieres entwickeln und schärfen können. Wir benutzen Meditation und Visualisation, um diese oftmals völlig brachliegenden Sinne in das Normalbewußtsein der Schüler zu heben.

Wir sprechen über unsere Gefühle und wie sie uns beeinflussen – ein Thema, das den Emotionalkörper berührt.

Hier wird das Gesamtwissen des Light Institus eingebracht, in dem über Jahre hinweg Tausende von Menschen ihren Emotionalkörper heilen konnten. Auch erfahren Nizhoni-Schüler schon in der ersten Woche des Kurses in persönlichen Sitzungen, wie das Light Institut arbeitet.

Folgerichtig beschäftigen wir uns daraufhin mit dem Denken und seinen sieben verschiedenen Äußerungsmöglichkeiten (verbal, räumlich usw.) und üben uns in Techniken, die die ganzheitliche Wahrnehmungsfähigkeit des Gehirns entwickeln. Und schließlich üben wir uns in der Kunst, diese verfeinerten Sinne, Gefühle und gedanklichen Kapazitäten auszudrücken, um anderen zu vermitteln, was wir während des Unterrichts gelernt haben.

Das führt ganz zwangsläufig zum nächsten Thema des Kurses, dem vierten, welches wir ›Menschlicher Zusammenschluß: Das Verschmelzen der Einzelgruppen‹ nennen. Im dritten Teil entdeckten die Schüler ›den kürzesten Weg zum Ziel‹; im vierten Teil gehen wir einen Schritt weiter und fragen uns: Nun, da ich mein Ziel kenne – wie bringe ich andere Menschen dazu, mit mir gemeinsam darauf zuzugehen – zum höchsten Wohle aller Beteiligten? Und: Wie vereinige ich die verschiedenen Ebenen, über die wir die ganze Zeit gesprochen haben? Hier begeben wir uns also auf die Ebene der internationalen Gruppierungen mit ihren unterschiedlichen Anschauungen und Traditionen. Wir diskutieren die sieben Weltreligionen, also Hinduismus, Buddhismus, Taoismus, die Lehren von Konfuzius, Islam, Judentum und Christentum, um zu erkennen, wie diese Religionen Menschen über die Jahrtausende hinweg verbunden und auch getrennt haben.

Im Verlauf des Unterrichts wird der Unterschied zwischen dem, was wir im Atomzeitalter *Fission* (Spaltung, Kernspaltung) und *Fusion* (Verschmelzung) nennen, deutlich gemacht. Wir sprechen über das ungeheure Energiepotential in jedem einzelnen von uns, das, einmal freigesetzt, entweder destruktiv oder konstruktiv nutzbar wird. Die Abspaltung von Einzelgruppen der Menschheit und die Möglichkeiten eines Zusammenschlusses verschiedener Glaubensrichtungen *(fission versus fusion)* werden hier diskutiert. Das bringt uns unweigerlich zu der Notwendigkeit einer Verschmelzung aller sich bekämpfenden Weltanschauungen und zur Möglichkeit, ein neues Weltverständnis zu schaffen, welches sich aus ausgewählten einzelnen Aspekten aller bisherigen Religionen zusammensetzen kann, ohne irgendeine Glaubensrichtung zur Gänze abzulehnen. In dem momentan herrschenden Klima gegenseitiger Intoleranz, besonders von Seiten der Fundamentalisten jeder Religionsrichtung, mag dieses Unterfangen bedeutungslos erscheinen. Doch beschäftigt sich Nizhoni auf grundlegende Weise mit der Ausbildung der Seele und der Heilung des Emotionalkörper, daher halten wir es für wichtig, die ›Perlen der Erkenntnis‹ in jeder Religion zu suchen und den Versuch zu unternehmen, eine spirituelle Synthese aus all den scheinbar unvereinbaren Strömungen zu schaffen. Die Erkenntnis allein, daß man sich geistig und gefühlsmäßig an irgendeine Glaubensrichtung gebunden hat, befreit uns von einem Teil der Intoleranz und Selbstherrlichkeit, die allen Glaubenskämpfen zugrunde liegt. Nizhoni-Schüler erfahren so, daß jede Religion uns etwas zu geben hat, aber keine einen totalitären Alleinanspruch auf Gott – und diese Wahrheit macht uns frei.

Im fünften und letzten Teil des Kurses wird ›Die Beseelung: Die Verwirklichung des Schicksals der Menschheit‹ diskutiert. Damit wird allen Schülern die Gelegenheit gegeben, ihre Zukunftsvisionen für unseren Planeten zu formulieren. Während dieser Veranstaltungen sprechen Schüler und Eltern (falls diese anwesend sind) über die Richtung, in die die Menschheit geleitet werden sollte, während die Lehrkräfte ihnen als Publikum dienen. Nach unseren Erfahrungen wird in diesen Vorträgen unweigerlich zum Ausdruck gebracht, wie sehr sich die einzelnen Schüler verantwortlich für das Ganze fühlen, wieviel liebevolles Interesse sie für bestimmte Gebiete empfinden, und wie sie sich vorstellen, daß diese Liebe anderen zugänglich gemacht werden kann, damit sie sich ausbreitet.

Auf dieser Note endet dann der fünfteilige Gesamtkurs zur »Bildung der Menschheit«.

Um das Programm jedoch noch umfassender zu gestalten, haben wir vor kurzem mit einer einwöchigen Klasse mit dem Titel »Selbstgespür«, im Englischen: »Sense of Self«, begonnen. Hier werden Schüler in Techniken eingeweiht, die die Entwicklung brachliegender Sinne stimulieren, um das Gespür für das eigene Sein zu erweitern und zu verfeinern. Jeder einzelne kann auch später mit diesen Techniken allein weiterarbeiten, um bestimmte Sinne nach Belieben zu kultivieren.

Danach beginnt der Hauptkurs mit seiner Fünftagewoche. Am ersten Tag, dem Montag, geht es um *Heilung,* am Dienstag um *Bereicherung,* am Mittwoch um *Weisheit,* Donnerstag um *Energie* und am Freitag um *Schicksal.*

In der Mitte des Schuljahres, kurz vor den Weihnachtsferien, wird dann die zweite Klasse zur Ausbildung der Sinne gehalten. Diese hat den Titel »Sinn für Zusammenhalt«, was heißt, daß hier alle vorherigen Themen miteinander verknüpft werden können, etwaige Fragen beantwortet und lose Enden verbunden werden. Hier wird alles, was bislang vielleicht noch zusammenhanglos und fragmentär erschien, zu einem Ganzen zusammengeführt.

Bei allen diesen neuartigen Lehrstoffen wird das Grundschulwissen, wie es an herkömmlichen Erziehungseinrichtungen gelehrt wird, allerdings nicht vernachlässigt. Wir haben deshalb soviel Zeit, neue Wissensgebiete zu erforschen, weil Nizhoni keine einstündigen Unterteilungen des Lehrstoffs kennt, und daher nicht nach jeder Stunde wiederholen muß, was vorher gelernt werden sollte. Wir sehen uns nur selten zu Wiederholungen gezwungen; erstens, weil die Schüler nicht gelangweilt werden, und zweitens, weil jeder Informationsbaustein folgerichtig auf dem anderen liegt und so bis zum Ende der Klasse überschaubar bleibt und zur nächst höheren Ebene des Verständnisses führt.

In der Klasse, die den »Sinn für Zusammenhalt« lehrt, werden den Schülern drei wesentliche Konzepte vermittelt: Erstens *Verbindungsaufnahme,* also wie sie sich mit einer Vielzahl von anderen Menschen und Informationsquellen verbinden können; zweitens *Austausch,* also wie Informationen vermittelt werden können, um nutzbringende und kooperative Arbeit zu leisten; und drittens *Anpassungsfähigkeit,* was bedeutet, daß einmal geschaffene Verbindungen und Systeme mit ihren Herstellern wachsen und sich verändern müssen, um leistungsfähig zu bleiben. Die Schüler lernen, Systeme zu erfinden, die diese Konzepte verwirklichen.

Während des zweiten Halbjahrs gehen wir vom Vortrags-Diskussions-Format zum Workshop-Format über. Wir präsentieren beispielsweise ein Denkmodell, das der Harvard Business School entlehnt wurde, in dem die Schüler mit einem komplizierten Problem konfrontiert werden, um es auf kreative Weise mit ihren eigenen Ideen zu lösen. Ein Beispiel auf dem Gebiet der Heilung war das Problem, dem sich die Welt-Gesundheits-Organisation (WHO) gegenübersah, als es darum ging, die Windpocken weltweit zu bekämpfen. Die Frage war, wie man sämtlichen von Ansteckung bedrohten Menschen den notwendigen Impfstoff in kürzester Zeit zukommen lassen könnte. Die Nizhoni-Schüler wurden aufgefordert, dieses Problem auf ihre Weise zu lösen, bevor sie eine detaillierte Beschreibung des erfolgreichen Feldzugs der WHO erhielten. In diesem Bericht wird beschrieben, wie die Mitarbeiter der WHO an die Sache herangingen: Wenn ein neuer Fall von Windpocken an irgendeinem Ort gemeldet wurde, nahmen die Mitarbeiter eine Landkarte zur Hand, kennzeichneten den Ort mit einem roten Kreis und schwärmten dann aus, um jeden Menschen im Umkreis von fünf Meilen zu impfen. So versuchte die WHO nicht nur jeden Erdenbürger zu impfen, sondern sie brachte die Medizin jeweils in kürzester Zeit an die Stelle, wo sie am dringendsten gebraucht wurde.

Für den Kurs, bei dem es um *Bereicherung* geht, verfassen die Schüler Geschäftspläne und Strategien für verschiedene Unternehmenssparten.

Für den *Weisheits*unterricht werden Informationssysteme mit Hilfe der Lehrer entworfen und Fälle des Informationsgebrauchs und -mißbrauchs studiert. Die amerikanische Regierung mit ihrem Kongreß-System bietet hier ein gutes Beispiel. Die Schüler werden gefragt: Woher bezieht der Kongreß seine Informationen? Wie verarbeitet er seine Informationen im Vergleich zu den Japanern, und woran liegt es, daß die Japanische Legislative mit ein paar hundert Mitarbeitern auskommt, während der Amerikanische Kongreß mehr als 20000 Mitglieder zählt? Hängt es damit zusammen, daß die Japaner etwa 100 von 120 Gesetzen verabschieden, während der Amerikanische Kongreß jedes Jahr 22000 Gesetzesentwürfe vorschlägt, von denen aber nur ein paar hundert verabschiedet werden?

In dem Unterricht, in dem das Thema *Energie* im Vordergrund steht, werden Pläne zur gemeinsamen Arbeit entwikkelt. Ein Schüler stellt meinetwegen die Frage: »Wie können wir den Leuten klarmachen, daß sie aufhören müssen, unsere Nahrungsmittel radioaktiven Strahlen auszusetzen? Ich möchte wirklich etwas dagegen tun.« Und ein anderer sagt: »Ich habe eine Idee. Wir müssen mit der Gruppe Soundso Kontakt aufnehmen und zusammenarbeiten, dadurch wird unsere Arbeit wirkungsvoller.« Ein anderer Schüler interessiert sich möglicherweise für die Neubepflanzung abgeholzter Wälder. Mit Hilfe der ganzen Klasse werden Möglichkeiten der Zusammenarbeit mit existierenden

Gruppen oder neuzubildenden Gruppierungen besprochen. Hier wird von den Lehrern keine festgelegte politische, ökologische oder religiöse Richtung vertreten. Die Schüler werden ermutigt, ihre eigenen Werte, ihr eigenes Zusammengehörigkeitsgefühl zu entwickeln und daraufhin nach besten Kräften zu versuchen, andere zu inspirieren, so daß sie den einmal gewählten Weg nicht allein und in dem Gefühl »Niemand versteht mich« gehen müssen. Hier lernen sie, ihr Anliegen dergestalt zu vermitteln, daß jeder sie verstehen und auch unterstützen kann.

In der Klasse, die sich mit *Schicksal* beschäftigt, machen die Schüler Zukunftspläne für die nächsten Monate oder auch Jahre und besprechen diese mit den Lehrern und Kameraden. Jede Woche erhalten sie somit Bestätigungen und neue Anregungen von den Mitschülern und sehen, inwieweit sie ihre eigenen Pläne umsetzen und verwirklichen konnten. So lernen sie, ihr Leben zu orchestrieren und unter wechselnden Umständen neue schöpferische Ideen in den Gesamtplan einzubringen.

Am Ende jedes Schuljahres wird der Lernprozeß mit einem einwöchigen Kursus zu einem Höhepunkt gebracht, den wir *Sinn für Transzendenz* nennen. Hier wird noch einmal intensiv daran gearbeitet, das höhere Selbst jedes einzelnen in sein sogenanntes Alltags- oder Normalbewußtsein zu bringen, so daß die Schüler bei allen Aktivitäten, inner- und außerhalb der Schule, im Kontakt mit diesem Aspekt ihres erweiterten Bewußtseins sein können. Hier lernen sie, das höhere Selbst in der Familie, Schule, Firma, ihrer Gesellschaft und schließlich auf globaler Ebene auszudrücken und handeln zu lassen.

Diese Fähigkeit, einmal erworben, ermöglicht es den Absolventen der Nizhoni-Schule, einen Zugang zu den verschiedensten Geschäftszweigen und internationalen Aufgabenbereichen zu finden. Anstatt zu der alten Gruppe mit all ihrer Verständnislosigkeit zurückzukehren, oder auf eine

Firma, über deren Potential der Schüler mittlerweile hinausgewachsen ist, zurückzugreifen, werden ihm durch die Kontakte der Nizhoni-Schule im Ausland unter Umständen Beratungsposten angeboten, die ihn möglicherweise auf die Bahamas, in die Sowjetunion, nach Indien oder Brasilien bringen. In ihrer Kapazität als Assistenten und freie Berater lernen sie dann, ihren Beitrag zu oftmals bedeutenden Projekten zu leisten, dabei sogar Geld zu verdienen und ihr Selbstvertrauen weiter zu stärken. Darüber hinaus bieten die abgeschlossenen Berichte über solche Reisen wichtiges Studienmaterial für die Nizhoni-Schule.

Nizhoni bemüht sich, sinnvolles Lehrmaterial von den besten Universitäten der Welt in seinen Lehrplan zu integrieren, wobei wir dieses Material für unsere spirituell höher entwickelten Schüler modifizieren. Wir beginnen mit den Studien des Massachusetts Institute of Technology und übernehmen zur Problemlösung bestimmte Vorschläge und Techniken aus seinem Programm. Hier lernt der Schüler, sich zu fragen: »Was muß ich wissen, um den nächsten Schritt vollziehen zu können?«

Von der Harvard Universität werden Anregungen für Gruppenprojekte und Teamwork übernommen, wobei die Schüler lernen, als Teil einer größeren Gruppe an Fällen zu arbeiten, die dem tatsächlichen Geschäftsleben entnommen wurden. Wie an der Universität Oxford hat auch der Nizhoni-Schüler einen Mentor oder Förderer – einen Menschen, der ihm während des gesamten Schuljahrs zur Seite steht und dafür sorgt, daß der Schüler auf dem Weg bleibt, den er sich selbst wünscht und wählt. Dieser Mentor ist dazu da, Sinn und Zweck des Lernvorgangs auf intelligente Weise in einer Perspektive zu halten.

Wie die Universität von Tokio bemühen wir uns nicht nur innerhalb des Rahmens der Schule um das Wohlergehen der Schüler, sondern helfen ihnen auch dabei, Kontakte zu zukünftigen Arbeitgebern oder Förderern auf internationaler

Ebene herzustellen. Hier wird ein Netzwerk von Kontakten und Empfehlungen für die Nizhoni-Absolventen eingerichtet, das im Laufe der Jahre so weit ausgebaut werden kann, daß jeder Schüler unmittelbar Zugang zu den Führungsspitzen auf seinem selbstgewählten Gebiet findet.

Die heranwachsende Globale Gesellschaft wird unseren Kindern Möglichkeiten der Berufswahl eröffnen, die uns heute noch unvorstellbar erscheinen. Viele der existierenden Firmen gehen momentan zugrunde oder werden von größeren Gesellschaften übernommen, während andere, mit Namen wie ›Visual Communications Network‹, ›Intelli-Genetic‹ und ›Integrale Analytik‹, aus Garagen und Versuchsprogrammen hervorgehen – und zwar mit einer Geschwindigkeit, die die Struktur der gesamten Industrie verändert. Unternehmen wie Japans C. Itoh, eine Im- und Export Firma, verdienen mehr als 125 Billionen Dollar im Jahr in über 140 Ländern. C. Itoh bewerkstelligt dies mit der Hilfe von etwa 10000 Angestellten. Im Vergleich dazu macht General Motors einen Jahresumsatz von nur 105 Billionen Dollar, beschäftigt aber 700000 Angestellte. C. Itoh ist derzeit auf der Suche nach Managern, die den Übergang zu einem ›global integrierten Unternehmen‹ leiten können und die Infrastruktur für ein weltweites Handelsunternehmen mit Kommunikations-Satelliten herstellen.

Internationale Forschungsprogramme, wie Europas ESPRIT, Japans ›Fifth Generation‹ und Amerikas ›Strategic Computing Initiative‹ bemühen sich, Individuen, Firmen und verschiedene Regierungen miteinander zu verbinden, indem sie diese mit abgeschlossenen Handelsverträgen konfrontieren. Viele Länder verbünden sich jetzt schon und werden in naher Zukunft wichtige Allianzen schließen, wie beispielsweise die Europäische Gemeinschaft. Außerdem sehen wir momentan die wundervolle Möglichkeit, daß sich die Supermächte zu Superpartnern verbinden und die Abrüstung vorantreiben. Damit sehen sie sich dann der Herausforderung gegenüber, die Trillionen, die sie jährlich für die Rüstung ausgeben, neu zu verteilen. Allen diesen neuen Aufgaben wird sich ein Nizhoni-Schüler gewachsen fühlen. Er ist vorbereitet, willens und fähig, letzten Endes auch die notwendigen Führungsrollen zu übernehmen.

Aus diesem Grund werden die Schüler angehalten, mit Hilfe von Computerprogrammen und internationaler Lektüre wenigstens die Grundbegriffe der japanischen und russischen Sprache zu lernen. Darüber hinaus haben sie Zugang zu den ›Wizard Programmen‹ für rapides Lernen und neuen Technologien für die Integration von Informationen, wie die ›Hyper-text‹- und ›Expert‹-Systeme.

Der Kursus zur »Bildung der Menschheit« stellt die Grundlage aller Informationen zur Verfügung, so daß die Schüler Wissen aus den verschiedensten Quellen beziehen können, welches nur so lange keinen Zusammenhang zu haben scheint, wie sie die Verbindung zu allem anderen, bisher gelernten Material nicht erkennen. Doch über kurz oder lang hören wir sie sagen: »Oh, jetzt sehe ich, was das mit Heilung zu tun haben könnte, wenn ich es richtig einordne.« Oder: »Dieses Material hat etwas mit Energie zu tun, oder mit Zusammenarbeit auf der und der Ebene.«

»Bildung der Menschheit« erweitert Thomas Jeffersons Vorstellung von einer idealen Erziehung. Jefferson sagte: »Ein gesunder Geist in einem gesunden Körper.« Wir sagen: »Ein gesunder Geist, Körper und Seele in einer gesunden Menschheit.« Durch den ganzen Kursus zieht sich nämlich die Arbeit an unserer Gesamtheit wie ein roter Faden, von der Erkenntnis ausgehend: »Ich habe einen physischen Körper, einen Mentalkörper, einen Emotionalkörper und einen spirituellen Körper.« Nur dieses Bewußtsein, das sich als eine Einheit begreift, kann der eigenen Wahrnehmung vertrauen, in Frieden leben und den Sinn in allem Erlebten erspüren. Nur dieses umfassende Wissen kann den Nizhoni-Schüler furchtlos machen, furchtlos genug, um selbst über den Tod hinauszusehen. Mehr noch, ein globales Bewußtsein, das uns jetzt vielleicht noch wie ein fernes Ideal erscheinen mag, wird vom Nizhoni-Schüler über kurz oder lang nur als das Anfangsstadium auf dem Weg zu einem kosmischen Bewußtsein verstanden werden.

All dies mag uns jetzt vielleicht noch wie ein utopischer Traum erscheinen, doch fällt mir hier die Geschichte über Albert Einstein und seine Frau Elsa ein, die unser menschliches Potential sehr gut illustriert.

Elsa Einstein besuchte in Los Angeles eines der modernsten Observatorien der Welt, hörte sich einen Vortrag über die unvorstellbaren Kosten der Einrichtung an und begutachtete die Fülle gigantischer Instrumente, Linsen und mechanischen Systeme, die notwendig waren, um das Observatorium funktionsfähig zu machen.

Irgendwann fragte sie dann: »Aber wozu dient das Ganze eigentlich?« Der wissenschaftliche Leiter des Observatoriums antwortete: »Wir erkunden die Komplexität unseres Universums und kalkulieren den Kurs der Gestirne.« Frau Einstein betrachtete das riesenhafte Teleskop und die komplizierte Maschinerie rings umher und sagte: »Mein Mann macht das gleiche, bloß benutzt er meistens die Rückseite eines Briefumschlags.«

Wir möchten, daß die Angehörigen von Nizhoni-Schülern irgendwann einmal etwas Ähnliches sagen können. Eine einzige Person mit globalem Bewußtsein kann den Verlauf der Menschheitsgeschichte ändern. Das Ziel des Kurses zur »Bildung der Menschheit« ist es, soviele Funken wie möglich in der Glut der neuen Generation zu entfachen und den Wunsch zu fördern, diese Person zu sein.

14.
Individueller Sinn in einem globalen Zusammenhang

Unsere Absicht im Rahmen von Nizhoni ist Selbsterfahrung. Das ist der Brennpunkt, von dem aus unser Bewußtsein sich in irgendeine Richtung bewegt, um zu partizipieren. Globaler Sinn ist Teil unseres energetischen Seins. Er strahlt von uns aus und fließt in jedes Vorhaben oder in jede Erkenntnis ein.

Die jungen Leute von Nizhoni müssen sich selbst als einen Brennpunkt von Sinn erkennen. Bewußter Sinn ist der Schlüssel. Die Absicht liegt also einfach im bewußten Erfahren und ›channeln‹ (durchlässig werden) einer Energie, ob sich das nun auf die Erledigung einer Arbeit bezieht oder damit zu tun hat, Ereignissen auf einer globalen Ebene Energie zu geben.

Für den Schüler ist das Gefühl, einen Platz in der Welt zu haben, natürlich wichtig. Die Bedeutung eines einheitlichen Brennpunkts, um Erziehungserfahrung zu formen, ist ebenfalls klar genug. Wir müssen Umgebungen schaffen, die den Träumen junger Leute Form und Gestalt in deutlich sichtbaren Gelegenheiten, an der Welt teilzuhaben, geben.

Wenn wir über Sinn in einem globalen Zusammenhang sprechen, sprechen wir eigentlich über Absicht und Teilhabe als den beiden Hauptenergien, die junge Leute erleben und anzubieten haben. Es ist ihre innere Welt, die sich in der äußeren Welt bewegt. Wenn junge Leute ihre Aufmerksamkeit und ihren Willen auf irgendeine gerade anstehende Aufgabe richten können, sei es eine Problemlösung auf irgendeiner Oktave oder einfach ein Beitrag ihres Wissens, ihrer Energie, ihrer Gnade, ihrer Fähigkeit, eine festgefahrene Situation in der äußeren Welt wieder flott zu kriegen, dann erfüllt die Gabe, die sie anzubieten haben, diese Oktave mit Sinn.

Durch ihre Teilhabe, durch ihre Erkenntnis – indem sie hier in der Mitte einer Krise sind, in der Mitte einer neuen kreativen Idee oder inmitten der Erfahrung ihrer eigenen Energie – wird diese Teilhabe zum Sinn ihres Lebens. Sie erlangen Zugang zu Sinn durch ihre erfahrungsbedingte Erkenntnis ihres gesammelten Selbstes, in jeder Richtung in jedem Augenblick. Es gibt einen sehr wichtigen Lerneffekt darin, Sinn durch das zu finden, was wir tun und Sinn dadurch zu erfahren, wer wir sind, während wir dies tun.

In Nizhoni unterrichten wir die Schüler darin, Meister der Energiegesetze zu werden und sie durch bewußte Lenkung anzuwenden, um Sinn in unserem Leben zu stiften. Wir selbst sind der Brennpunkt von Sinn, die singuläre, unbegrenzte Quelle von Evolution!

Wir lernen nicht, um zu einem Schluß zu kommen oder ein Ziel zu erreichen. Wir lernen, um die Bezugspunkte im Hologramm zu vermehren, damit wir sehen, wie alles miteinander zusammenhängt. Auf diese Weise können wir aktiv alle Erfahrung als Werkstoff der Evolution benutzen. In Übereinstimmung mit dem kosmischen Gesetz wird nichts verschwendet. Unsere Beobachtung erlebten Sinns beschleunigt Wachstum, weil wir Abstand lernen. Wir identifizieren uns mit dem Selbst, während es durch Entwicklungsphasen geht, und nicht mit den Phasen selbst.

Es kommt wirklich nicht darauf an, ob eine junge Person eine brennende Sehnsucht nach der Theaterwelt in diesem Jahr hegt, und im nächsten Jahr ganz von Naturwissenschaften angetan ist. Es ist einfach das höhere Selbst, das die Entwicklung der ganzen Person orchestriert. Das Drama, das im letzten Jahr so sehr die innige Sehnsucht war, kann sich nun auf neue Weise ausdrücken, vielleicht als Meeresbiologie. Junge Leute können jede Situation in der Welt, jede Realität, vom Hologramm ihres Seins aus anschauen – im Wissen, daß sie dramatisieren können, kommunizieren, ihr Wissen zum Ausdruck bringen. Sie können ihre Herzen ausstrahlen lassen; sie erlangen Zugang zu tiefer Intelligenz, zu profunder Genialität in sich, um der Welt etwas beizutragen.

Was immer auch zu einem bestimmten Zeitpunkt als Funken dient, wird durch die Erfahrungen, denen sie sich gewidmet haben, harmonisch und verstärkt. Keine Energie wird im Universum verschwendet. Somit finden sie sich in der Bewegung rund um das Hologramm ihres Lernens, ihres Heranwachsens, und nehmen jede Fasziniation mit in diesen großen Topf auf, der ständig umgerührt werden muß. Das erlaubt ihnen, hervorragende, intelligente Wesen zu werden.

Intelligenz bezieht sich direkt auf Problemlösungen. Intelligent ist derjenige, der kreativ sein kann, der sagen kann, »Hier ist eine Blockade. Ich werde einen Weg hindurch finden«. Manche unter uns brauchen die Möglichkeit zu dramatisieren. Manche müssen die Quelle des Problems erkennen können. Andere von uns müssen in der Lage sein, Informationen über das Problem zu sammeln. Und manche müssen ein in sich stimmiges Bild des Problems assimilieren, korrelieren und kreieren, um es zu lösen.

Wir müssen uns darum kümmern, ob der Schüler in seinem Erziehungsverlauf ganzheitlich ausgerichtet ist, oder ob er zum Beispiel von Musik besessen ist und sich nur darauf ausrichtet. Der gesamte Erziehungsprozeß bei Nizhoni funktioniert von einer holographischen Perspektive aus. Falls Musik heute die Leidenschaft ist, werden wir diesem

Schüler helfen, Musik zu lernen, indem seine physischen Fähigkeiten, sein inneres Ohr, sein physischer Körper eingestimmt werden. Wir werden ihm helfen, die Geschichte der Musik zu entdecken, das Streben nach Perfektion in der Musik, die Mathematik von Musik, die Wirkungen von Musik in unterschiedlichen Kulturen rund um die Welt.

Was immer wir uns aussuchen, worauf auch immer wir neugierig sind, was wir konsumieren oder assimilieren wollen, stellt das Verhikel dar, um den Wachstumsprozeß, den Erziehungsprozeß in jedem Wesen zu stimulieren. Alles kann die Fähigkeit einüben, Facetten unserer selbst zu verstärken, ob diese Facetten intellektueller, spiritueller oder emotionaler Natur sind. Wir können uns aus einer erweiterten Sicht heraus mit jedem Sinn austauschen, an dem wir zu irgendeinem Zeitpunkt in unserem Leben partizipieren, so daß unsere eigene brennpunktartige Ausrichtung in jegliche Richtung ein Brennpunkt von Freude, Kreativität, Herausforderung und Spaß ist. Wir verfügen über ein unbegrenztes Aufgebot an Instrumentarien, um Sinnfindung durch Partizipation zu erreichen.

Somit ist unsere Partizipation auf eine breite Basis gestellt. Wir können an jedem Punkt, der von Interesse ist, mit einer Myriade von Möglichkeiten gelangen, weil wir das Gehirn gelehrt haben, holographisch zu denken, und jede einzelne Sache, sei es ein globales oder ein persönliches Problem, holograpisch anzuschauen. Wir gehen durch einen Prozeß, in dem wir so viele Dinge wie möglich aufeinander beziehen, daß die uns verfügbaren Wahlmöglichkeiten entscheidend erweitert werden. Wir können damit in jeder Situation eine unglaubliche Menge von Information und Beziehungen zum Tragen bringen, was in der speziellen Situation nützlich sein und zur Synthese von etwas Neuem führen kann. Ein junger Mensch sieht seinen Sinn aus der Sicht der Freude an der Partizipation, aus jener wundervollen Erkenntnis, die sagt: »Ich weiß davon«.

Auf der anderen Seite mögen diese Jugendlichen keinen inneren Drang spüren, der ihnen sagt, »Ich will ein Umweltexperte werden, ein Weltführer, ein Psychologe, ein Musiker...«. Wenn die junge Person in sich kein Gespür für einen bestimmten Kanal hat, unterrichten wir sie, daß sie selbst der Kanal ist, daß sie das Vehikel der Teilhabe auf einer globalen Ebene ist. Sie ist der Juwel; nicht, was sie tun kann, noch nicht einmal, was sie weiß, sondern die Qualität der Lebenskraft, die sie in sich trägt und auf vielfältige Weise anwenden kann.

Ob es um Genialität geht, die erforderlich ist, ob es sich um eine wertvolle intellektuelle Fähigkeit handelt: die jungen Leute wissen, wie sie das Gehirn auf eine Weise trainieren können, welche die Fähigkeit bewirkt, etwas von Wert wahrzunehmen, einzuordnen, zu assimilieren und zu produzieren, was ihnen selbst gleichzeitig Spaß macht. Es geht nicht darum, was wir tun, es geht nicht um die Requisiten, die wir mit uns im Leben herumtragen, die sagen, »Ich bin Musiker« oder »Ich bin ein Wissenschaftler«, sondern um die Fähigkeit, die innere Perspektive anzuwenden, das innere Wissen, und sie auf eine beliebige Arena zu projizieren, auf eine beliebige Landschaft, die in unserem Leben auftaucht, um eine spezifische Realität zu manifestieren.

Es ist unwichtig, ob ein Schüler während seiner ganzen Zeit an Nizhoni ein drängendes Verlangen spürt, sein Streben in einen bestimmten Kanal zu lenken oder nicht, denn der Schüler selbst ist das Instrument der Partizipation in der Welt. Es ist die spezielle Entscheidung einer Seele, zu inkarnieren, die ihm die Kraft gibt zu erkennen, daß bereits unsere bloße Existenz uns das Recht, die Autorität gibt, entschlossen und sinnvoll an allem teilzuhaben – in unserer inneren Welt, in unseren zwischenmenschlichen Beziehungen, in unserer internationalen Welt – auf eine Weise, die etwas bewirkt.

Holographisch wahrzunehmen, bietet ein Fenster, durch

welches der Schüler den individuellen Sinn erforschen kann, weil sich eine Integration von Erfahrung und Erkenntnis vollzieht, die ein Energiefeld schafft, welches jeder als sein eigenes erleben kann und in dem er sich behend bewegt. Holographische Wahrnehmungsmuster gestatten die Ansammlung und Erkenntnis von sehr viel mehr Daten als ein linearer Ansatz. Der lineare Ansatz greift einen Datenteil heraus und stellt es neben den nächsten. Das ist sehr beengend. Wenn wir jedoch die Genialität des Verstandes aufblitzen lassen können, dieses herrlichen Computers, um aus jeder Richtung gleichzeitig alle darauf bezogenen Informationen zu sammeln, wird unser Fassungsvermögen stark erweitert und sehr viel exakter.

Wenn wir uns darin trainiert haben, in globalem Zusammenhang holographisch zu sein, können wir den Elementen näher kommen, die tatsächlich Veränderung schaffen. Falls wir uns auf einer globalen Ebene zum Beispiel nicht dessen bewußt sind, daß eine bestimmte Gruppe von Menschen eine Gedankenform oder eine kulturelle Perspektive besitzt, wenn wir nicht die entsprechenden kulturellen, mentalen, physischen und spirituellen Erkenntnisse aufnehmen, dann wird unsere Kommunikation mit jenen Menschen lähmend, beengend, und wird uns nicht das Ergebnis geben, das wir wünschen.

Aber wenn sich das holographische Bewußtsein auf Problemlösungen fokussiert, können wir größere Zusammenhänge erkenne, die miteinander verknüpften, verbundenen Daten, die Blickwinkel und Facetten, die dazu gehören. Dann können wir Veränderung bewirken, um das Problem zu mildern. Wir können sogar das Problem selbst als ein Werkzeug für die Erleuchtung benutzen. Um einen evolutionären Prozeß zu schaffen, müssen wir fähig sein, alle betroffenen Teile in ihrem Zusammenspiel zu sehen.

Wenn ein junger Mensch lernt, holographisch zu denken, lernt, holographisch zu sein, zuerst in seinem bzw. ihrem Leben und dann in jeder Situation, an der er/sie Anteil hat, sei es eine zwischenmenschliche oder globale, hat er/sie mehr Instrumente in der Hand, um damit Veränderung zu schaffen. Das ist Sinn. Sinn liegt nicht außerhalb unserer selbst; er ist nicht in der Zukunft. Sinn ist die Erfahrung, zu sein. Es ist die Erfahrung von Teilhabe am Leben.

Wenn ein Mensch Sinn durch Partizipation erlebt, spürt er ein Gefühl von Vollkommenheit, das ihm erlaubt, angstfrei zu sein. Wenn es irgend etwas gibt, was die Welt verbessern würde, was der Welt helfen würde, sich über die kritische Schwelle zu bewegen, an der wir uns jetzt befinden, würde das die Auflösung von Angst sein – auf der körperlichen Ebene, auf der spirituellen Ebene, auf der zwischenmenschlichen Ebene und auf der globalen Ebene. Wenn wir lernen, Angst durch Partizipation auszuradieren, durch die Erkenntnis, daß *wir* die Antwort sind, werden wir aufhören, uns davor zu fürchten, daß irgend etwas von außen uns zu kurz kommen läßt, uns überwältigt, uns schadet. Wir lösen Angst durch Wissen auf, durch unsere eigene Lebenskraft – als Teil unserer schöpferischen Bewegung.

Nizhoni bringt jungen Leuten bei, keine Angst vor den Entscheidungen und Urteilen anderer zu haben. Es lehrt sie, ihre Aufmerksamkeit liebevoll darauf auszurichten, selbst ganze Wesen zu sein. Deshalb können sie auf einer erweiterten Oktave teilnehmen, zum Beispiel auf einem globalen Niveau – aufgrund dessen, wer sie sind und nicht wegen äußerer Requisiten. Als Wesen, die sich absichtlich auf diesem Planeten inkarniert haben, in der Erkenntnis der Verbindung zu ihrer Weisheit, zu ihrem inneren Sinn, um dessentwillen sie geboren wurden, können sie etwas beitragen. Sie brauchen nicht auf irgendein äußeres Gütesiegel zu warten.

Wir müssen das Genie, die Großartigkeit, die Antworten anerkennen, die ein junger Mensch haben mag. Das Gehirn eines Vierzehnjährigen ist sehr viel aktiver, sehr viel freudiger und angstfreier darin, Probleme zu lösen und etwas anzunehmen, als das Bewußtsein eines Fünfzigjährigen, der von Angst erfüllt ist.

Die Welt braucht junge Leute, die furchtlos sind und die gleichzeitig weise genug sein können, um die Beziehung zu erkennen, die zwischen einem Schritt besteht, den wir unternehmen, und der Erkenntnis, daß eine Entscheidung bestimmte Folgen zeitigt. Junge Leute müssen in der Lage sein, die Beziehung zwischen Aktion und Reaktion zu bewerten und zu betrachten. Damit werden sie in ihrem persönlichen und globalen Leben ein Gleichgewicht vollkommener Bewegung und Ruhe hervorbringen – ein Geschenk an die Welt.

Die Welt ist voll aufregender Herausforderungen für den Schüler: Diplomatie, Abrüstung, Umwelt, Kommunikation, Hunger, Gesundheit usw. Ein Schüler kann in allen Bereichen einen Bezugspunkt finden, von dem aus er all die dazugehörenden Elemente erforschen kann, die durch die Spirale der energetischen Bewegung an Ursache und Wirkung verbunden sind.

Es gibt noch eine andere Oktave des Hologramms: die emotionale Wirkung einer Situation auf globalem Niveau. Vielleicht entscheiden sich Schüler zu partizipieren, indem sie auf eine Weise kommunizieren, die hilft, emotionale Blockaden in der Situation aufzulösen. Sie mögen sich entscheiden zu lernen, die emotionalen Wirkungen von Tod und Sterben und Krankheit zu erforschen. Vielleicht studieren sie die emotionalen Werkzeuge, die sich auf die ›Menschheitsfamilie‹ beziehen. Sie lernen, die universellen emotionalen Herausforderungen zu erkennen, die uns alle verbünden und uns bewegen, uns zu begegnen.

Die Basisbewegung, die rund um die Welt geht, lehrt uns, uns einander anzupassen. Menschen singen das Lied des Herzens, welches das Herz befreit. Sie lernen, durch Bücher, Dichtung, Video, Weltsatelliten und Radio zu sprechen. Sie verbinden sich mit anderen Wesen. Wir können alle lernen, uns selbst von einer Oktave aus auszudrücken, die in ihrer Fähigkeit zu heilen wahrhaft global ist.

Es gibt eine weitere Sprosse in diesem multidimensionalen Hologramm – die Anwendung spiritueller Erkenntnis. Indem wir den Zweck und Sinn einer Situation verstehen, indem wir die weitreichenden Energien des Geistes nutzen, zum Beispiel durch Weltmeditation, können wir die Energie von Verzweiflung und Angst ausgleichen. Indem wir fortschrittliche Technologien des höheren Verstandes und des menschlichen Geistes nutzen, können wir jegliche Situation erleichtern, einschließlich jener globaler Natur.

Bei Nizhoni konzentrieren wir die Aufmerksamkeit der Schüler multidimensional, damit sie holographisch sehen können, wie sie zu einer Lösung gelangen könnten. Vielleicht wollen sie die neuesten Erkenntnisse über Umweltinformation anwenden, um eine Situation zu mildern. Gleichzeitig wissen sie, daß sie die Technologie des Verstands benutzen können, um die Wirkung jener physikalischen Technologien zu verstärken. Wir wissen, daß wir die Keimzeit von Saaten zum Beispiel genauso durch unsere Gedankenformen beeinflussen können wie durch unsere Aurafelder. Wir können diese spirituellen Technologien anwenden, unser Verständnis von Polaritäts-Energien, elektromagnetischen Strömen, der Kraft der Gehirnwellen-Ebenen. Wir können sie energetisch aus etwas anwenden, das wir als kristallisiert ansehen, und so tatsächlich zu einem transformierenden Katalysator werden.

Jeder Schüler, der sich in irgendeiner Situation anspornt, ein Problem zu lösen, besonders auf einer globalen Ebene, wird in der Lage sein, es in diesem multidimensionalen Hologramm zu sehen. Schüler können dann ihre eigene Partizipation auf eine Weise ›channeln‹, die ihnen selbst viel Spaß macht. Sie fühlen sich sinnerfüllt in ihrer Interaktion mit einer akuten Problemlösung. Sie entdecken Antworten. Sie sind die Forscher, die sich selbst herausgefordert haben, Lösungen zu finden. Sie können ihr Potential nutzen, ihr erweitertes Bewußtsein, ihre intellektuelle Großartigkeit, ihre physischen Fähigkeiten. Sie nehmen auf tiefgründig sinnvolle Weisen Anteil. Sie bewerkstelligen ganz neue Wirklichkeiten, die auf ihrem Sinn von Partizipation, ihrem eigenen Gefühl von Sinn beruhen.

Sinn ist kein Ziel, das man erreichen kann. Sinn ist eine Lebenskraft-Beziehung, die sich selbst erfährt durch Begegnung, durch Bezug all dieser Bewußtseinsaspekte, die sich im Spiel rund um irgendeinen speziellen Brennpunkt bewußter Aufmerksamkeit befinden. In Bezug auf Lebensarbeit oder Beruf helfen wir jungen Leuten zu erkennen, daß sie, welche Aufgabe sie auch erfüllen oder welche Fertigkeit sie auch anzubieten haben, zu einer globalen Verbesserung einfach dadurch beitragen können, daß sie ihre Talente auf einen globalen Brennpunkt ausrichten.

Ein Buchhalter kann für eine Organisation arbeiten, die Umweltanliegen vertritt. Über seine Meditation, spirituelle Erkenntnis und globales Bewußtsein kann er die innere Fähigkeit anwenden, um Sorgen zu lindern. Im Rahmen eines kulturellen Austauschs kann ein Rechtsanwalt sich auf Verbraucherfragen spezialisieren. Durch Ehrlichkeit und Integrität kann ein Autor in den Massenmedien den Weltfrieden fördern. Ein Schüler mag ein bestimmtes Talent besitzen, das er auf ein globales Problem anwendet, oder er mag einfach ein globales Bewußtsein haben, das sich durch die Energie der Partizipation ausdrücken möchte. Beides sind sinnvolle Beiträge.

Zu erkennen, daß unsere bewußte Energie eine Wirkung auf die Welt hat, schafft eine ungeheure Wandlung im Selbstwert. Viele Studien haben gezeigt, daß Gruppenmeditationen, die in der Absicht ausgeführt wurden, die Kriminalität zu senken, zu statistisch signifikanten positiven Veränderungen führen können! Mehr und mehr kommen wir dazu, die Macht unseres Willens zu erkennen, sowohl individuell wie in Gruppen. Die praktischen Anwendungen unserer energetischen Einstimmung sind unbegrenzt: Regen machen, Umweltverschmutzung und Strahlung auflösen, Sicherheit und Frieden fördern etc. Unsere freien Entscheidungen verstärken unsere Freiheit enorm. Es sind Werkzeuge, um sich selbst als globale Wesen zu erkennen. Während wir das Bewußtsein junger Menschen trainieren, schaffen wir automatisch Weltführer. Wir schaffen automatisch Menschen, die politische Kommunikationslücken überbrücken und somit verändern können, wie wir uns selbst persönlich, national und global erleben. Es ist einfach die Erkenntnis und der Gebrauch der Energie, die bei jedem auf einer globalen Ebene, die Veränderung bewirken.

Wir haben Gesellschaften geschaffen, in denen der Lebenssinn nicht erfüllt wird, in denen alte und junge Leute rund um die Welt ein Gefühl der Ohnmacht und der Verletzlichkeit haben, ein Gefühl, daß sie nicht teilhaben können, daß es auf sie nicht ankommt. Sie schleppen sich durch ihr Leben und beschäftigen sich auf sinnlose Weise. Nizhoni schafft globale Gesundheit, indem es junge Leute unterrichtet, ihr Leben auf eine Weise zu erfahren, die ihnen nicht erlaubt, Opfer oder Gewohnheitstiere zu sein, die unerfüllt sind, weil sie ihres individuellen Sinns nicht bewußt werden. Individueller Sinn ist für den Wert des Lebens entscheidend.

Unsere Wirklichkeit hat sich sehr auf eine globale Oktave erweitert. Es ist für den Erziehungsprozeß wichtig, sich dieser Realität zu stellen. Wir müssen Antworten auf die globalen Herausforderungen finden. Falls sich etwas auf nukleare Weise ereignet, beeinflußt uns das sogar von der anderen Seite der Welt her. Wenn es einen Konflikt zwischen zwei Gruppen gibt, werden zahlreiche andere Menschen auch mit hineingezogen. Wir müssen an der Welt teilnehmen. Dem Nachbarn zu helfen und dem Nachbarland zu helfen, ist dasselbe.

Globales Bewußtsein vermehrt lediglich die Möglichkeiten für junge Leute, an ihren Leben zu partizipieren, zu erkennen, daß alles, was sie tun und denken, rund um die Welt buchstäblich widerhallt. Wir müssen unseren jungen Leuten beibringen, intellektuell, emotional, politisch, spirituell und physikalisch zu verstehen, daß sie Teil der Welt sind. Die Welt ist heutzutage sehr klein. Wir können es uns nicht leisten, die Illusion des ›die dort und wir hier‹-Syndroms aufrecht zu erhalten. Was ihnen geschieht, geschieht uns. Es ist unsere Natur, unsere menschliche Natur, ›dazuzugehören‹.

Wir wollen dazugehören – zu einem anderen Menschen, einer Gemeinschaft, einer Nation, einem Planeten. Dieser Wunsch, dazuzugehören, ist grundlegende menschliche Natur und kann ein großartiges Werkzeug darstellen, um globales Bewußtsein zu öffnen, um uns als Bürger der Welt zu erkennen. Unser Herzenswunsch ist, daß wir alle eine Familie sind. Wir möchten gern über die Schranken von Kultur und Sprache hinaus kommunizieren. Dies stellt eine Erinnerung unserer Spezies dar, sei sie noch so schwach; dies ist der Wunsch unseres kollektiven Potentials.

Wenn junge Leute zusammen reisen und leben, was sie bei Nizhoni tun, nehmen sie eine ungeheure Fähigkeit mit, die Schranken niederzureißen, Gemeinsamkeiten zu suchen, das Gefühl des Zusammenseins zu erleben, von Gleichaltrigkeit, statt Trennung und Angst. Im Erziehungswesen müssen wir den Wert globalen Verständnisses vermitteln. Wir müssen junge Leute dazu erziehen, globale Bewußtheit, Ehrgeiz und Freude zu üben. Die ganze Welt ist ihre Arena. Es ist für einen jungen Menschen wundervoll und begeisternd, daß er erfährt und begreift, daß er ein Buchhalter, ein Heiler, ein Weltführer sein kann.

Nizhoni schafft einen Bezugsrahmen für die Schüler, um ›Mensch-Sein‹ zu praktizieren. Es schickt sie in Praktika in andere Teile der Welt mit der spezifischen Absicht, daß sie Begegnungen suchen, etwas beitragen und partizipieren, wann immer es für sie natürlich und angenehm ist. Nizhoni inspiriert unser Bewußtsein, um eine globale Ebene zu erreichen und mit ihr eins zu werden, anstatt negative Gedankenformen zu unterstützen, negative Perspektiven, die Isolierung, Trennung und Angst schaffen. Ob es nun darum geht, Informationen oder Musik auszutauschen, Gefühle oder Einsichten, ist irrelevant. Es ist die Energie im Kern jedes Wesens, sich selbst der Welt zuzuwenden, die einen Sinn von Erfüllung im Leben hervorbringt. Es bedeutet eine enorme, ekstatische Freude, mit anderen zu partizipieren.

Jedes Individuum hat Sinn in einem globalen Kontext. Wir wurden geboren, um global zu sein. Wir sind im Wesen unseres Seins global. Wenn wir den Erziehungsprozeß auf die Oktave lenken, welche globale Zusammenhänge erforscht, entzündet dies ein ungeheures Sinngefühl und Hoffnung und Kreativität in den Individuen. Die Erfahrung globaler Anerkennung, globalen Sinns, ist – geführt vom höheren Selbst – grundlegender Rahmen und Konzept der Nizhoni-Schule für globales Bewußtsein.

15.
Die Vollendung des Hologramms: Wie paßt ein vollständiger Mensch in die Welt?

Die Art von Mensch, die wir bei Nizhoni schaffen, wird nicht in irgendeinen künstlich strukturierten Rahmen gepreßt, der ihre Seelenwünsche nicht besänftigt oder nährt oder erfüllt. Von Beginn an hoffen wir, daß ein voll entwikkeltes Wesen unsere Schule verlassen wird, das mit Anmut Zugang zu jeder beliebigen Oktave von Realität, zu jedem Lebenspfad hat, so daß dieser Mensch der glückliche Zimmermann oder der Präsident von irgend etwas sein könnte. Das schafft einen Zugang zu einer unbegrenzten Quelle des Wissens und der Energie; und sie können in ihrem eigenen System die Fähigkeit besitzen, irgendeine Antwort für die Welt hervorzubringen oder einen Wunsch in sich selbst. Sie können das manifestieren. Wir bestimmen nicht die Gußform des Nizhoni-Absolventen. Wir erkennen, daß das, was aus Nizhoni hervorgeht, ein Wesen ist, das eine unglaubliche Festigkeit dabei haben kann, auf allen Oktaven der Gesellschaft und in allen Berufen der Welt sich zu Hause zu fühlen.

Wenn wir über die Philosophie des globalen Bewußtseins sprechen, so hat in traditionellen Konzepten immer, noch einmal gesagt, die innere Natur des Menschen gefehlt. Sie ist für unser Bewußtsein unsichtbar, weil wir sie nur durch Dogma und über eingeschränkte Gedankenformen, wie solchen in spezifischen Religionen, statt in ihrer essentiellen Form angestrebt haben. Wenn wir unser Bewußtsein entfalten, müssen wir beginnen, neue Erkenntnisse zu schaffen oder die kosmischen Gesetze zu erkennen, die sich vom Nicht-Manifesten zum Manifesten bewegen. Wir können forschen; wir können Zugang zu Geschwindigkeiten schneller als mit Lichtgeschwindigkeit erlangen. Wir können in negative Raum-Zeit eintreten, in Bewußtsein, welches von mehr als jenen Gesetzen aus wirkt, die uns in der Vergangenheit verfügbar gewesen sind. Die Philosophie einer neuen Art der Erziehung, einer neuen Art menschlicher Wirklichkeit, muß unsere spirituelle Essenz einschließen, die wir zu praktizieren beginnen können, indem wir in Kontakt mit dem höheren Selbst kommen.

Wie kann ein Absolvent von Nizhoni einen größeren Beitrag für die Welt leisten als ein Absolvent einer konventionelleren Schule? Der Kern des Unterschieds zwischen beiden liegt darin, daß ein Schüler einer traditionellen Schule oder College das Selbst eher noch in einer begrenzten Weise wahrnimmt, was bedeutet, daß er sich noch darum sorgt, die Standards des Status Quo zu erfüllen, anstatt ein Individuum zu sein, welches der Wissende ist, der erkennt, daß er die Fähigkeit besitzt, jede kleine Information zu erlangen und jedes Problem auf eine Art zu lösen, welche die Realität verbessert und bereichert. Die Haltung des Nizhoni-Absolventen lautet: »Ich bin hier, um in der Welt teilzunehmen. Ich warte nicht auf die Welt, darauf, daß sie sich für mich aufgrund ihres begrenzten Verständnisses dessen entscheidet, was es bedeutet, an ihr teilzunehmen.«

Diese Leute sind Erfinder. Sie sind die Forscher. Sie sind die Manifestierer. Sie sind die Problemlöser, welche die Grenzen der Welt, wie wir sie jetzt kennen, hinausschieben. Deshalb können sie soviel geben. Sie kennen bereits ihren Sinn im Leben. Sie wissen bereits, daß sie manifestieren können, daß sie forschen können, daß sie auf die Gründe oder Probleme oder die Mängel hinweisen können, welche die Welt in Sackgassen geführt haben, welche die Welt davon abgehalten haben, zu sehen, was gesehen werden muß, um eine Änderung herbeizuführen. Sie wissen, wie man mit Wandel lebt. Sie wissen, wie man Veränderung so orchestriert, daß sie bereichert, anstatt den Status Quo aufrechtzuerhalten. Statt unterrichtet zu werden, sich nicht an die Peripherie heranzuwagen, werden sie ermutigt, vorwärts zu drängen, damit neues Leben und neue Weisheit entsteht, damit der Menschheit auf einer globalen Ebene neue Entscheidungsmöglichkeiten eröffnet werden.

Sie können Politik frisch verstehen, weil sie in der Lage sind, die Sichtweisen zu erkennen, die ein politisches Dogma schaffen. Unsere Dogmen rühren von unseren persönlichen emotionalen und sozialen Prägungen her. Wir bleiben auf unsere Getrenntheit als Individuen, als Familienmitglieder, als Bürger eines Staates oder Landes ausgerichtet, oder auf unseren Mangel an Macht in Beziehung zu einer anderen Person oder Gruppe. Nizhoni-Absolventen haben schon deshalb zu ringen gelernt, Talente anzuwenden; sie verschwenden ihre Energie nicht damit, neue Probleme zu schaffen, sondern sind fähig, über profunde Kraft und Energie zu verfügen, die verfügbar ist, sobald wir uns in einem Ort des Wissens befinden. Sie sind nicht auf Begrenzung oder Angst programmiert. Sie sind nicht darauf programmiert, zu warten, daß man sie empfängt, sondern gehen davon aus, daß sie etwas anzubieten haben. Wenn sie an eine Fachschule oder zur Universität gehen oder in irgendeine höhere Stufe des Bildungssystems, haben sie bereits gelernt, wie sie ihr Gehirn benutzen können, um Probleme zu lösen und tieferes Wissen zu erlangen. Sie kennen Ansätze zu Erkenntnisoktaven, die ihnen erlauben, in jeder Arena mit Leichtigkeit zu partizipieren.

Es wird einem Nizhoni-Absolventen nicht schwerfallen, in die üblichen Weiterbildungsinstitutionen einzutreten, wenn sie einmal erkannt haben, daß das Gehirn zum Lernen da ist. Wenn sie sich zu einer Weiterbildung oder für ein College entschließen, werden sie in den Zulassungstests bestens abschneiden und Information aufnehmen, weil sie bereits gelernt haben, ihr Gehirn dazu zu benutzen. Sie haben schon gelernt, von der Ebene des Genies aus zu funktionieren. Es ist für sie selbstverständlich, daß beide Gehirnhälften synchronistisch funktionieren. Deshalb wird ihre Vorstellung in einem College dadurch geprägt, daß sie wissen, daß sie etwas anzubieten haben, daß sie Information absorbieren und schnell und leicht lernen können, und daß sie aus diesem Lernen heraus etwas zurückgeben können. Andere Fortbildungsinstitutionen werden also nach ihnen fragen.

Wir sind keine Computerspeicher. Wir sind manifestierende Lichtwesen. Wir sind manifestierende Menschen, welche die Fähigkeit besitzen, ein Geschenk zu geben und sich in einem Ort des Wissens zu befinden. Es gibt unterschiedliche Standard-Karriere-Straßen. Nizhoni-Absolventen werden ermuntert, sowohl über diese hinaus zu sehen, wie auch den Status Quo aufzupolieren. Sie werden ermutigt, sich nicht im Status Quo niederzulassen, sondern die Grenzen von allem hinauszuschieben. Das ist die Gabe der Jungen: neue Lebensweisen zu finden, neue Höhen zu erreichen. Wenn wir zum Mond gereist sind, wollen wir nun zu den äußeren Planeten und durch die Galaxien reisen. Lassen sie uns jene Information zurückbringen, um das Leben auf Erden zu bereichern. Nizhoni-Schüler werden als Führer, als die Besten und Klügsten trainiert. Sie werden unterrichtet, sich selbst auf eine Weise wahrzunehmen, die etwas anzubieten hat. Sie werden ein neues Curriculum in der Welt kreieren. Sie werden neue Studienrichtungen schaffen, die das menschliche Leben, so wie wir es jetzt kennen, bereichern – einfach, weil sie fähig sind, zu sehen.

Es gibt ein ungeheures Bedürfnis, die ethischen Grundlagen vieler Regierungsstellen und Industrieunternehmen auf umfassende Weise zu überholen. Wir sprechen hier über die spirituelle Basis, die ein hohes Maß an Integrität und Ethik verlangt. An dieser Stelle nähern wir uns globalem Bewußtsein. Um auf einer globalen Ebene in einer erleuchteten Weise zu funktionieren, müssen wir alte, stumpf gewordene, negative und destruktive Gedankenformen loslassen. Wir müssen begreifen, wie wir synchronistisch und harmonisch in der Welt arbeiten.

Eine Person funktioniert nicht nur aus einer genialen Perspektive heraus, sondern dieses Genie erschließt sich gleichzeitig unsere kreative spirituelle Natur, und die besitzt bereits das Vermögen, das Herz eines Menschen zu erkennen. Wenn wir um das Herz eines Menschen wissen, dann sind wir fähig, Konfliktpunkte aufzulösen und zu dekristallisieren – wir erfassen, worum es geht. Wir erkennen, wie wir das geben können, was notwendig ist, so daß wir auf Oktaven leben, die Angst nicht beinhalten. Das ist globales Bewußtsein. Wir sind nicht Amerikaner und Russen oder Männer und Frauen. Wir sind ganze Wesen, die auf eine Weise zusammenleben können, die jedem einzelnen gestattet, seine Realität aufrechtzuerhalten, ohne auf andere negativ einzuwirken. Das ist Ethik.

Ethik und Integrität haben einfach mit dem spirituellen Vermögen zu tun, das in jedem von uns ist, unser Leben in Wahrhaftigkeit und Aufrichtigkeit und mit totaler Erkenntnis unserer gegenseitigen Verknüpfungen zu leben. Wenn wir ein Leben persönlicher Ethik und Integrität leben, dann tauschen wir uns mit der Integrität aller anderen außerhalb unserer selbst aus. Das produziert Harmonie auf einer globalen Ebene, weil wir die Perspektive und die Wirklichkeit anderer verstehen können. Wir können Abgründe überbrücken und unser Verstehen in Synchronizität mit anderen bringen.

Das ist die Gabe, die Nizhoni-Absolventen anzubieten haben. Jeder/jede einzelne unter ihnen ist ein Beispiel, ein

Vorbild für diese Art ethischen Lebens. Sie müssen keinen überrennen oder niederhalten. Sie sind *in sich*, unbegrenzt und sie sind fähig, diese Wahrheit zu erleben, zu manifestieren, zu demonstrieren und vorbildlich darzustellen. Das erlaubt ihnen, harmonisch zu arbeiten. Wenn wir auf diese Weisen unser Bewußtsein erweitern, werden wir sofort zu globalen Wesen und mehr. Nizhoni wird jedem Wesen gestatten, durch die Einübung dieser herrlichen Oktave des menschlichen Potentials sein Schicksal zu erfüllen, seinen Platz in der Welt einzunehmen, so daß er/sie glücklich ist und ein ganzes Wesen, das erkennt, was sich abspielt.

Wenn wir erkennen, was geschieht, schaffen wir kein Chaos um uns herum. Wenn junge Leute einen zentralen Bezugspunkt haben, einen Ruhepunkt in sich selbst und eine volle Verbindung zu ihrem höheren Selbst, sind sie fähig, auf eine Weise zu leben, die sie zu friedliebenden, glücklichen Wesen macht. Wenn sie dann in die Außenwelt gehen, ohne zu kämpfen, ohne nach etwas zu gieren, ohne Schuldgefühle oder Unsicherheit, werden sie die Menschen und die Welt um sie herum beeinflussen. Sie werden in der Lage sein, aus diesem Ort des Wissens in jedem Umstand oder in jeder Situation hervorzutreten, die sich ergibt. Und sie werden sie selbst sein und das Licht, das Vorbild, das anderen erlaubt, diesem Weg zu folgen bzw. dieses Licht in sich selbst zu finden.

Der Nizhoni-Absolvent wird beitragen, die Welt zu verbessern auf Weisen, die manchmal extrovertiert und manchmal introvertiert sind. Eine Person mag der Welt etwas geben, indem er/sie ein/e große/r Komponist/in wird. Das heißt nicht, daß er oder sie physisch draußen in der Welt sein muß. Es bedeutet, daß man fähig ist, den tiefsten Wunsch, die Sehnsucht der Seele so zu manifestieren, daß man sich mit der Welt austauscht und sie beschenkt. Der Grund, warum wir alle auf einem globalen Niveau so inaktiv sind, liegt darin, daß wir mit negativen Programmen angefüllt sind, mit unserer Ohnmacht in der Welt, mit unserer Unfähigkeit, auf einer globalen Ebene zu partizipieren. Wir müssen das klären. Wir müssen das löschen.

Nizhoni wird den Schülern die Gelegenheit bieten, sich von dem zu befreien, was wir persönliches Karma nennen, oder Begrenzungen, die uns davon fernhalten, an der Welt teilzuhaben. Auf dieser Ebene wird die menschliche Natur, wenn man sie in Frieden läßt, wenn man sie ohne Anstrengung in ihr höchstes Potential bringt, ohne Fanfarenstöße, an der Welt teilhaben. Wir sind globaler Natur. Junge Leute, die jetzt hereinkommen, wurden geboren, um auf einer globalen Ebene zu partizipieren. Ohne irgend etwas zu tun, werden sie automatisch teilhaben, weil ihre Gedanken, ihr Wissen, ihre schöpferischen Fähigkeiten so spektakulär sein werden, daß die Welt darauf aufmerksam wird.

Wir sprechen hier viel davon, wie ein Zustand tiefer innererer Harmonie die äußere Harmonie zwischen Menschen überall in der Welt schaffen kann. Wenn das innere Wesen harmonisch und von Liebe und Verständnis und Wissen erfüllt ist, dann strömt es automatisch und strahlt von der Person aus. Das ist das Geschenk, das diese neue Art von Erziehungssystem allen ihren Schülern und allen Familien, Freunden und Bekannten der Schüler anbietet, in dem Maße, wie die Wellen sich ausbreiten. Es ist eine Wahrnehmung des Selbst, die nicht durch Negativität beschränkt wird, sondern friedvoll ist. Mit diesem Frieden löst sie ungeheure Mengen von Energie aus, die kanalisiert werden können, um Frieden und Gesundheit und Weisheit zu fördern.

Wenn Frieden einmal in ein Wesen eingeflossen ist, empfindet er oder sie die Welt nicht als einen feindseligen Ort. Es fühlt sich nicht so an, als ob man in diese große, schlimme Welt hinausgeht, die einen verschlingen wird. Ein solches Wesen ist zu einem derartigen negativen Denken nicht bereit. Er/sie ist in der Lage, buchstäblich und wahrhaftig mit einem Gespür für Abenteuer ins Leben zu gehen, aber auch mit einem sehr tiefen Kern, einem starken Kern in der Mitte, der Negativität durchschaut. Wenn unser zentraler Kern stark ist, können wir die Dunkelheit durchstoßen, die Spaltung durchstoßen und den Ort der Begegnung finden. Wir lehren unsere Schüler, den Ort der Begegnung zu finden.

Der Nizhoni-Absolvent ist darin geübt, diese Arten von Bewußtsein in Menschen der ganzen Welt zu erwecken. Erinnern wir uns daran, daß ein Teil des Curriculums von Nizhoni darin besteht, unsere jungen Leute buchstäblich um die Welt zu schicken. Sie gehen in andere Länder und in neue Umgebungen. Sie verfügen über die komplette Grundlage, die stabile Mitte, die sie lehrt, in der Welt zu funktionieren. Sie können das bereits. Wie gehen Sie in eine Gemeinschaft und erkennen, was sich dort abspielt, und wie integrieren Sie sich in die Gemeinschaft? Wie reisen Sie in ein anderes Land und integrieren sich? Wie gehen Sie ins Meer und integrieren sich? Die Nizhoni-Schüler haben diese Fertigkeiten erlernt, also betrachten sie ein Einstellungsgespräch oder eine Vorstellung an einer anderen Schule nicht als eine beängstigende Situation. Wir haben die Realität von Angst von ihnen fortgenommen. Können Sie sich vorstellen, wie tiefgreifend es wirkt, wenn Angst von uns genommen wird?

Wenn wir globales Bewußtsein betrachten, und wenn wir dann die Schüler rund um die Welt ansehen, die ihr Curriculum erfüllen, ist es traurig zu erfahren, daß es beispielsweise in den USA viele Schüler gibt, die nicht sehr viel über Geographie oder Geschichte wissen. Sie wissen nicht, wo die verschiedenen Länder liegen, die Staaten, wo dies passierte, wann jenes geschah. Gleichzeitig wird ihnen mehr Stoff als je zuvor durch die Medien eingefüttert. Es sollte ihnen also eigentlich leichter fallen, diese Orte zu kennen, und doch gibt es mehr Analphabetentum, mehr Kurzsichtigkeit als je zuvor.

Das ist so, weil die einlaufende Information über diese

Orte, über die Geographie der Welt, keine Information ist, die sie anregt und inspiriert. Es geht immer darum, wie dieses Land diese schlimme Sache gemacht hat, wie jene Katastrophe dort passiert ist, oder was die Leute einander antun. Nizhonis Perspektive ist einfach, »Laß uns in dieses Gebiet fahren und miterleben, was passiert«. Ob es sich um einen anderen Staat handelt oder einen anderen Stadtteil oder noch einen anderen Ort auf dem Globus, wir unterrichten die Schüler in Fertigkeiten, ihre Bewußtheit darauf auszurichten.

Das menschliche Wesen hat in der Tat das Potential, sein Bewußtsein in den Weltraum hinaus auszudehnen, sogar ohne den Körper zu bewegen. Das sind einfach Fertigkeiten. Den jungen Menschen wird beigebracht, so etwas zu machen. Dann wird ihre Bewußtheit in bezug auf Geographie, ihre Bewußtheit der Welt, völlig anders sein, weil sie in ein wirkliches Bild integriert ist, und nicht eine lineare Aufgabe darstellt, die sie erfüllen müssen. Die einzige Art und Weise, wie wir Sinn schaffen, ist, in unserem Leben präsent zu sein. Wir schaffen Sinn in unserem Leben, indem wir uns mit der Welt um uns herum austauschen.

Wir geben den Nizhoni-Absolventen Fähigkeiten, die ihnen nicht nur gestatten, mit der Welt um sie herum in Interaktion zu treten, sondern die Welt um sie herum auch zu beschenken. Das ist eine sehr andere Erfahrung als jene, von einer überwältigenden, drohenden äußeren Welt bedrängt zu werden. Es ist für junge Leute wundervoll, nach Rußland zu fahren und es zu verstehen. Die jungen Leute in Rußland haben mit genau denselben Energien zu tun, wie sie hier. Sie beschäftigen sich mit ihrer Kundalini, ihren Hoffnungen und Ängsten über die Zukunft, genau wie unsere jungen Leute. Wenn Menschen, gleich ob jung oder alt, sich miteinander auf einer globalen Ebene austauschen, dann bekommt Geographie Sinn, dann bekommt die Welt Sinn. Die Schüler selbst erweitern ihr Bewußtsein, um sich der äußeren Welt anzunehmen.